John G. Bennett

Richtig leben
Die Lehren des weisen
Shivapuri Baba

John G. Bennett

in Zusammenarbeit mit
Thakur Lal Manandhar

Richtig leben

Die Lehren des weisen
Shivapuri Baba

Aus dem Englischen
von Bruno Martin und
Robert Cathomas

Chalice Verlag

Die Originalausgabe erschien
1965 bei Hodder and Stoughton Ltd., London,
unter dem Titel *Long Pilgrimage –
The Life and Teaching of the Shivapuri Baba*

Die deutsche Erstausgabe erschien
1985 im Verlag Bruno Martin, Südergellersen,
unter dem Titel *Eine lange Pilgerreise –
Leben und Lehre des Shivapuri Baba*

www.chalice-verlag.com

Buchgestaltung: Robert Cathomas
Herstellung: Books on Demand GmbH
Printed in Germany

ISBN 978-3-942914-26-0

Inhalt

Vorwort

ALS DR. SARVEPALLI RADHAKRISHNAN, INDIENS GESCHÄTZTER Präsident und führender Philosoph, im Frühjahr 1956 Nepal besuchte, um an der Krönung von König Mahendra teilzunehmen, erwartete man, dass er sich direkt in das Royal Guest House begeben würde, das speziell für ihn hergerichtet worden war. Doch kaum hatte er das Flugzeug verlassen, bat er stattdessen, man möge ihn zu der Einsiedelei des Shivapuri Baba fahren, der zu dieser Zeit hundertdreißig Jahre alt war.

Nach der üblichen förmlichen Begrüßung fand zwischen den beiden die folgende Unterhaltung statt:

Sarvepalli Radhakrishnan: »Welches ist Ihre Lehre?«

Shivapuri Baba: »Ich lehre drei Disziplinen: die spirituelle, die moralische* und die physische.«

S.R.: »Die ganze Wahrheit in so wenigen Worten?«

S.B.: »Ja.«

S.R. (sich seinen Begleitern zuwendend): »Die ganze Wahrheit in so wenigen Worten!«

S.B.: »Ja.«

Später sprach der Shivapuri Baba von diesem Besuch und sagte: »Dann erklärte er den anderen meine Worte ungefähr fünfzehn Minuten lang in höchst wunderbarer Weise. Eine solch brillante Erklärung habe ich noch nie in meinem Leben gehört. Ich selbst beneidete ihn um seine Fähigkeit zur Erklärung. Er ist ein Soldat der vedischen Literatur – selten in der Welt. Er hat keine destruktive Natur. Er hat nur eine konstruktive Natur. Menschliche Liebe hat er. Er blickt auf niemanden herab und hasst niemanden. Als er kam, machte er nur eine *namaste*-Grußgeste vor mir. Bevor er ging, legte er seinen Kopf auf meine Füße. So etwas ist äußerst schwierig für einen Mann in seiner Stellung. Als ich sagte: ›Ich lehre drei Disziplinen‹ und so weiter, bemerkte ich, wie Gefühle der Scham und des Entsetzens in seinem Gesicht zutage traten –

* Das vom Shivapuri Baba häufig verwendete englische Adjektiv *moral* sollte hier und im Folgenden stets in seiner gesamten Bedeutungsbreite gelesen werden und schließt also mit ein: ethisch, sittlich, tugendhaft, seelisch und so weiter [Anmerkung der Übersetzer].

Scham, weil er bei all seiner Gelehrsamkeit nicht verstanden hatte, was am Grund des Lebens ist, und Entsetzen, weil er fürchtete, er sei nun, wo er so lange in einem anderen Glauben gelebt hatte, zu alt, um seine Lebensweise zu ändern.«

Ein Buch über das Leben und die Lehre eines Menschen wie des Shivapuri Baba zu schreiben, dem ich das erste Mal begegnete, als er bereits hundertfünfunddreißig Jahre alt war, wäre eine unverzeihliche Anmaßung, gäbe es nicht zwei Faktoren, die dies doch möglich machten. Zum einen sagte der Shivapuri Baba selbst, ich solle über seine Lehre schreiben, und sah den Bericht über sein Leben in Manuskriptform, bevor er im Januar 1963 starb. Zum anderen hatte ich das Privileg, von Thakur Lal Manandhar, der seit fast dreißig Jahren sein Schüler war, Kopien von Notizen über Gespräche mit dem Meister zu bekommen, die er in dieser langen Zeitspanne geführt hatte. Herr Manandhar gab seine freundliche Zustimmung, dass sein Name zusammen mit meinem auf der Titelseite dieses Buches erscheint.

Ich muss jedoch gleich klarstellen, dass ich die Verantwortung für den Text trage. Der Shivapuri Baba forderte mich auf, seine Lehre darzustellen, damit sie von Europäern ebenso leicht wie von Indern verstanden würde. Daher musste ich sorgfältige sprachliche Anpassungen vornehmen, um einen übermäßigen Gebrauch von technischen Begriffen der Hindu-Philosophie zu vermeiden, wie sie in der Bhagavad Gita vorkommen. Ich legte das Manuskript Herrn Manandhar vor, und er korrigierte freundlicherweise alles, wo immer er fand, dass ich beträchtlich von der Intention des Shivapuri Baba abwich. Nichtsdestoweniger musste vieles so bleiben, wie ich es durch meine Ohren gehört und mit meinem hartnäckig westlichen Herz und Geist verstanden habe.

Die Lehre eines Menschen wie des Shivapuri Baba nimmt nicht die Form einer festgefügten Doktrin an, die auf alle Lebensumstände passt und für immer unwandelbar bleibt. Wie er selbst in einem seiner Gespräche ausführt, hängt die Vitalität jeder Lehre ab von der Kombination einer unwandelbaren Grundlage der Wahrheit und einem sich ständig wandelnden Überbau von Vorstellungen und Methoden. Die Grundlage ist Richtiges Leben, *svadharma,* was stets vom Menschen gefordert wurde und immer gefordert werden wird als eine Grundbedingung für sein Wohlergehen in diesem Leben und im Jenseits. Der Shivapuri Baba fasst den Gedanken des Rechten Lebens aber nicht so allgemein, dass er beinahe für jede Lehre geeignet wäre. Er verknüpft ihn spezifisch mit den drei Disziplinen für Körper, Verstand [*mind*] und Geist [*spirit*]. Die Grunderfordernisse der drei Disziplinen sind dieselben für alle Menschen, alle Zeiten und alle Lebensumstände; doch ihre praktische Anwendung variiert von Zeitalter zu Zeitalter, von Nation zu Nation, von Individuum zu Individuum und selbst für dasselbe Individuum unter verschiedenen Umständen zu verschiedenen Lebenszeiten.

Daraus folgt, dass jeder, der das Privileg hatte, Anleitung von einem großen Weisen wie dem Shivapuri Baba zu empfangen, etwas anderes zu berichten haben wird. Ich besuchte ihn zweimal, im Abstand von einem Jahr. Das zweite Mal sprach er anders und gab mir anderen Rat als beim ersten Mal. Ich hoffe, dies bedeutet, dass ich assimiliert hatte, was er mir bei meinem ersten Besuch sagte, und dass ich bereit war für stärkere Kost.

Wenn dieselbe Person Verschiedenes zu verschiedener Zeit hört, wieviel mehr wird dies dann der Fall sein für Menschen verschiedener Völker und Religionen, wie es bei Thakur Lal Manandhar und mir selbst der Fall war. Das Erstaunlichste ist, dass es uns möglich war, in wesentlichen Punkten Übereinstimmung zu finden, und ich bin ihm sehr dankbar für sein wohlwollendes Verständnis bei einer Aufgabe, die ich nicht zu seiner oder meiner Zufriedenheit zu vollbringen hoffen konnte.

Achtundzwanzig Jahre lang besuchte Thakur Lal Manandhar den Heiligen regelmäßig einmal die Woche oder, wenn möglich, noch häufiger. Er brachte seine Söhne zu ihm und erzog sie nach seinem Rat. All diese Jahre hingabevollen Dienstes widmete er seinem Guru,* wie nur ein Hindu es zu tun vermag. Was konnte ich, ein Besucher aus dem Ausland, der den hochbetagten Heiligen vielleicht ein Dutzend Mal getroffen hatte, aus seiner Lehre zu machen hoffen? Nur einen Vorteil kann ich für mich beanspruchen: Fast fünfzig Jahre lang habe ich nach der Wahrheit gesucht und eifrig die Spiritualität aller großen Traditionen studiert. Daher erschien mir nichts, was ich hörte, seltsam oder überraschend außer dem einfachen und praktischen Charakter seiner Darlegung. In einem einzigen halbstündigen Gespräch konnte er einem Besucher alles sagen, was zur Begradigung des Lebens und zum Erlangen von Gotteserkenntnis notwendig war. Daraus folgt nicht, dass

* Obgleich der Shivapuri Baba, wie später deutlich werden wird, die Rolle des Gurus nicht akzeptieren wollte und daher auch keine »Schüler« hatte.

auch alles verstanden wurde. Der Shivapuri Baba war stets bereit, Zweifel auszuräumen und Schwierigkeiten zu klären, doch stellte sich dabei gewöhnlich heraus, dass die Zweifel und die Schwierigkeiten auf unzureichende Aufmerksamkeit seitens des Zuhörers zurückzuführen waren. Hätten wir wirklich hören können, was er zu sagen hatte, wäre es nicht notwendig gewesen, ihn zweimal zu fragen.

Die Worte des Shivapuri Baba trugen die immense Kraft seines Seins in sich. Er war ein wahrer Heiliger, der eine unmittelbare und erhebende Wirkung auf jeden hatte, der in seine Gegenwart kam. Diese Wirkung kann durch kein Buch vermittelt werden, und es wäre töricht, dies zu versuchen. Es schien mir schon immer, dass jene, die versucht haben, die Gefühle mitzuteilen, die sie in der Gegenwart eines der großen indischen Heiligen hatten, gewöhnlich den Eindruck einer törichten Sentimentalität hinterlassen, einer übertriebenen Verehrung der Person, anstelle eines Verstehens von deren Botschaft. Jetzt, wo ich einem solchen Heiligen selbst begegnet bin, habe ich mehr Verständnis für jene Autoren. Wie sehr wünschte ich, ich könnte die Sprache eines Dichters aufbieten, um das Gefühl der Freude, des Staunens und des tiefen Friedens mitzuteilen, das wir bereits in dem Moment empfanden, als wir nur schon in seine Waldung eintraten, bevor wir den Shivapuri Baba selbst zu Gesicht bekamen. Doch dies wäre sicher nicht sein Wunsch, denn er unterstrich stets, dass seine Person nichts sei und nur seine Botschaft zähle.

Die letzten Jahre seines Lebens verbrachte er in der Nähe von Kathmandu, der Hauptstadt von Nepal, in einem Waldstück, den die Regierung heiligen Menschen zur Verfügung stellte, die sich dort frei niederlassen konnten, ohne sich um Steuern oder andere lästige Dinge kümmern zu müssen.

Wir flogen an Ostern 1961 von Delhi aus in einer Dakota der nepalesischen Fluggesellschaft über die Berge nach Kathmandu. Dabei sahen wir zum ersten Mal die von hohen Wolken halb verhüllten, seltsam fernen weißen Gipfel des Himalaya. Die Berge, welche die Ebenen Indiens vom Tal Nepals trennen, sind fast unpassierbar; eine enge Straße windet sich von Joch zu Joch. Nun konnte ich gut verstehen, warum es den Menschen in der Tiefebene nie gelungen war, die Gefahren zu sehen, die vom Norden drohten, aus dem weiten Raum Zentralasiens, wo so viele Invasionen vorbereitet worden waren. Man kann leicht vergessen, was jenseits der Berge liegt, und Indien als eine abgeschlossene Welt für sich betrachten. Wir landeten alsbald im grünen Tal des Bagmati-Flusses, um zwei alte Freunde zu treffen, die uns geholfen hatten, die Verbindung mit dem Heiligen herzustellen.

Sie sagten uns, die Einsiedelei des Shivapuri Baba in Dhruvasthali sei nur fünf Minuten vom Flughafen entfernt, und schlugen vor, wir sollten ihm einen Besuch abstatten, bevor wir in unser Hotel gingen. Nach dem Flug von vierundzwanzig Stunden waren wir müde und abgespannt, doch wollten wir uns nicht die Gelegenheit entgehen lassen, ihn einen Tag früher als erwartet zu sehen.

Also fuhren wir fünf Minuten mit einem Jeep und durchquerten ein Ausbildungslager für Gurkha-Soldaten. Ein kurzer Fußmarsch über eine immergrüne Lichtung führte uns anschließend zu einem Tor in einem hohen Drahtzaun, der seine Einsiedelei umschloss. Hermione, eine meiner Reisebegleiterinnen, rüttelte an dem Tor. Als keine Antwort kam, rief sie unsere Namen. Nach ein paar Minuten kam ein schlanker Junge von etwa zwölf Jahren mit einem weißen Turban auf dem Kopf breit lächelnd den Pfad entlanggelaufen, öffnete das Tor und verbeugte sich vor uns. Sobald wir in die Waldung eintraten, hatten wir alle dieselbe Empfindung einer Gegenwart, die stark und doch sehr friedvoll war. Die Vögel im Wald sangen aus voller Kehle; wir hörten den Hopfkuckuck des Himalaya.

Der Pfad wand sich zweihundert Meter sanft durch die Bäume und führte zu einer Lichtung, in deren Mitte eine Holzhütte stand, die nur einen Raum hatte und von neuen Ziegelsteinwänden umschlossen war. Wie wir erfuhren, waren diese erst vor Kurzem errichtet worden, um den geschwächten alten Mann vor den strengen Wintern des Himalaya zu schützen. Der Boden war glatt; offenbar war er vor wenigen Stunden gefegt worden. Es gab einige kleine Blumenbeete, unscheinbar, aber sehr gepflegt. Die ganze Stätte zeugte von jener liebenden Sorgfalt, die Inder den Orten angedeihen lassen, wo sich Schreine oder Tempel von besonderer Heiligkeit befinden.

Als wir um die Ecke bogen, sahen wir, wie der Shivapuri Baba sich vorbeugte, uns lebhaft anschaute und uns in der gewohnten indischen Art mit zusammengelegten Handflächen begrüßte. Der erste Anblick seines Gesichts ließ mich erstaunen: Es besaß eine überirdische Schönheit. Sein Haar und sein Bart waren von feinster Beschaffenheit und wirkten wie ein Heiligenschein, und seine

Augen hatten etwas Durchdringendes, das in einem das Gefühl erweckte, man stünde in der Gegenwart eines Wesens von einer anderen Welt.

Und doch verhielt sich der Shivapuri Baba nicht so, wie man es von einem heiligen Mann vielleicht erwartet hätte. Während unserer zahlreichen Gespräche machte er nie eine dahingehende Andeutung, dass er zu verehren oder anders zu behandeln sei als ein gewöhnlicher Mensch. Sein hohes Alter ruhte leicht auf ihm, und doch kann man nicht daran zweifeln, dass er die genaue Wahrheit sprach, als er uns sagte, er sei 1826 geboren worden. Ich bin in meinem Leben einigen wirklich bemerkenswerten Menschen begegnet, aber noch keinem, der so offensichtlich einer Welt angehörte, die von der unseren verschieden war. Obwohl ich seine Altersangabe nicht anzweifelte, fragte ich mich insgeheim, ob er nicht gar noch älter war, als er selbst sagte, so alt vielleicht, wie er es nach Ansicht der Einheimischen war.

Der Shivapuri Baba, oder Sri Govindananda Bharati – unter diesem Namen hatte er im späteren Teil des letzten Jahrhunderts seine Pilgerreise um die Welt unternommen –, ist im Westen nicht besonders bekannt und scheint selbst in Indien weniger berühmt zu sein als einige der großen Heiligen dieses Landes, die in den vergangenen hundert Jahren die Welt so tief beeindruckt haben. Nichtsdestotrotz betrachteten ihn jene, die ihn kannten, als einen sehr großen Heiligen. Kurz nach meinem Besuch bei ihm reiste ich nach Kalkutta und besuchte das prächtige neue Gebäude der Ramakrishna-Mission, wo ich deren Vizepräsidenten Sabyasachi Mukharji traf, der gleichzeitig oberster Richter von Bengalen war. Er sprach mit Achtung und Zuneigung vom Shivapuri Baba und nannte ihn einen der größten indischen Heiligen und Weisen unserer Zeit, vielleicht sogar der größte von ihnen allen.

Yogabücher für westliche Leser enthalten oft eine Überfülle von Sanskrit-Begriffen, die den Leser mangels einer klaren Interpretation häufig mehr verwirren als erhellen. Dies muss nicht unbedingt ein Fehler der Autoren sein, denn es ist charakteristisch für das asiatische Denken, eine präzise Festlegung von Bedeutungen zu vermeiden. Zudem ist Sanskrit die älteste Sprache, die sich noch in Entwicklung befindet. Wörter, die Tausende von Jahren alt sind, müssen ihre Bedeutung immer wieder gewandelt haben. Es fand ein allmählicher Bedeutungswandel statt, der für Wörter, die in der heutigen Philosophie gebraucht werden, eine nachvollziehbare

Entwicklung aufweist. Zunächst wurden natürliche Gegenstände, inspirierte religiöse Vorgänge und Worte in rituelle Formeln gefasst. Die heilige Eigenschaft, die diese Wörter dadurch angenommen hatten, führte dazu, dass man sie aufgriff, um universale, abstrakte Vorstellungen auszudrücken. Die Überzeugung, die Welt widerspiegle sich im Menschen, verleitete zu psychologischen Interpretationen. Indessen übernahmen wir dieselben Wörter in unsere Sprachen und verliehen ihnen ganz gewöhnliche, konkrete Bedeutungen. Schriften wie die Bhagavad Gita, die beim Volk und bei den Gelehrten einen großen Anklang fanden, legten schließlich gewisse Bedeutungen fest, die zu der Zeit, als sie gebraucht wurden, wahrscheinlich allgemein verstanden wurden, die heute jedoch unklar geworden sind. Gelehrte Kommentatoren mit festen Überzeugungen, wie etwa die *shankaracharya,* schrieben Interpretationen, die sich weit von der ursprünglichen Einfachheit der Texte entfernten. Eines der großen Verdienste des Shivapuri Baba besteht darin, dass er die früheren Bedeutungen wieder freigelegt und die Texte zu einer schlichten Aussage darüber gemacht hat, worum es im Leben geht.

Ich hätte gern alle technischen Sanskrit-Begriffe in diesem Buch eliminiert, doch da er sie so freizügig gebrauchte, wäre dies unmöglich gewesen, ohne seine Äußerungen zu entstellen. Ein weiterer, jedoch nicht unbeträchtlicher Nutzen, den ich aus dieser Überarbeitung seiner Erklärungen gezogen habe, war, dass ich meine Sanskrit-Kenntnisse wieder auffrischen und die Bhagavad Gita von Neuem studieren konnte. Dies war eine wunderbare Erfahrung. Ich habe in diesem »Gesang des Erhabenen« mehr gefunden, als ich je vermutete, und kann verstehen, warum der Shivapuri Baba sagte, die Bhagavad Gita allein könne uns einen hinreichenden Leitfaden für alle Probleme des Lebens bieten. Um den Leserinnen und Lesern zu helfen, habe ich ein Verzeichnis aller Sanskrit-Begriffe, die im Text vorkommen, angefügt. Darin habe ich die alten und allgemeinen Bedeutungen zugleich mit dem speziellen technischen Sinn angegeben, mit dem der Shivapuri Baba die Wörter gebraucht. Leser, die sich auf die Botschaft des Heiligen an die westliche Welt beschränken möchten, können Kapitel fünf auslassen, in dem ich so weit wie möglich das Material zusammengestellt habe, das von besonderem Interesse für Hindus ist.

Es war unmöglich, die Einheit der Abhandlung zu erreichen, die ich gern angestrebt hätte, da der Shivapuri Baba je nach Herkunft und Verständnis des Gesprächspartners unterschiedlich sprach. Mit Thakur Lal, der tief verwurzelt ist in der Weisheit der Bhagavad Gita, redete er in der Sprache der Bhagavad Gita. Mit Tarzie Vittachi sprach er die Sprache von Subud.* Mit den Anhängern von Gurdjieff sprach er in einer solchen Weise, dass einige meinten, er sei einer von dessen Lehrern gewesen. An den indischen Präsidenten Radhakrishnan richtete er *einen* Satz, und das war alles, was dieser brauchte. Mir wiederum sagte er Dinge, die zahllose Gedanken und Erfahrungen einer Lebenszeit integrierten und beleuchteten. Einen solchen lebendigen Reichtum in logische Konsistenz zu zwingen, hieße, die Leser ganz und gar der Aussicht zu berauben, mit einer der größten Seelen unseres Zeitalters selbst in Kontakt zu kommen.

Es ist seltsam, dass ein Mann von solch immenser Weisheit und spiritueller Kraft relativ unbekannt bleiben konnte in einer Welt, die so sehr eine Lehre benötigt, welche einfach, praktisch und für Menschen aller Glaubensrichtungen oder keines Glaubens zugänglich ist, eine Lehre, der man ohne den geringsten Kompromiss mit unseren eigenen religiösen Überzeugungen und sozialen Pflichten folgen kann. Wenn dieses Buch selbst nur einige wenige Leserinnen und Leser zu der Erkenntnis führen kann, dass *svadharma,* Rechtes Leben, dasselbe für einen Christen, einen Juden, einen Muslim oder einen Buddhisten bedeuten kann wie für einen Hindu, dann werde ich einen kleinen Beitrag geleistet haben zu der größten Aufgabe unserer Zeit: der spirituellen Wiedervereinigung der Menschheit.

Über einen solchen Menschen zu schreiben, ist ein Privileg, dessen ich unwürdig bin, und ich kann nur jenen danken, die mir geholfen haben. Thakur Lal Manandhar war mir mehr als nur ein Helfer, und ich verdanke ihm und seinem Sohn Giridhar Lal Manandhar die meisten Fotografien in diesem Buch. Marjorie von Harten hat mir die freundliche Genehmigung erteilt, ein Foto abzubilden, das sie 1962 aufnahm. Schließlich muss ich auch all jenen Freunden danken, die einen Teil der finanziellen Bürde trugen und dadurch meine beiden Besuche in Nepal ermöglichten.

* Tarzie Vittachi (1921–1993) war ein sehr bekannter, mit zahlreichen Preisen ausgezeichneter indischer Journalist. Subud ist eine aus den Sufi-Orden der Qadiriya und Naqschbandiya hervorgegangene islamische mystische Bewegung, die von Mohammad Pak Subuh (1901–1987) gegründet und von John G. Bennett im Westen bekannt gemacht wurde [A.d.Ü.].

Kapitel eins

Die Suche – eine lange Pilgerreise

1826 WAR GEORG IV KÖNIG VON ENGLAND. EIN SIEBEN JAHRE altes Mädchen, das versteckt im Kensington-Palast wohnte, sollte elf Jahre später Königin Victoria werden. George Canning bemühte sich seit etwa vier Jahren als Außenminister, sein Land von der Rolle des zähen Bewahrers alter Privilegien abzubringen und zu der eines Vorkämpfers für die neuen Freiheiten hinzuführen.

Die Eroberung Indiens war gerade durch die Maraten- und die Birmanischen Kriege abgeschlossen worden und der Subkontinent zum ersten Mal seit Aurangzeb unter Herrschern einer fremden Kultur vereinigt. Glücklicherweise wiederholten die Briten nicht die erbarmungslose Intoleranz des letzten Großmoguls. Im selben Jahr, 1826, gelang es einem sehr großen Inder, Ram Mohan Roy, die Unterstützung der britischen Raj für Reformen zu gewinnen, die innerhalb von weniger als anderthalb Jahrhunderten das moderne Indien hervorbringen sollten. Er plante in jenem Jahr bereits den Brahmo Samaj, eine spirituelle Bewegung, die Hinduismus und Christentum zu vereinigen suchte.

Äußerlich befand sich die Welt in Frieden und war voller Hoffnung für die Zukunft. Doch überall gab es eine Unterströmung des Unbehagens. Prophezeiungen vom frühen Ende des Zeitalters fanden in vielen Teilen der Welt offene Ohren. In Indien zumindest waren die traditionellen Religionen und Sitten fest verankert. Das *varnashrama*-System, die Lebensregulierung durch Kasten und Lebensstadien, war besonders in Südindien so stark verwurzelt, dass selbst ein so kühner Reformer wie Ram Mohan Roy nicht den Versuch unternahm, es zu bekämpfen.

So standen die Dinge in der Welt und in Indien, als 1826 eine Familie im Staat Kerala mit der Geburt von Zwillingen beglückt wurde, einem Jungen und einem Mädchen. Die Familie gehörte

Seite 15: Der Shivapuri Baba 1938 im Alter von 112 Jahren
Seite 16: In Kirateswar im Jahr 1941

der Sippe oder Unterkaste der Nambudri von höchster und reinster brahmanischer Herkunft an. Der Großvater, Achyutam, war weitherum bekannt als großer Astrologe, den Brahmanen und Prinzen aufsuchten, um Rat bei Lebensproblemen einzuholen (bis auf den heutigen Tag suchen die Inder Weisung von den Planeten). Es war eine tiefreligiöse Familie, verwurzelt in der Tradition und wenig berührt von den Umwälzungen, die erst kurz zuvor in Nord- und Südindien erfolgt waren.

Als der Junge geboren wurde, lächelte er gleich mit seinem ersten Atemzug. Das Baby wurde zum Großvater gebracht, der erklärte, die Zeichen seiner Geburt und das Lächeln bedeuteten, dass ein großer Sannyasin in die Welt gekommen sei und dass sein Familienzweig nun zu Ende gehen würde, da er seinen Zweck auf der Erde erfüllt habe.

Die frühe Kindheit des Jungen folgte dem gewöhnlichen Ablauf. Mit fünf Jahren trat er in das *ashrama* oder Lebensstadium der Schülerschaft, die *brahmacharya,* ein; und als er zwölf war, hatte er die vier Hauptveden und zwei sekundäre Schriften, den Dhanurveda und den Ayurveda, gemeistert. Sein Großvater war sein Guru, und er schloss seine Schülerschaft bei ihm ungefähr 1840 ab. Achyutam selbst war mittlerweile in die dritte Phase seines Lebens eingetreten – die des *vanaprastha* oder Einsiedlers – und zog sich fern seines Heimes in den Wald zurück.

Im Alter von achtzehn Jahren, also 1844, beschloss der junge Brahmane, der Welt zu entsagen. Er setzte ein Testament auf, das seine Zwillingsschwester berechtigte, das väterliche Besitztum zu erben, und folgte seinem Großvater in den Wald. Der künftige König Edward VII war zu der Zeit ein drei Jahre alter Junge im Buckingham-Palast; der größte indische Heilige des neunzehnten Jahrhunderts, Ramakrishna, war gerade zehn Jahre alt und stand kurz vor seiner ersten großen spirituellen Ekstase. Der junge Brahmane verließ eine bereits unruhige Welt, obgleich nur wenige die Umstürze der nächsten zehn Jahre hätten voraussehen können.

Bald nachdem er sich seinem Großvater im Wald an den Flussufern des Narmada im oberen Dekkan angeschlossen hatte, begann er, sich auf seine Berufung als Sannyasin vorzubereiten. In der vedischen Religion, so wie sie in den großen Gesetzbüchern von Manu, Gautama und Vasishtha kodifiziert ist, werden dem Menschen zwei Wege zur Vollkommenheit beschrieben. Der eine ist der Weg der vier *ashrama* oder Lebensstadien. Dieser besteht in der Erfüllung der Pflichten eines Haushälters, dem Zeugen und Ausbilden von Söhnen, die ihm nachfolgen, der Begründung einer Familie und der Durchführung des umfassenden Rituals, das der Priesterkaste der Brahmanen obliegt. Man braucht etwa zweiundvierzig Jahre, um diesen Pflichten Genüge zu tun. Im Alter von dreiundsechzig, dem großen Wendepunkt, hat der brahmanische Haushälter eine Stufe erreicht, auf der seine Söhne zu Männern geworden, die Familien seiner Töchter begründet und seine religiösen Pflichten auf seinen ältesten Sohn und Erben übertragen sind. Er ist dann ein freier Mann und kann sich in den Wald oder an eine andere einsame Stätte zurückziehen, wobei ihn seine Frau begleitet, falls sie noch lebt. Auf dieser dritten Stufe des Lebens kann er sich auf die Entsagung von allen irdischen Banden vorbereiten. Sobald er sich dazu bereit fühlt, tritt er in das vierte Stadium ein, das des Sannyasin, und bleibt entweder im Wald oder wandert von Dorf zu Dorf und lebt von den Almosen, die ihm überall freudig angeboten werden.

Dies ist ein normaler Lebenslauf. Jenen, die den festen Willen haben, gleich von Anfang an allem zu entsagen, steht ein zweiter Weg offen. Sie können die Abschnitte als Haushälter und Waldbewohner auslassen und direkt in die letzte Stufe der Entsagung von der Welt eintreten.

Auch für diesen Weg wurden in Indien die Regeln vor langer Zeit festgelegt. Sie gehen hauptsächlich auf den großen Reformer Shankaracharya zurück, der von 788 bis 820 lebte und zwölf Orden von Sannyasins in allen Teilen Indiens gründete. Gegenwärtig gibt es vier Hauptzweige mit jeweils einem eigenen Kloster, dem ein geistliches Oberhaupt vorsteht, das den Namen des Gründers Shankaracharya trägt. Jeder Orden hat einen Namen, den alle ihm angehörenden Sannyasins führen. Ramakrishna beispielsweise wurde im Osten von Tota Puri initiiert, und alle Mönche seines Ordens tragen den Namen Puri. Die nördlichen Sannyasins werden Sarasvatis genannt und die westlichen Giris.

Der künftige Shivapuri Baba wartete den Tod seines Großvaters ab, bevor er seine endgültigen Eide ablegte. Als der Großvater sich auf das Sterben vorbereitete, sagte er zu seinem Enkel, er habe eine große Summe in Form von Diamanten und anderen Edelsteinen beiseitegelegt, die dieser aufbewahren solle, bis er *jivanmukta* oder Gotteserkenntnis erlangt habe. Daraufhin solle er, in Einklang mit der von Shankaracharya selbst begründeten Tradition, eine Pilgerfahrt rund um die Welt unternehmen.

Bislang hatte man dies stets in dem Sinne interpretiert, dass es eine Pilgerreise zu Fuß zu den vier Zipfeln Indiens bedeute, wobei man alle heiligen Stätten besuchte und dann zu seinem Geburtsort zurückkehrte. In seinem Falle aber, so sagte der Großvater, sei die Pilgerfahrt rund um die Welt wörtlich zu nehmen und aus diesem Grund habe er eine große Geldsumme beiseitegelegt, damit er unbeschwert Länder bereisen könne, in denen wandernde Sannyasins noch nicht bekannt seien.

Als er seinen Großvater begraben und alle entsprechenden Riten für ihn vollzogen hatte, machte sich der junge Mann auf den Weg, um den Shankaramutt des Südens zu besuchen und seine Einweihung als Sannyasin zu erhalten. Er nahm den Namen Govindananda Bharati an. Als er einmal darüber sprach, sagte er, diese Einweihung sei für ihn nicht notwendig gewesen, da er gewusst habe, was er zu tun hatte, doch habe er sie als Geste der Frömmigkeit akzeptiert.

Danach machte er sich auf in den Dschungel, der sich zu jener Zeit Hunderte von Meilen entlang der Ufer des Narmada erstreckte. Auf dem letzten Stadium der Reise traf er vierzehn Tage lang keinen anderen Menschen. Der Ort, den er schließlich wählte, befand sich tief im Waldesinneren und war durch dichtes, undurchdringliches Buschwerk vor zufälligen Besuchern abgeschirmt. Dort fand er alle wild wachsende Nahrung, die er für seinen Unterhalt benötigte: die einzige äußere Pflicht, die dem Sannyasin während dieser Periode vollständiger Abgeschiedenheit bleibt.

Der Pfad, dem Govindananda folgen wollte, war *ritambhara prajna,* die absolute Gotteserkenntnis jenseits aller Formen und Vorstellungen. Diese erlangt man durch Stufen, die jenen sehr ähnlich sind, denen die großen kontemplativen Persönlichkeiten folgten. Niemand kann mit dem Ende beginnen, das heißt mit der Betrachtung Gottes als Absolutem Willen jenseits jeglicher Wesenheit. Um *ritambhara prajna* zu erreichen, muss Schritt für Schritt alles ausgeschaltet werden, was dem Verstand Halt bieten und ihn erfreuen kann. Erst wenn er aller Dinge entledigt ist und die Seele in die absolute Leere eintritt, die jenseits von Bewusstsein und Verstehen liegt, kann jener endgültige Akt reinen Willens vollzogen werden, durch den alle Unterscheidungen aufgehoben und das Individuum und das Absolute eins werden.

Auf dem Weg zum Absoluten gibt es Stufen relativer Vollkommenheit, die jeweils ihre eigene Art der Gotteserkenntnis mit sich bringen. Beim Erlangen einer jeden von ihnen ist sie zurückzuweisen, sobald deutlich wird, dass noch immer eine Trennung von der Ganzheit bestehen bleibt.

Wie viele Male begegnet der angehende Heilige Gott, nur um noch tiefer in den unerkennbaren Abgrund einzutauchen? Jahr um Jahr ging vorüber. Govindananda berichtete uns, dass er alsbald das Zeitgefühl verlor. Im indischen Dschungel können die Jahre vorübergehen ohne äußere Anzeichen außer der Trocken- und der Regenzeit, und selbst die Niederschläge des Monsuns entgehen der Beachtung des Sannyasin, der seine Aufmerksamkeit von der natürlichen Ordnung der Dinge abgezogen hat. Es lässt sich leicht schreiben, dass er mehr als zwanzig Jahre in völliger Abgeschiedenheit verbrachte, abgesehen von den wilden Tieren, die zu seinen Freunden und einzigen Gefährten geworden waren. Für all jene unter uns Europäern, die sich vielleicht einmal danach gesehnt haben, eine Zeit lang alleine zu sein, und doch niemals auch nur einen Monat völliger Einsamkeit erlangten, ist es keineswegs leicht, sich die Wirkung eines solchen Lebens auf eine empfindsame Seele vorzustellen – eines Lebens, das auf diese Weise während der Zeit der größten natürlichen Vitalität, zwischen dem fünfundzwanzigsten und dem achtundvierzigsten Altersjahr, verbracht wird. Sich nur von Wurzeln, Früchten und wilden Körnern zu ernähren, mag zwar sehr gesund sein, und ohne Zweifel würde man sich bald daran gewöhnen. Aber ein Vierteljahrhundert allein zu bleiben, ohne auch nur ein Wort mit einem anderen Menschen zu wechseln, erfordert in der Tat einen starken, reinen Verstand, wenn man diese Zeit ohne den Verlust geistiger Gesundheit überstehen will. Der schwierigste Teil dabei scheint mir zu sein, dass man Jahr um Jahr ohne jede Gewissheit verbringen muss, wann oder sogar ob die letztliche Erleuchtung, die glückselige Schau gewährt werden wird. Die meisten von uns können Zwangssituationen eine gewisse Zeit ertragen; doch keine Gewissheit über deren Ende zu haben, kann unseren Mut überfordern.

Der Shivapuri Baba hob in seinen Gesprächen mit uns hervor, dass ein Rückzug von der Welt nicht notwendigerweise deren Leugnung oder Zurückweisung bedeute. Für ihn war es das Ausschalten aller Handlungen, die für die Erhaltung des Lebens nicht erforderlich waren. Genau diese Handlungen sind es, die uns mit der Natur (oder *prakriti*) verbinden und im vervollkommneten Menschen dieselbe Beziehung zu seinem eigenen Körper herstellen, wie die höchste Wirklichkeit (oder Brahman) sie zur universalen *prakriti* hat. Dies ist eine Beziehung wechselseitiger Liebe, und es kann kein Zweifel daran bestehen, dass die Liebe zur Natur Govindananda damals ebenso erfüllte wie den Shivapuri Baba jetzt – hundert Jahre später –, als er uns in seiner Waldeinsamkeit sitzend empfing.

Die Jahre gingen vorüber. Das innere Leben vertiefte sich und gewann an Kraft. Wir können nicht ermessen, welche spirituellen Krisen er durchgestanden haben muss, denn meines Wissens hat er nie über jene Jahre einsamer Meditation gesprochen. Indessen nahm die äußere Welt ihren Lauf. Der Indische Aufstand von 1857 [gegen die britische Kolonialherrschaft] kam und ging unbemerkt an ihm vorüber. 1961 sagte er einem indischen Journalisten, er habe erst viele Jahre später etwas davon gehört.

Indien machte eine der größten Wandlungen seiner Geschichte durch und warf – fast unbemerkt vom Land selbst und der übrigen Welt – jene Traditionen ab, die weder religiöse Reformer wie die Begründer des Buddhismus und des Jainismus noch große Eroberer, von Alexander dem Großen bis zu Akbar, hatten zerstören können: die Traditionen der vedischen Gesellschaft, die von einer so fernen Vergangenheit geerbt wurden, dass sie noch unverkennbare Spuren der letzten Eiszeit aufwiesen, die vor mehr als zehntausend Jahren endete. Zum ersten Mal seit drei Jahrtausenden suchte Indien jenseits der eigenen Grenzen nach Mitteln und Wegen, das Leben neu zu gestalten. Die Ablehnung der britischen Herrschaft war noch nicht generell. Große Inder wie Surendranath Banerjea (1848–1925) und Gopal Krishna Gokhale (1866–1915) öffneten Indiens Tore zu westlicher Gelehrsamkeit, westlicher Kultur und selbst westlicher Lebensweise. Alsbald sollten dann feurige Seelen wie Bal Gangadhar Tilak (1856–1920) und Aurobindo Ghose (1872–1950) die Assimilierung westlicher Errungenschaften mit der kompromisslosen Bekräftigung von Indiens spiritueller Unabhängigkeit verbinden. Von da aus war die Forderung nach politischer Unabhängigkeit ein logischer Schritt.

Doch all diese Ereignisse, und auch jene in der weiten Welt, existierten nicht für den einsamen Eremiten, der in seiner Einsiedelei im Dschungel saß und auf Gott wartete wie der Junge in der Geschichte, die er später so oft erzählen sollte.

Schließlich kam der große Augenblick. Und er kam, wie er so häufig sagte, »blitzartig«. Gott wurde geschaut und alle Probleme waren gelöst! Da dieses ganze Buch sich mit den Folgen jenes Augenblicks beschäftigt, hätte ich gerne mehr gesagt über diese schlichte Feststellung. Doch wer könnte je in Worte fassen, was es bedeutet, Gott jenseits aller Formen und aller Manifestationen als das Absolute zu ›schauen‹? Hunderte von Mystikern haben sich an dieser Aufgabe versucht, viele von ihnen, ohne dass sie die authentische und letztliche Schau jemals erlangt hätten. Vor jenen, die sie tatsächlich hatten, können wir nur in Ehrfurcht unsere Augen schließen. Schon nur ihr Blick sagt uns, dass sie die Milch des Paradieses getrunken haben und nichts Weiteres mehr erlangen müssen. Von allen Menschen, denen ich in meinem Leben begegnet bin, hat keiner in mir nachhaltiger den Eindruck erweckt von jemandem, der die äußerste Grenze der Vollkommenheit erlangt hat, die einem Menschen überhaupt möglich ist.

Was blieb jetzt noch zu tun? Er war damals fünfzig Jahre alt, und es waren noch Pflichten zu erfüllen. Er hatte seinem Großvater versprochen, eine Pilgerfahrt um die ganze Erde zu unternehmen. Und es gab religiöse Obliegenheiten für einen Sannyasin, der Gotteserkenntnis erlangt hat.

Der seltsamste Augenblick muss der des Wiedereintritts in die Welt sein. Mönche und Nonnen, die in langer Abgeschiedenheit lebten, haben das Gefühl der Unwirklichkeit beschrieben, mit dem sie der Welt begegnen, die die Menschen »wirklich« nennen. Wieviel mehr muss dies für den einsamen Asketen zutreffen, der zehn, zwanzig, dreißig Jahre in der Einsamkeit verbracht hat, dessen Nahrung aus Wurzeln, Früchten und wild wachsenden Körnern besteht, dessen Verstand rein und stark wurde in der Kontemplation der absoluten Wirklichkeit und der keinen Halt findet in der Übung religiöser Observanzen, wie sie selbst die strengsten religiösen Orden kennen. Für einen Sannyasin, der sich in die vollständige Einsamkeit zurückzieht, muss stets die Gefahr bestehen, dass seine Lebensweise zu einer festen Gewohnheit wird. Er kann eine Zufriedenheit mit seiner einfachen Nahrung und der Gesellschaft seiner Tiergefährten entwickeln, und indem er die Welt mehr vergisst, als dass er ihr entsagt, geht er so in seiner Umgebung auf, dass er am Ende zu einem erleuchteten und glückseligen Waldtier wird. Um einer solchen Assimilierung zu widerstehen, muss die Sehnsucht nach Selbsterkenntnis mit unverminderter

Flamme brennen, und dies wiederum muss eine innere Spannung erzeugen, welche die menschliche Toleranzschwelle beinahe übersteigt.

Solche Gedanken kamen mir, als ich dort saß und den alten Mann anblickte, der diesen ganzen Prozess durchgemacht hatte und zur Welt zurückgekehrt war, voller Kraft und mit einem lebhaften Interesse an allen Angelegenheiten der Menschen.

Er erzählte uns nichts von seinem Leben als Eremit und bei Weitem zu wenig von seinen anschließenden Wanderungen. Der Bericht, den ich hier gebe, wurde aus beiläufigen Einzelinformationen zusammengestellt, und so mag es sein, dass einige der interessantesten Ereignisse für immer verloren gingen. Der Shivapuri Baba maß seinem weltlichen Leben so wenig Bedeutung bei, dass er, selbst als er mich ermutigte, dieses Buch zu schreiben, nicht mehr als einen Bruchteil meiner Fragen nach seinen Aufenthaltsorten und persönlichen Begegnungen beantwortete.

Vom Wald zog er westwärts nach Baroda, wo der Maharadscha Sayaji Rao Gaekwad III (1863–1939), dessen Hauslehrer und Berater mein späterer Schwiegervater H.A. Elliot war, soeben den Thron bestiegen hatte. Der letztere sollte später, obgleich er ein Vetter von Lord Minto war, mit dem Vizekönig in Konflikt geraten, da er sich für Bal Gangadhar Tilak einsetzte. Der Shivapuri Baba erinnerte sich an diese Ereignisse und sagte mir, er habe Tilak »etwas Astronomie beigebracht.« Dies war von großem Interesse für mich, weil ich Tilaks Buch *Arktische Heimat in den Veden* als eine der bemerkenswertesten Rekonstruktionen altertümlicher Geschichte betrachte, die jemals unternommen wurde.* Sie hätte ohne eine außergewöhnliche spirituelle Schau nicht vollbracht werden können.

Die Pilgerreise – er bewegte sich ausschließlich zu Fuß – führte ihn zu allen heiligen Stätten Indiens. In Kalkutta suchte er Ramakrishna auf, der acht Jahre jünger als er selbst und bereits im ganzen Land bekannt und beliebt war.

In Baroda traf er Aurobindo Ghose, einen der größten Interpreten indischer Spiritualität sowohl für den Westen als auch für Indien selbst, der zu dieser Zeit im Dienste des Gaekwad stand. Sein Gespräch mit dem Heiligen, der das Licht der Gotteserkennt-

* In seinem 1903 erschienenen Werk *Arctic Home in the Vedas* vertritt B.G. Tilak die These, der Veda sei in der Arktis entstanden und zu Beginn der letzten Eiszeit von indoarischen Barden nach Süden gebracht worden [A.d.Ü.].

nis ausstrahlte, muss einen tiefen Eindruck auf Aurobindo gemacht haben; denn in der Mitte seines Lebens sollte er den gewaltigen Entschluss fassen, seine Laufbahn im öffentlichen Dienst im Augenblick höchster Erfüllung aufzugeben, um seinerseits zu einem Sannyasin und schließlich zu einem Heiligen zu werden. Aurobindo kannte den Shivapuri Baba unter dem Namen Lalu und scheint ihn später in Gesprächen mit Schülern erwähnt zu haben. Die Erinnerung an diese Begegnung blieb ein entscheidender Faktor für die Richtung, die er in seinem späteren Leben einschlug. Leserinnen und Leser dieses Buches, die mit Aurobindos Schriften vertraut sind, werden die Ähnlichkeit ihrer Betrachtungsweise bemerken, insbesondere hinsichtlich der Notwendigkeit, die Suche nach Gott mit der Erfüllung der Pflichten des äußeren Lebens zu verbinden.

Nun sollte die Pilgerfahrt rund um die Welt ernsthaft beginnen. Dies war keine formelle Pflicht mehr; eine wirkliche Aufgabe war zu vollbringen. Der Sannyasin, der Gott von Angesicht zu Angesicht begegnet war, musste nun auch den Menschen in all seinen Erscheinungsformen kennenlernen. Dieses Studium der Menschheit war ein Unterfangen, das sogar noch mehr Zeit in Anspruch nehmen sollte, als er auf das Erwarten Gottes verwandt hatte.

Nach Indien kam Afghanistan. Er sagte dies mehrmals. In gewisser Weise war es natürlich und unvermeidlich, denn eine zu Fuß unternommene Pilgerreise nach Westen muss über den Khyber-Pass aus Indien hinausführen. Dabei scheint der Shivapuri Baba den ersten Agha Khan, Hassan Ali Schah (ca. 1800–1881), getroffen und sich gut mit der Tradition der Ismailiten vertraut gemacht zu haben. Der beträchtliche Einfluss des Agha Khan mag ihm die Tore zur islamischen Welt geöffnet haben, die einem Hindu sonst für gewöhnlich verschlossen blieben. Er berichtete uns, dass er einige Zeit in Afghanistan verbrachte, das eines der Hauptzentren des spirituellen Lebens des Islams war und auch heute noch ist.

Von dort reiste er nach Persien. Shah Naser ad-Din (1831–1896), der mit dem Agha Khan verschwägert war, hatte in Zusammenhang mit dem Kampf gegen die afghanische Unabhängigkeit beträchtliche Probleme mit Russland und England. Wir wissen nur so viel, dass er den indischen Heiligen empfing und ihm bei seiner Reise in den Westen half. Das nächste Ziel des Shivapuri Baba war Mekka. So seltsam es auch scheinen mag, erzählte er uns, er sei in der heiligen Stadt gewesen. Dies konnte nur möglich gewesen sein, wenn seine Reise von Muslimen höchster Autorität unterstützt wurde, die sich für seine Heiligkeit verbürgten. Sicher konnte er ohne Unaufrichtigkeit die notwendige Formel sprechen: »Gott ist einer, Ihm allein ist zu gehorchen, und Mohammed ist Sein Diener und Sein Prophet.« Dies allein genügte jedoch selbst zu jener weniger strikten Zeit türkischer Herrschaft nicht, um sich Eintritt in die heilige Stadt zu verschaffen. Wer die wahre Bedeutung des Islams kennt, weiß, dass es der innere Akt ist, der den wahren Muslim ausmacht. Jeder Mensch, ganz gleich welchen äußeren Bekenntnisses, ist ein Muslim im wahrsten Sinne des Wortes, wenn er Gott ganz unterworfen und hingegeben ist. Dies traf für Govindananda seit seiner Kindheit zu. Ohne Zweifel muss er von einer Sufi-Bruderschaft anerkannt worden sein, deren Bürgschaft der Rechtgläubigkeit im damaligen Mekka akzeptiert wurde.

Tatsächlich, so kann ich hier sagen, war er mit dem Islam derart gründlich vertraut, dass ich es bei meiner ersten Begegnung mit ihm für ausgemacht hielt, er sei ein Muslim, und dies sogar in einem Artikel erklärte, den ich damals über ihn schrieb. Es gibt eine besondere Art, von Gott zu reden, die den wahren Muslim zu charakterisieren scheint. Sie verbindet ein Gefühl von Gott, Der die Schöpfung transzendiert, mit jenem Seiner innigen Gegenwart in der menschlichen Seele. Genau in diesem Sinne sprach der Shivapuri Baba. Später wurde mir klar, dass er von einer direkten Erfahrung des Mysteriums der Göttlichen Totalität her sprach – transzendent, immanent, persönlich und doch absolut. Daher vermochte er die Wahrheit aller Religionen in einer solchen Weise auszudrücken, dass im Zuhörer das Gefühl erweckt wurde, er sei ein Hindu, ein Buddhist, ein Muslim oder ein Christ, und dies jeweils durch und durch, ohne Einschränkung.

Damit will ich indes nicht sagen, dass der Shivapuri Baba bereit gewesen wäre, sich mit irgendeinem religiösen Bekenntnis zu identifizieren. Auf seine Kritik aller Hauptformen der alten vedischen Religion, die heute verbreitet sind, wird später in diesem Buch eingegangen. Seine Einstellung gegenüber dem Islam fassen seine folgenden Worte zusammen: »Die Pilger in Mekka sind erfüllt von wahrer religiöser Inbrunst, aber ich fühlte mich nicht hingezogen zum Islam, so wie er heute ist.«

Der Weg von Mekka bis zum Heiligen Land, nach Jerusalem, der Heimat des Christentums, erstreckt sich über fast tausenddreihundert Kilometer, meist durch wüstenähnliches Gebiet. Ich kann hier nicht umhin, auf die unglaubliche Leistung zu sprechen zu kommen, die eine Pilgerreise zu Fuß rund um die Welt darstellt. Der Shivapuri Baba sagte mir – und ich habe keinen Grund, daran zu zweifeln –, er habe achtzig Prozent der Landreise zu Fuß zurückgelegt. Er brauchte vierzig Jahre, von 1875 bis 1915, um unseren Planeten zu umwandern. Dabei legte er mehr als 40 000 Kilometer rund um den Globus zurück, denn er folgte einem Zickzack-Pfad, der nach Norden und nach Süden vom Äquator abwich. Um eine solche Reise würdigen zu können, muss man etwas von den Ländern wissen, die er durchquerte. Ich bin mehr als einmal bei Tageslicht die lange Strecke von Indien nach Europa geflogen. Persien allein erstreckt sich über fast tausendsechshundert Kilometer. Der nördlichen Route zu folgen, ist der einzig praktikable Weg, und dies bedeutet, immer von Neuem Gebirgsketten und Täler zu überqueren auf einer Distanz, die größer ist als die Strecke von London nach Rom.

Für den längsten Teil des Weges kann man freundliche Täler mit Dörfern wählen, die nicht zu weit voneinander entfernt liegen und wo sich ein frommer Pilger der Gastfreundschaft gewiss sein kann. Doch eine Pilgerreise nach Mekka ist eine ganz andere Angelegenheit. Ich kenne die Arabische Wüste ein wenig und weiß, wie sie einem selbst auf dem Kamel den Mut raubt. Ich habe noch einen weiteren Menschen getroffen, ebenfalls einen Heiligen, Farhad Dede von Aleppo,* der die Pilgerreise von Aleppo zu Fuß unternahm, als er fast siebzig Jahre alt war. Er benötigte sechs Monate und hatte vor, auch zu Fuß zurückzukehren, musste dann aber eine Überfahrt per Schiff akzeptieren, die ihm ein frommer Pilger aus der Türkei anbot. Die Art und Weise, wie Bekannte von Farhad Dede über seine Ausdauer sprachen, machte mir deutlich, dass man die Reise als außerordentliche Leistung für einen alten Mann ansah. Der Shivapuri Baba muss fast ebenso alt gewesen sein, aber jener Abschnitt war nur ein kleiner Teil, nicht mehr als ein Dreißigstel, seiner gesamten Pilgerreise rund um die Welt.

Irgendwann in den frühen 1890er-Jahren erreichte er Jerusalem, wo er einige Zeit verbrachte. Von dort ging es weiter nach Istanbul. Ich habe diesen Teil der Reise mehr als einmal selbst

* Siehe: John G. Bennett: *Das Durchqueren des großen Wassers: Die Geschichte einer Suche – Autobiografie*, Xanten: Chalice Verlag, 2011, Seite 396 ff [A.d.Ü.].

unternommen und kann mir die endlosen Meilen der anatolischen Steppe und den Gleichmut des türkischen Landvolkes von Kleinasien ausmalen, das den Indern oder Russen so unähnlich und doch so religiös und gastfreundlich ist.

In den meisten Ländern, die er besuchte, wurde er dem Landesherrscher vorgestellt – nicht jedoch Abdul Hamid II, dem Sultan der Türkei, jenem seltsamen, argwöhnischen, unverlässlichen und doch häufig missverstandenen Mann. Ich weiß, dass der Shivapuri Baba von der Türkei aus fast sogleich durch den Balkan nach Griechenland reiste und von Athen nach Rom, wahrscheinlich per Schiff.

Er erzählte mir, er habe einige Zeit in Rom verbracht, um zu einem besseren Verständnis der christlichen Religion zu gelangen. Aus unseren Gesprächen konnte ich ersehen, dass er mehr als theoretische Kenntnisse des Katholizismus besaß. Mit Erstaunen nahm ich wahr, wie gut er verstand, welchen Platz die heilige Jungfrau Maria in Herz und Geist der Katholiken einnimmt. Ich werde später auf die Gespräche, die er mit mir darüber führte, zurückkommen, weil sie mich persönlich mehr berühren als sein Lebensbericht und die Reise um die Welt.

Leider unterließ ich es, ihn über seine Erfahrungen im Vatikan zu befragen: was er dort vorfand, welcher Art seine Begegnungen waren oder wen er traf. In jenen Tagen war Rom noch weit entfernt von seiner heutigen Offenheit gegenüber allen, die – egal unter welcher Form – an Gott glauben und Ihn anbeten.

Italien hielt den Shivapuri Baba nicht lange. Er besuchte die meisten Länder Europas und erzählte später von seinen Begegnungen mit Kaiser Wilhelm II und der niederländischen Königin Emma. Dies erfuhr ich unabhängig von Freunden in Holland. Sicherlich traf er noch viele andere interessante Persönlichkeiten, doch wollte er von ihnen oder von den Gründen für diese Treffen nicht sprechen.

Im Jahr 1896 wurde er dann nach England eingeladen, anscheinend vom Indiensekretariat der Königin Victoria, das zu dieser Zeit von jenem außergewöhnlichen Mann, dem Munshi Abdul Karim, dominiert wurde. Govindananda Bharati, der in England unter dem Namen Govinda bekannt war, verbrachte vier Jahre in England. Während dieser Zeit besuchte er die Queen achtzehn Mal »auf verschiedenen Schlössern«, wie er sagte. Er berichtete uns, seine Besuche seien sehr persönlich gewesen. Sie wurden ohne

Zweifel höchst sorgsam im Tagebuch der Königin eingetragen – und später von Prinzessin Beatrice ebenso sorgsam wieder getilgt, als sie die Aufgabe, diese zu editieren und »alles zu entfernen, was die Gefühle von irgendjemandem verletzen könnte«, nur allzu gründlich wahrnahm.

Sein Aufenthalt in England bedeutete eine längere Unterbrechung der Pilgerreise. Er zog durch das ganze Land, wobei er manchmal auf große Landsitze geladen wurde, doch auch zu Fuß von Dorf zu Dorf wanderte. Meine Beschreibung der walisischen Hügel weckte Erinnerungen in ihm, und er sprach vom Berg Snowdon und seinem Besuch bei jemandem, der in Sichtweite davon lebte. Er machte auch einen Abstecher auf die Isle of Man, wo er bei der Familie Wilkinson wohnte, deren junger Sohn ihm vorgestellt wurde und etwa fünfundzwanzig Jahre später eine Rolle in seinem Leben spielen sollte.

Sein exzellentes Englisch, bereichert durch passende Geschichten aus den indischen Nationalepen Mahabharata und Ramayana, oder, so vermute ich, bisweilen von ihm selbst erfunden, seine schnelle Auffassungsgabe und seine profunde Weisheit sowie, ohne Zweifel am meisten, vor allem die unwiderstehliche Anziehungskraft, die Heiligkeit selbst auf halbempfängliche Menschen ausübt – dies alles kam zusammen, um ihn gegen Ende des Jahrhunderts zu einem gern gesehenen Gast bei den Damen des Hauses zu machen. Er ging überallhin und traf alle zwanglos. Er sprach von Lord Salisbury und Lord Randolph Churchill, die ihm ohne Zweifel viele Fragen über Indien stellten. Er erzählte uns von seiner Begegnung mit George Bernhard Shaw im Jahr 1898, welcher Yogis und ihresgleichen verachtete und zu Govindananda sagte: »Ihr indischen Heiligen seid die nutzlosesten Menschen; ihr habt keinen Respekt vor der Zeit.« Die Antwort von Govindananda lautete: »*Ihr* seid Sklaven der Zeit. Ich lebe in der Ewigkeit.«

Ich wünschte, ich könnte etwas über seine achtzehn privaten Besuche bei Königin Victoria schreiben. Ihre indische Gefolgschaft bestand hauptsächlich aus Muslimen unter dem strengen Auge des Munshi Abdul Karim.* Soweit ich weiß, war Govindananda der erste Sannyasin, der eine Begegnung mit der Königin hatte. Er war

* Mehr zu diesem Thema bei: SHRABANI BASU: *Victoria & Abdul: Die Queen und ihr treuester Diener – Eine wahre Geschichte.* München: Wilhelm Goldmann Verlag, 2017. Von Stephen Frears im gleichen Jahr verfilmt unter dem Titel *Victoria & Abdul* [A.d.Ü.].

natürlich nicht der erste Inder von hoher spiritueller Entwicklung, der nach England kam. Einige Jahre früher hatte Vivekananda, der engste Schüler von Ramakrishna und Gründer der Ramakrishna-Mission, in England Station gemacht auf seinem Weg zum Weltkongress der Religionen in Chicago 1893, wo er seine inspirierte Ansprache über die Einheit aller Glaubensformen hielt. Doch blieb er nicht lange in England, und seine Arbeit bekam auch nicht die offizielle Förderung, die sie verdiente. Govindananda hingegen kam ohne Mission oder Zweck; doch aus einem Grund, der mir nicht bekannt ist, erwartete die Königin seine Ankunft. Bei seinen vielen Kontakten während seines Aufenthaltes in England muss er mehr als irgendeine andere Person seiner Zeit den Menschen die Erkenntnis vermittelt haben, dass indische Spiritualität der Welt Gaben von unermesslichem Wert zu bieten habe.

Zu jener Zeit war die Königin am spirituellen Leben des indischen Volkes, für das sie eine so tiefe Zuneigung empfand, sehr interessiert. Wie ihr Tagebuch zeigt, war sie sich der Verantwortung, die ihr Land gegenüber Indien übernommen hatte, höchst bewusst und hegte dieselben Gefühle liebender Sorge für die Inder wie für ihr eigenes Volk. Unglücklicherweise wurden ihre weiblichen Instinkte von ihren eigenen Ministern nicht verstanden. Sie gehörte zu den ganz wenigen, die erkannten, dass die einzigen dauerhaften Bande zwischen England und Indien jene der Liebe und gegenseitigen Achtung waren. Die meisten Engländer waren noch ganz beherrscht vom Gedanken des Empire und, schlimmer noch, von Eigeninteressen.

Die eine Frage, die die Königin seit dem Dahinscheiden ihres Prinzgemahls beschäftigte, war das Mysterium des Todes. Wie sehr sie sich auch ihren äußeren Pflichten zuwenden mochte, dieses Geheimnis ließ sie nicht ruhen. In Govindananda traf sie einen Menschen, der mit eigenen Augen gesehen hatte, was jenseits des Schleiers des Todes liegt. Mir scheint sicher, dass ihre große Hoffnung darin bestand, er würde sie in die Lage versetzen, es selbst zu erkennen. Wenn sie darauf beharrte, dass er England während ihrer Lebenszeit nicht mehr verlassen sollte, so beweist dies, dass seine Hilfe sehr real gewesen sein muss.

Nach dem Tod der Königin 1901 nahm der Shivapuri Baba seine Pilgerreise wieder auf und überquerte den Atlantik nach Amerika, wo er bereits erwartet wurde und ein begehrter Gast war. Er kam kurz nach der Ermordung von Präsident William McKinley an und traf Theodore Roosevelt, der gerade seine bemerkenswerte Amtszeit antrat. Er hielt sich zwei oder drei Jahre in den Vereinigten Staaten auf. Vivekananda hatte in New York die Vedanta-Bewegung ins Leben gerufen und war nach Indien zurückgekehrt, wo er im frühen Alter von neununddreißig Jahren starb. Viele Einladungen erreichten Govindananda und drängten ihn, in den USA zu bleiben, um jene zu inspirieren und zu unterstützen, die die indische Spiritualität zu verstehen suchten. Als wir ihn darüber befragten, sagte er: »Ein Mann wie Vivekananda wurde von Gott auserwählt, um der Welt zu helfen. Das war sein *dharma,* das er zu erfüllen hatte. Wie Shankara starb er in jungem Alter; aber er hatte sein *dharma* erfüllt. Ich habe keine solche Aufgabe in der Welt; daher stand es mir frei, meinen eigenen Weg zu gehen.«

Er verließ die Vereinigten Staaten um das Jahr 1904 herum, wandte sich immer zu Fuß reisend nach Süden und erreichte Mexiko, wo er den bereits alternden Diktator Porfirio Diaz traf, dessen Freundschaft mit Theodore Roosevelt Zentralamerika nach Generationen des Konfliktes den Frieden gebracht hatte. Doch Mexiko, so wie es sich dem Pilger zeigte, der von Dorf zu Dorf wanderte, war ein Land im Elend, wo Millionen von Indianern praktisch in Sklaverei lebten.

Der Shivapuri Baba reiste weiter und weiter nach Süden, um die Anden zu erreichen, das westliche Gegenstück zum Himalaya, in dessen Schatten er seine späteren Jahre verbringen sollte, reiste durch Kolumbien, dann durch Peru und die hohen Bergpässe hinauf. Ich selbst war nie in diesem Land, doch zwei Damen, die ihn zusammen mit mir besuchten und es gut kannten, bestätigten die Genauigkeit seiner Erinnerungen. Er beschrieb die Route, der er gefolgt war, und wie er dadurch, dass er sich verlief, über einen unbekannten Weg zum Titicacasee gelangt war, dem am höchsten gelegenen größeren See der Erde. Er liegt 3812 Meter über dem Meeresspiegel, und auf 178 Kilometern entlang des Sees finden sich die Überbleibsel einer der größten verschollenen Zivilisationen. Zur Zeit seines Besuches war die Gegend dem Rest der Welt fast unbekannt, und ich konnte nur über Govindanandas Scharfblick staunen, der ihn an diesen Ort geführt hatte, um den Kontakt mit einer der Quellen menschlicher Kultur zu erschließen.

Nach einem längeren Aufenthalt in Südamerika schiffte er sich nach den Südsee-Inseln ein, machte Station in Neuseeland und Australien und erreichte Japan im Jahr 1913. Bei Ausbruch des

Ersten Weltkriegs befand er sich in Sinkiang. Er folgte der alten Pilgerroute nach Nepal und entdeckte dabei, wie er uns berichtete, dass der Aufstieg zum Mount Everest auf jener Route erfolgen sollte, die schließlich 1953 John Hunt und sein Team einschlugen.

Dann kam Govindananda nach Benares, wo er beim Pandit Madan Mohan Malaviya (1861–1941) wohnte. Er stiftete 50 000 Rupien* für den Fonds, den der Pandit eingerichtet hatte, um Spenden für die Gründung der Benares-Hindu-Universität zu sammeln. Man bot ihm sogar deren Kanzlerschaft an, doch als Sannyasin musste er dieses Angebot zurückweisen.

Bevor er seine Pilgerreise als abgeschlossen betrachten konnte, blieb ihm eine letzte Pflicht: als Wandermönch nach Hause zurückzukehren. Als er Kerala nach nahezu siebzig Jahren erreichte, hatte sich alles derart verändert, dass er sein eigenes Heim nicht finden konnte. Damals, beim Ablegen seines Armutsgelübdes als Sannyasin, hatte er den väterlichen Besitz seiner Zwillingsschwester vermacht; weitere Brüder und Schwestern hatten sie keine. Als seine Schwester zwischenzeitlich beschloss, ebenfalls der Welt zu entsagen, verkaufte sie alles und verteilte das Geld an die Armen. So blieb keinerlei Spur von seiner Schwester oder seinem Heim. Die Voraussage seines Großvaters, dass seine Familie mit ihm zu Ende gehen würde, hatte sich erfüllt. Etwas von dem Geld, das sein Großvater zurückgelegt hatte, war noch übrig geblieben, und so kehrte Govindananda in den Narmada-Wald zurück und vergrub es dort mit dem Rest der Edelsteine und Diamanten.

Da er nun alles erledigt hatte, beschloss er, nach Nepal zu gehen, um im Wald zu leben, diesmal jedoch ohne sich von menschlichen Kontakten zu isolieren. Dabei stieß er auf eine unerwartete Schwierigkeit. Entsprechend den damals in Nepal bestehenden Vorschriften durften Pilger aus Indien nicht länger als eine Woche nach dem heiligen Shivaratri-Feiertag im Lande bleiben. Die meisten Pilger sind Sadhus, die über die Pässe von Indien heraufziehen, obgleich auch viele fromme Laien die anstrengende Reise zum Fest unternehmen, das jedes Jahr im März stattfindet.

Als ihm mitgeteilt wurde, er müsse nach Indien zurückkehren, willigte er ein. Doch auf dem Weg zum Polizeipräsidenten fuhr eine Kutsche an ihm vorbei und ein Engländer lehnte sich heraus und rief ihm zu: »Sind Sie nicht Govinda?« Es war derselbe Mr. Wilkinson, den er vor zwanzig Jahren als Schuljungen auf der Isle

* Was einer heutigen Kaufkraft von um die 350 000 Euro entspricht [A.d.Ü.].

of Man getroffen hatte. Ich kann leicht verstehen, dass dieser den Heiligen sogleich erkannte. Selbst im Alter von hundert Jahren hatte er denselben aufrechten Gang, dasselbe leuchtende schwarze Haar und vor allem dieselben wunderbaren Augen, wie zu der Zeit seiner Gotteserkenntnis vor fünfzig Jahren.

Wilkinson hatte mittlerweile seinen festen Wohnsitz als britischer Bürger in Nepal und war ein enger Freund des Herrschers. Es gelang ihm, für seinen Freund einen Sonderstatus zu erwirken, sodass dieser sich im Shivapuri-Park niederlassen konnte, nicht weit von Kathmandu, der nepalesischen Hauptstadt.

Er gab nun den Namen Govindananda Bharati auf, so wie er es vor achtzig Jahren mit dem brahmanischen und dem Familiennamen getan hatte. Für die Nepalesen war er ein heiliger alter Mann, der im Shivapuri-Wald lebte – der »Shivapuri Baba«. Diesen Namen behielt er für die restlichen achtunddreißig Jahre seines langen Lebens.

Mr. Wilkinson suchte regelmäßig an jedem Sonntag die Einsiedelei im Wald auf und nahm dort die Pflichten eines Schülers wahr, fegte den Boden, bereitete eine Mahlzeit zu und wartete in Stille, bis die Stunde für das Gespräch gekommen war. Am Abend kehrte er dann in die Hauptstadt zurück und widmete sich wieder seinen Pflichten als hoher Beamter der britischen Raj. Dies dauerte fort, bis Wilkinson sich pensionieren ließ und in die Heimat nach England zurückkehrte, wo er 1939 starb.

Nach Aussage des Shivapuri Baba war Wilkinson einer der seltenen Menschen, die ein aktives Leben mit jener vollständigen Hingabe an die Suche nach dem *prajna*-Bewusstsein verbinden konnten, das den Menschen zu der Erkenntnis Gottes und der Bedeutung des Lebens führt.

Inzwischen hatte der Shivapuri Baba sein hundertstes Lebensjahr überschritten, und sein Ruf gelangte von Nepal nach Indien und selbst in die buddhistischen Länder Birma und Ceylon. Er wies strikt jeden Versuch zurück, seine Waldeinsiedelei zu einem Pilgerzentrum, einem Ashram, zu machen mit der dazugehörigen Gemeinschaft von eifrigen Suchern nach Hilfe auf dem Pfad zur Erleuchtung, von verheirateten Schülern und ihren Familien sowie einer ruhelosen Menge von Besuchern und Touristen. Er sagte uns, er habe allen klar und deutlich erklärt, dass er sich an eine unauffindbare Stätte zurückziehen würde, sollte man einen derartigen Versuch unternehmen.

Ich gestehe, dass diese Zurückweisung der traditionellen Rolle eines Mahatmas oder großen Lehrers mich zu ihm hingezogen hatte, schon bevor ich den Shivapuri Baba persönlich traf. Als ich ihm schließlich begegnete, konnte ich mit eigenen Augen sehen, dass er im vollen Sinne des Wortes ein freier Mensch war: vollkommen gleichgültig gegenüber Lob oder Tadel, jemand der wusste, was und wer er war, was er in den ihm noch verbleibenden Jahren zu tun hatte und warum.

Es scheint mir – obschon er dies nie sagte oder eine solche Möglichkeit auch nur andeutete –, dass seine äußere Aufgabe in diesem Leben darin bestand, jenen Anleitung zu geben und zu helfen, die verantwortungsvolle Positionen innehatten. Er selbst betrachtete die »äußere« Pflicht als eine Obligation, deren Wahrnehmung keine Erlösung bringen kann, aber dennoch eine Verpflichtung ist, der man nicht aus dem Wege gehen kann. Sicherlich litt er in keiner Weise an jenem Snobismus (der allzu viele heilige Männer befällt), sich daran zu ergötzen, mit den Großen dieser Welt gesprochen zu haben. Als er die Abfassung dieses Buches autorisierte, bat ich ihn, mir von einigen interessanten Leuten zu erzählen, die er getroffen hatte. Er weigerte sich, meiner Bitte zu entsprechen und sagte: »Das ist nicht von Bedeutung. Sie sollten über meine Lehre schreiben, nicht über mich.«

Etwa dreißig Jahre vor seinem Tod entdeckte der Shivapuri Baba, dass er an Kieferkrebs litt. Er beschloss, eine orthodoxe medizinische Behandlung zu versuchen, und zog vom Wald an einen Ort in der Nähe von Kathmandu um. Zunächst baute er sich eine kleine Hütte in Kirateswar, nahe der gegenwärtigen Stätte, und blieb dort bis 1943. Er ließ sich von Ärzten untersuchen, die von seinen Anhängern gebracht wurden. Doch als er sah, dass keine medizinische Behandlung helfen würde, folgte er einer den Yogis bekannten Methode, und der Krebs verlor seine Kraft und starb ab. Zu jener Zeit begann er, Zigaretten zu rauchen. Thakur Lal Manandhar erzählte mir, ein oder zwei Jahre vor seinem Tod sei der Shivapuri Baba von zwei amerikanischen Ärzten untersucht worden, die bestätigten, dass er Spuren eines ausgeheilten Kieferkrebses aufwies und dass kein Zeichen irgendeines Rückfalls vorlag. Als die Krankheit geheilt war, zog er zum gegenwärtigen Ort, der in der Gegend unter dem Namen Dhruvasthali bekannt ist. Dies ist ein Wald, der hinter dem Tempel von Pashupatinath liegt, wo Sadhus nach Belieben wohnen können, ohne den Behörden etwas bezahlen zu müssen. Er baute sich eine kleine Holzhütte. In jüngerer Zeit wurde sie von Steinwänden umschlossen, um ihn vor der Winterkälte zu schützen.

Während seiner achtunddreißig Jahre in Nepal müssen ihn Tausende von Sadhus, Laien und Ausländern besucht haben, die das Glück hatten, von ihm zu hören. Ich erfuhr zum ersten Mal 1933 von seiner Existenz durch Professor Ratnasuriya, einem gelehrten Buddhisten aus Ceylon, der auch eine große Autorität in Sanskrit-Epigrafik war. Um 1930 entwickelte dieser, obgleich er ein aufrichtiger Buddhist war, eine Unzufriedenheit mit seiner Religion, so wie sie von den Bhikkhus oder buddhistischen Mönchen von Ceylon praktiziert wurde. Er hatte Rat gesucht bei einem älteren Mönch, der damals in einer Waldeinsiedelei wohnte und den Ruf hatte, die Erleuchtung gefunden zu haben, jenes schwer zu fassende Ziel des Edlen Achtfachen Pfades. Der Bhikku erklärte, er könne einem weltlichen Mann keinen Rat erteilen, und wies Ratnasuriya an, eine Pilgerreise nach Indien zu unternehmen. Dabei solle er einen alten Swami besuchen, der in Einsamkeit auf den Hügeln am Fuße des Himalaya in Nepal wohne. Dies war der Shivapuri Baba.

Einige Jahre später erzählte mir Ratnasuriya die Geschichte seiner Reise, die er, wenn ich mich richtig erinnere, 1930 unternommen hatte. Es gelang ihm, sich als Delegierter Ceylons für einen Religionskongress in Nordindien nominieren zu lassen, und so konnte er Nepal einige Tage besuchen. Er fand seinen Weg zu der Einsiedelei des Shivapuri Baba dank eines Empfehlungsschreibens jenes alten Bhikkhus. Man sagte ihm, der Shivapuri Baba sei über hundert Jahre alt, weigere sich, irgendjemandem die Erlaubnis zu erteilen, in der Nähe seiner Hütte zu wohnen, und drohe, er würde sich in die unzugänglichen Regionen zwischen Tibet und Bhutan zurückziehen, wenn man seinen Frieden stören würde. Ratnasuriya traf auf einen Mann mit schwarzem Haar, der, obschon von kleiner Statur und schmal gebaut, einen prächtigen Körper hatte und lebhaftes Interesse an allem zeigte, was Ratnasuriya ihm von Ceylon berichten konnte, einem Land, das dieser anscheinend vor etwa fünfzig Jahren besucht hatte. Er beantwortete Ratnasuriyas Frage mit dem Rat, er solle nach London reisen, wo er die spirituelle Lehre finden würde, die seiner eigenen Natur entspräche. Dies überraschte Ratnasuriya, da er, wie viele Asiaten, England und alle europäischen Länder für Nationen hielt, die fern aller Quellen wahrer Spiritualität im Materialismus versunken waren. Der Shivapuri Baba versicherte ihm, er irre sich und er würde in England ganz im Gegenteil etwas finden, was in Ceylon fast völlig verloren gegangen sei. Weiter versicherte er ihm, er würde die Reise nach England ebenso leicht empfinden wie seinen Besuch in Nepal.

Ein anderer erstaunlicher Vorfall, an den sich Ratnasuriya erinnerte, war das plötzliche Auftauchen eines voll ausgewachsenen Leoparden aus dem Dickicht des Waldes. Er schlich in die Hütte wie eine Hauskatze, um an der Seite des Shivapuri Baba Platz zu nehmen. Ratnasuriya durchfuhr ein unweigerlicher Schrecken, doch der Heilige erklärte ihm, dass jene, die viele Jahre lang in völliger Abgeschiedenheit im Wald lebten – wie er es in seinen früheren Lebensjahren getan hatte –, ein derart freundschaftliches Verhältnis zu wilden Tieren entwickelt hätten, dass beide Seiten frei von Furcht seien.

Als Ratnasuriya nach Ceylon zurückkehrte, fand er eine Einladung, sich um eine Stelle als Lektor in Sanskrit-Epigrafik an der School of Oriental Studies in London zu bewerben. Da er das sichere Gefühl hatte, der Shivapuri Baba habe dies vorausgesagt, akzeptierte er die Einladung, obgleich die Stelle für ihn einen geringeren Status bedeutete. Bald nachdem er sich in London niedergelassen hatte, wurde er mit P.D. Ouspensky in Kontakt gebracht und gelangte sogleich zu der Überzeugung, dass die Lehre und die Methode von G.I. Gurdjieff seinen spirituellen Erfordernissen gerecht würden. Tatsächlich blieb er dann auch für den Rest seines Lebens ein Anhänger der Lehre Gurdjieffs. 1949 nahm ich ihn mit nach Paris und stellte ihm Gurdjieff vor, mit dem er kaum mehr als etwa zwei Minuten redete. Nichtdestotrotz sprach er bis zu seinem Tod zwei Jahre später von dieser Begegnung als dem Höhepunkt seiner Suche nach der Wirklichkeit.

Ratnasuriya erzählte uns etwas von der Lehre des Shivapuri Baba, die, wie er sagte, nach seinem Dafürhalten dem System von Gurdjieff viel näher zu stehen schien als dem orthodoxen Hinduismus. Er hatte vor, den Shivapuri Baba erneut zu besuchen, doch hinderten ihn der Krieg und die Nachkriegswirren daran.

Da ich wusste, dass Ratnasuriya ein erfahrener und kritischer Forscher war, beeindruckte mich seine Feststellung, der Shivapuri Baba sei der einzige wahre Heilige, den er auf seinen ausgedehnten Reisen in Indien, Ceylon und Birma getroffen habe. Ich denke, das Bild des alten Mannes mit einem wilden Leoparden als bestem Freund sprach mich mehr an als das der berühmten indischen spirituellen Führer mit ihren Ashrams und Tausenden von Verehrern und Anhängern.

Dennoch schien es nicht wahrscheinlich, dass ich diesen alten Mann jemals sehen würde. Wenn er 1930 schon über hundert Jahre alt war, so war kaum anzunehmen, dass er 1950 noch lebte.

Dann besuchte mich 1955 unerwartet Hugh Ripman, der ebenfalls ein Schüler Ouspenskys war und mit einer der großen internationalen Institutionen in Verbindung stand, die nach dem Krieg gegründet wurden. Seine Arbeit hatte ihn nach Indien geführt und er hatte die Gelegenheit genutzt, Nepal zu besuchen, wo er den Shivapuri Baba traf. Er stellte mir freundlicherweise eine Kopie des betreffenden Teils seines Reisetagebuchs zur Verfügung, dem ich die folgenden Auszüge entnehme:

> Ich ging nach Pashupatinath hinunter, wo die Aghori Babas wohnen, um den Shivapuri Baba zu besuchen, der im Dschungel am anderen Ufer des Flusses lebt. Wir wurden auf dem Weg von einer Gruppe kleiner Jungen begleitet, die wohl nur mitkamen, um zu sehen, was geschehen würde. Wir marschierten ungefähr eine Meile auf einem Pfad durch den Wald, der etwa hundert Meter über den Fluss hochführte, und erreichten schließlich ein befestigtes Armeelager. Wir durchquerten es, fanden uns am Rande des Flugplatzes, den wir umgingen, und nahmen dann einen Pfad nach links, um die andere Seite des Lagers herum, wandten uns kurz darauf erneut nach links und folgten einem kleineren Pfad in den Dschungel. Nach etwa hundert Metern gelangten wir an ein eingezäuntes Grundstück (ich konnte nicht sehen, wie groß es war), das mit Stacheldraht umgeben war, von Baum zu Baum gespannt, hier und da mit einem Pfosten verstärkt. Darin befand sich ein Tor, an dessen Innenseite ein Vorhängeschloss hing. Mein Wegführer rief etwas, und kurz darauf kam ein junger Mann ans Tor, sprach mit meinem Wegführer und kehrte dann in dieselbe Richtung zurück, aus der er gekommen war. Durch die Bäume konnte ich das Dach eines kleinen Hauses ausmachen, das aus geflochtenem Bambus bestand.
>
> Nach ein paar Minuten kam der junge Mann zurück, blickte mich lächelnd an und ließ uns herein. Wir folgten ihm nach und sahen etwa zehn bis fünfzehn Meter hinter der

Hütte, die ich vom Tor aus erspäht hatte (und wo offenbar der junge Mann wohnte), eine weitere recht große Hütte, sehr einfach in Form eines Rechtecks aus Bambus gebaut und auf allen Seiten von einer Veranda umgeben, die durch ein Drahtnetz abgeschirmt war. Am hinteren Ende dieses Hauses stand eine weiß gekleidete Figur. Wir gingen um das Haus herum und sahen den Shivapuri Baba dort stehen: weißes Haar und weißer Bart, sehr klare braune Augen, mit Lachfalten in den Winkeln, eine glatte Stirn. Er hatte keinesfalls das Aussehen eines alten Mannes. Sehr aufrecht und sich leicht bewegend. Und doch soll er hundertfünfundzwanzig Jahre alt sein. Er ist derselbe Mann, den Ratnasuriya im Wald aufsuchte, und anscheinend war sein zahmer Leopard wohl bekannt. Dieser ist mittlerweile übrigens gestorben.

Er lächelte, und sogleich hatte ich dieselbe Art von Gefühl wie bei Vater Nikon vom Berg Athos: Hier stand ein Mann, der Güte und Liebe ausstrahlte. Er geleitete mich durch einen Durchgang in der abgeschirmten Veranda, innerhalb derer sich eine Holzbank, ein Holzstuhl und ein breiter Holzsessel befanden. Der letztere hing vom Dach und an seiner Rücklehne war ein langes Seil befestigt, das durch Rollen lief, sodass man den Sessel, wenn man darin saß, hin- und herschwingen lassen konnte, indem man am Seilende zog. Die Veranda war blitzsauber und kleine Kieselsteine bedeckten den Boden. Er ließ mich auf dem Stuhl Platz nehmen und setzte sich selbst, indem er aus seinen Holzsandalen schlüpfte, auf den Hängesessel, wobei er mit Leichtigkeit und offenkundigem Wohlbehagen eine Stellung einnahm, die für jeden gewöhnlichen Menschen ziemlich unmöglich gewesen wäre.

Ich begann das Gespräch, indem ich ihm sagte, ich hätte durch Ratnasuriya von ihm gehört. Er erinnerte sich an ihn und sprach von ihm als einem sehr guten Menschen. Seine Stimme war angenehm klingend, nicht sehr laut. Er sprach mit wenigen Fragen und sein Englisch war mehr oder minder vollkommen. Er sagte mir, er habe drei Jahre in England und sieben in Amerika verbracht. Ich erfuhr später von jemandem, dass er ein sehr gelehrter Mensch, ein Professor oder dergleichen gewesen war, bevor er die Welt verließ.

Ich verbrachte insgesamt etwa eine Stunde bei ihm und ging in einem sehr emotional berührten Zustand fort. Hier

> war ein Mensch, so fühlte ich, der in seinem Leben in die Praxis umsetzen konnte, was das System* lehrt. Als wir uns verabschiedeten, nachdem er mir freundlicherweise erlaubt hatte, ihn zu fotografieren (und er machte sich dafür nicht speziell fein, sondern schlüpfte nur in die Sandalen und trat vor die Tür), sagte er ruhig mit strahlender Güte und Liebe: »Nur ein wenig Übung sehr simpler Dinge.« Er war in ein einfaches, ärmelloses langes Gewand aus dünner Baumwolle gekleidet, unter dem er um seine Hüfte herum eine Schnur trug, die ein weißes Tuch in seinem Schritt hielt.

Ich selbst besuchte den Shivapuri Baba an Ostern 1961 und wiederum im darauffolgenden Jahr. Ich werde immer dafür dankbar bleiben, dass ich diese Reisen unternahm. Die folgenden Aufzeichnungen meiner Eindrücke mögen ein wenig seine wunderbaren Eigenschaften zum Ausdruck bringen.

> Er ist ein sehr, sehr alter Mann. Er leidet im Winter unter Bronchitis und ständigem Asthma. Er vermag nur ein paar Schritte am Tag zu gehen. Obgleich er körperlich sehr schwach ist, ist er geistig höchst lebhaft. Er kann ebenso gut sehen und hören wie jemand, der hundert Jahre jünger ist. Er hat noch seine eigenen Zähne, feines Kopfhaar und einen Bart. Sein Gedächtnis ist phänomenal. Er scheint sich an alle Orte erinnern zu können, die er besucht hat, und sie mit einem geistigen Auge wiederzusehen. Wenn ihm Fragen gestellt werden, hört er aufmerksam zu und lässt dem Fragenden selten Zeit, zu Ende zu kommen, bevor er schon mit belebter Stimme und Gestik antwortet. Man hat in keiner Weise das Gefühl, jemandem gegenüberzusitzen, der alt und schwach ist. Er kann zwei Stunden sprechen, und am Ende sind seine Zuhörer stärker ermüdet als er selbst. Seine schnellen, anmutigen Bewegungen und sein fröhliches Lachen vermitteln den Eindruck von Jugend. Und doch kann man bei all dem nie vergessen, dass er über den Schleier des Bewusstseins hinaussehen kann. Seine immense Lebenserfahrung und sein Verständnis der menschlichen Natur sind da, aber sie sind bloß Instrumente. Er selbst bleibt unbewegt hinter sei-

* Die Lehren Gurdjieffs und Ouspenskys [A.d.Ü].

nen leuchtenden Augen, die alles sehen, und seinem Verstand, der uns alle so gut versteht. Es ist unmöglich, ihm zu begegnen und ihn nicht zu lieben. Diese Erfahrung teilen die vielen verschiedenen Menschen, die mir von ihren Besuchen in seinem Waldhaus berichtet haben.

1955 verließ er seine Einsiedelei ein letztes Mal, um nach Benares zu fahren. Ich glaube, dass diese Reise, die er im Alter von hundertneunundzwanzig Jahren unternahm, die einzige Gelegenheit war, bei der er jemals ein Flugzeug benutzte. Er wurde von vielen der eminentesten Philosophen und Sadhus Indiens besucht. Die Fotografien, die Thakur Lal Manandhar machte, vermitteln einen Eindruck von der gewaltigen Vitalität, die ihn durch dieses schwierige Unterfangen trug.

Das zweite Mal, als ich ihn sah, war er körperlich bereits sehr geschwächt. Seine Stimme hatte etwas von ihrer herrlichen Resonanz verloren, doch sein Blick war leuchtend wie immer. Er gab mir Rat von unschätzbarem Wert und, mehr als das, gleichzeitig auch die Entschlossenheit, ihn zu befolgen. Bei dieser Gelegenheit hatte ich auch das Glück, seinen Anhänger Thakur Lal Manandhar kennenzulernen, der mir seitdem sehr geholfen und bei der Abfassung des vorliegenden Buches mitgearbeitet hat.

Im Jahr 1962 bemühten sich Freunde und Anhänger des Shivapuri Baba – dazu gehörte auch eine kleine Gruppe von Engländern, die ihn mit mir zusammen besucht hatten – nach besten Kräften, seine Reise nach Benares zu arrangieren, damit er dem herannahenden strengen Winter des Himalaya entginge. Doch es sollte nicht sein. Er verlor sein letztes bisschen Kraft, bekam eine Lungenentzündung und starb nach kurzer Krankheit.

Ich schließe dieses Kapitel, indem ich Manandhars Brief zitiere, der uns von seinem Tod am 28. Januar 1963 unterrichtete.

Lieber Herr Bennett,

wir haben einen großen Verlust zu beklagen. Unser verehrter Shivapuri Baba schied gestern am frühen Morgen bei Tagesanbruch aus dieser Welt.

Er hatte seit Donnerstag unter einer Grippeinfektion gelitten. Am Freitag verbesserte sich sein Zustand nach ärztlicher Behandlung ein wenig. Doch am nächsten Tag wurde es schlimmer. Am Sonntag gab ihm der Arzt eine Injektion

(Glukose), doch sein Zustand verschlechterte sich weiter und der Arzt gab alle Hoffnung auf Genesung auf. Worte können nicht beschreiben, wie er starb. Er war vollkommen bewusst und konnte sogar bis zum letzten Augenblick sprechen. Er gab uns seine letzte Botschaft mit. Dies sind die genauen Worte, die er sprach: »Lebt Rechtes Leben, betet Gott an. Das ist alles. Nichts weiter.« Um 6.15 Uhr stand er von seinem Bett auf, setzte sich darauf, bat um ein Getränk, sagte: »Ich bin gegangen« (auf Hindi: *gaya*), legte sich auf die rechte Seite nieder, wobei er den Kopf wie immer auf der rechten Handfläche ruhen ließ, und verließ diese sterbliche Hülle. Wunderbar!

Ein Wunder unter den Menschen, ein König unter den Yogis, ein vollendeter Sannyasin ist nicht mehr unter uns. All unsere Huldigung gilt ihm. Seine Lehre, die seltenste Gabe auf Erden, bleibt bei uns, um uns Licht und Hoffnung zu schenken. Die Bestattungsriten wurden von den ortsansässigen Sannyasins durchgeführt, und Besucher kamen zu Hunderten, um ihm ihren letzten Gruß darzubringen.

Wir haben mit der Regierung von Nepal Vorkehrungen getroffen, dass die Stätte so rein und sauber gehalten wird wie zuvor.

Seine Freunde und Verehrer aus der ganzen Welt können kommen und ihm ihre Huldigung erweisen.

Im Moment von Trauer betroffen, möchte ich nun enden.

Mit den besten Wünschen, Ihr

Thakur Lal Manandhar

Die große Pilgerreise war zu ihrem Ende gekommen. Auf dieser Erde und in diesem Leben hatte sie hundertsiebenunddreißig Jahre gedauert. Wer könnte sagen, was erforderlich war, um so geboren zu werden wie er, mit einem Lächeln auf den Lippen und frühzeitiger Gotteserkenntnis in jenen wunderbaren alterslosen Augen. Es ist ein großes Privileg, solchen Menschen zu begegnen. Sie sind unsere Gewähr dafür, dass das Unmögliche vollbracht werden kann, dass es möglich ist, alles zu erkennen und auf immer in diesem Wissen zu verbleiben.

Kapitel zwei

Lehre und Methode

ANDERS ALS DIE MEISTEN LEHRER GEBRAUCHTE DER SHIvapuri Baba keine feste Form der Darstellung. Abgesehen von den Grundprinzipien, die immer dieselben waren, wählte er Sprache und Erklärungen entsprechend der Herkunft und dem Hintergrund des Zuhörers. Die große Mehrheit jener, die Rat von ihm suchten, waren Hindus, und mit ihnen redete er in der Sprache der Bhagavad Gita. Wenn er mit Christen redete, verwies er auf die Bibel und entnahm seine Erläuterungen dem Leben und der Lehre Christi. Ebenso vertraut war er mit der Terminologie und den Konzepten des Sufismus, und dies in einem solchen Grade, dass ich nach meinem ersten Gespräch mit ihm zu der Überzeugung gelangte, er sei ein Muslim. Wenn er aus den buddhistischen Schriften zitierte, tat er dies mit einer so offenkundigen Liebe zu Buddha, dass die Stellung des Buddhismus im spirituellen Leben des Menschen neue Bedeutung erlangte. Professor Ratnasuriya, durch den ich zuerst von ihm hörte, versicherte mir, der Shivapuri Baba sei in gleicher Weise in allen Religionen bewandert.

Aber das ist noch nicht alles. Er konnte klar und überzeugend auch ohne Erwähnung Gottes oder der Seele sprechen. Er konnte den Zweck des Lebens und dessen Erfüllung in Begriffen der Wahrheit und Suche nach Erkenntnis erklären, ohne Bezugnahme auf religiöse Anbetung oder Glaubensbekenntnisse jedweder Art. Er sagte: »Wenn du an Gott glaubst, dann muss deine Sache sich auf Gott richten. Aber selbst wenn du an nichts glaubst, musst du immer noch eine Überzeugung haben, dass hinter dieser sichtbaren Welt eine Bedeutung liegt. Du musst fest entschlossen sein, diese Bedeutung zu erschließen und sie zu verstehen.«

Wohl über zwanzig Menschen haben mir von ihren Erfahrungen mit dem Shivapuri Baba berichtet. Jeder sagte etwas, was verschieden war von dem aller anderen. Dies ist meiner Meinung nach kennzeichnend für einen wahrhaft erleuchteten Menschen,

In Dhruvasthali 1948

der nicht von irgendetwas Erlerntem abhängt oder auch von dem, was er selbst herausgefunden hat, sondern sagen und tun kann, was der jeweiligen Situation am besten entspricht. Mit mir sprach er in einer Weise, die direkt auf mein Problem einging, und verschwendete keine Zeit damit, mir zu sagen, was ich bereits aus eigener Erfahrung oder von anderen Lehrern gelernt hatte. Um eine Vorstellung von dieser außergewöhnlichen Gabe zu vermitteln, jeden auf seiner eigenen Stufe zu treffen, müsste man die Erfahrungen einer großen Anzahl seiner Schüler und Besucher beschreiben; in dem hier zur Verfügung stehenden Rahmen kann ich nur drei oder vier anführen.

Ich werde mit dem Bericht meines Mitarbeiters Thakur Lal Manandhar beginnen, der die Hauptquelle für meine Beschreibung von Leben und Lehre des Shivapuri Baba war.

> Eines Morgens im November 1935 verließ ich mein Heim in einer Anwandlung von Niedergeschlagenheit darüber, dass das geregelte Leben, das ich damals zuhause führte, nicht nach meinem Geschmack war. Aber das Schicksal wollte es anders. Nach einer vierzehntägigen Reise in die Berge musste ich zurückkehren. Das Leben schien mir wie ein Kerker. Einige Monate musste ich das schreckliche Leiden eines sterbenden Verwandten miterleben, was meinen Widerwillen gegen das Leben noch verstärkte. In dieser äußersten Hilflosigkeit wandten sich meine Gedanken dem Shivapuri Baba zu, von dem ich schon seit Langem gehört hatte. Es kam mir der Gedanke, bei ihm Hilfe zu suchen. Aber man musste ihn fürchten wie einen Löwen; unter diesem Eindruck stand ich damals aufgrund dessen, was ich von einigen Leuten erfuhr, die ihn besucht hatten. Dennoch wagte ich es, ihn aufzusuchen.
>
> An einem schönen Morgen im April 1936 besuchte ich ihn dann in Kirateswar (in der Nähe des Tempels von Pashupatinath), wo er zu dieser Zeit wohnte. Ich schlich mich von hinten heran. Das kleine Fenster seiner Hütte stand offen, und so konnte ich einen ersten flüchtigen Eindruck seiner wunderbaren Persönlichkeit erhaschen. Er saß dort ganz allein. Als er sich zum Fenster wandte, fielen seine Augen auf mich. Ich vermochte nicht, ihm gerade ins Gesicht zu schauen. Seine Augen waren so leuchtend und durchdringend. Ich

war überzeugt, dass er alles über mich wusste, und es schien absurd, irgendeine Frage stellen zu wollen. Tränen rollten aus meinen Augen herab und ich stand mit gefalteten Händen vor ihm. Mit einem freundlichen Blick sagte er: »Du hast ein Exemplar der Bhagavad Gita in deiner Tasche, nicht wahr?«

»Ja, Sir.«

»Lies die ersten drei Verse des sechzehnten Gesangs.« Bevor ich sie ihm vorlesen konnte, sagte er weiter: »Übe jene sechsundzwanzig Eigenschaften oder Tugenden, die darin beschrieben sind.« Das war alles, was er sagte. Ich kehrte nach Hause zurück.

Ich las die Verse und ihre Übersetzungen immer wieder von Neuem, doch konnte ich nicht ergründen, was all diese Eigenschaften wirklich bedeuteten, und fragte mich, wie sie praktisch anzuwenden seien. Ich wusste nicht mehr weiter und suchte ihn nach ein paar Tagen ein zweites Mal auf.

Sobald er mich dieses Mal sah, sagte er: »Leg eine normale Zeit für deine tägliche Arbeit fest, mit bestimmten Pflichten, und halte dich daran. Dann siehst du deinen Erfolg und Misserfolg am Abend.«

Ich kehrte nach Hause zurück und versuchte es nach besten Kräften. Dennoch fand ich nicht den Schlüssel. Nach Ablauf von einer Woche ging ich ein drittes Mal zu ihm.

Diesmal forderte er mich auf, in der Hütte vor ihm Platz zu nehmen. Es schien, als ob er von meinen Schwierigkeiten wusste und mir helfen wollte. Er sagte: »Du kannst zu mir kommen und von deinen Schwierigkeiten sprechen. Du bist momentan wie ein kleines Kind mit sehr geringem Verständnis. Du musst deine Fähigkeiten entwickeln und spirituell wachsen.« Und er sprach von der Notwendigkeit eines kompetenten, selbstverwirklichten Lehrers. Doch auf meinen Einwand, dass solche Menschen nur selten zu finden seien, antwortete er, dass ein Sucher, wenn er wirklich ernsthaft strebt, ganz natürlich einen solchen Guru findet und zur gegebenen Zeit Befreiung erlangt. Er sprach von *yama, niyama* und *svadharma,* die man nach der hinduistischen Erziehungslehre von früher Kindheit an praktizieren muss, das heißt, während der Zeit des *brahmacharya.* Eine geregelte Routine mit festen Pflichten ist im täglichen Leben erforderlich. Das bedeutet, dass man eine gewisse Lebensregel akzeptieren muss und die dazu gehörigen Gesetze und Prinzipien zu befolgen hat, selbst wenn das eigene Leben dabei aufs Spiel gesetzt wird. Dies ist, wie er sagte, ein Kurs, der sechsunddreißig Jahre dauert. Die ersten zwölf Jahre sind der Erkenntnis des Lebens zu widmen, was er *tattva jnana* oder relative Erkenntnis nennt, die nächsten zwölf Jahre der Konsolidierung dieser Erkenntnis und die letzten zwölf Jahre dem Versuch, Gott zu erkennen. Die erste Stufe nennt er »Selbsterkenntnis«, die zweite »Seelenerkenntnis« und die letzte »Gotteserkenntnis«. Dann gab er mir eine ausführliche Beschreibung, die mir eine sehr allgemeine Vorstellung von Selbstdisziplin vermitteln sollte, so wie sie im alten Indien praktiziert worden war, indem man bei einem Guru saß und die Dinge praktisch lernte. Er erzählte Geschichten von der Schülerschaft Sri Krishnas unter Sandipani und von vielen anderen bekannten Persönlichkeiten aus dem Mahabharata und dem Ramayana, und wie ihr Verstand diszipliniert und ihre Intelligenz entwickelt wurden als Resultat der Schülerschaft. Ich kehrte voller Genugtuung nach Hause zurück.

Auf meinem Weg nach Hause dachte ich, wenn ein Lehrer mit Staatsexamen den Kindern das Alphabet beibringen will, muss er notwendigerweise auf ihre Stufe herabkommen. Und so war es, wenn ich an die folgende Rede denke, die er damals an mich richtete:

»Gott hat dir Weisheit mit auf den Weg gegeben. Die Weisheit ist deine Freundin. Die Weisheit spielte mit dem Begehren, und aus ihrer unehelichen Verbindung wurde der Verstand geboren. Dieser Verstand heiratete ein Mädchen namens *chapalata* oder ›Ruhelosigkeit‹, und dadurch bekam er die fünf Sinne. Dieser Verstand hat eine weitere Frau, deren Namen ›Hoffnung‹ ist, und von dieser zweiten Frau bekam er zwei Söhne, ›Ärger‹ und ›Begierde‹. So entsteht eine Familie und sie lassen sich nieder in diesem Körper, um in ihm zu leben. Dieses uneheliche Spiel von Weisheit und Begehren ist *avidya* oder Unwissenheit. Im Laufe der Zeit nun, wenn der Verstand durch die fünf Sinne Furcht und Angst erfährt, wird er sehr verwirrt oder beunruhigt und wendet sich dann wieder seiner Mutter Weisheit zu und ruft um Hilfe. Dann kommt die Weisheit und konsultiert *dich,* das heißt die Seele, welche die Weisheit schließlich auffordert, der Familie zu entsagen und in der Gemeinschaft mit *dir* oder der Seele zu verbleiben. Diese Kommunion mit der Seele nennen wir ›Erkenntnis‹ oder *bodha.*«

Ich hatte meine Zweifel bezüglich meiner Fähigkeit, seinem Rat gemäß einer Lebensregel zu folgen. Dies dauerte einige Tage an, und als ich ihn das nächste Mal besuchte, sagte er als Erstes, man müsse einen festen Entschluss fassen, dann werde man, ganz gleich wie schwer die Aufgabe auch sein möge, Erfolg haben. Ich glaube, er konnte die Gedanken der Menschen lesen, da er stets genau mit dem Gegenstand begann, den ich im Sinn hatte, noch bevor ich auch nur darüber sprechen konnte. Diesmal hielt er mir eine ermutigende Ansprache und erzählte, wie einem Rishi aus der alten Zeit gesagt worden war, dass die Erkenntnis Gottes oder der Wahrheit so viel Zeit in Anspruch nehme, wie es dauern würde, einen Ozean mit einem Fingerhut trockenzulegen, und wie dieser sich ein Herz fasste und die gewaltige Aufgabe, die vor ihm lag, auf sich nahm. Was notwendig ist, ist die eigene Entschlossenheit. In diesem Zusammenhang erzählte er mir die folgende Geschichte eines kleinen Vogels, der in der Nähe des Meeres lebte.

»Es war einmal ein Vogel, der so winzig war wie eine Nuss und an der Küste lebte. Er pflegte Eier auf den Strand am Wasser zu legen. Doch jedes Mal entdeckte er, dass all seine Eier von der Flut weggespült worden waren. Im Herzen des Vogels erhob sich Ärger. Um die verlorenen Eier wiederzugewinnen, schmiedete er eines Tages einen Plan, den Ozean trockenzulegen. Mit fester Entschlossenheit machte er sich daran, sein Vorhaben in die Tat umzusetzen. Er tauchte ins Meer und flog zum Strand zurück, um sich im Sand zu trocknen, und tat dies wiederholt.

Während er dies immer von Neuem wiederholte, kam ein anderer Vogel vorbei und fragte: ›Was machst du denn da und wozu?‹

›Ich werde das Meer trockenlegen, um meine Eier zurückzubekommen, die es jetzt in seinen Tiefen verbirgt.‹

›Das tust du wirklich? Ich muss meine auch zurückbekommen. Ich will dir bei dieser Arbeit helfen.‹ Mit diesen Worten tat der zweite Vogel dasselbe. Alsbald kamen weitere Vögel herbei, und alle schlossen sich dieser Bemühung an. Bald waren es Millionen und Milliarden und ein gewaltiger Prozess war im Gange. Bald erhoben sich aus dem Wasser lauter Berge. Nun bekam es das Meer mit der Angst zu tun, und am Ende musste es schließlich nachgeben. Welch eine große Kraft ist es, wenn ein starker Entschluss gefasst wird, ganz gleich wie unbedeutend ein Wesen auch sein mag.«

Um mir praktische Hinweise zu geben, forderte er mich auf, ihm jeden Tag Blumen zu bringen. »Ich gebe dir eine einfache Aufgabe,« sagte er, »weil du zu Hause zu viel zu tun hast.«

Am nächsten Morgen ging ich zum Blumenmarkt, kaufte für eine Rupie einen Strauß Blumen und wickelte ihn in mein Taschentuch. Ich ließ ihn vom Lenker meines Fahrrads baumeln und fuhr zum Shivapuri Baba. Sobald ich mich in der kleinen Hütte in seiner Gegenwart befand, öffnete ich mein Päckchen. Er lächelte und sagte: »Schau, deine Intelligenz ist momentan so unreif. Warum verdirbst du die Blumen, indem du sie fest in dein Taschentuch schnürst? Außerdem hast du zu viele gebracht. Schau, dies ist die Blumenvase, die bereits gestern vor dir stand. Diese Vase kann nicht einmal ein Viertel dessen aufnehmen, was du gebracht hast. Das ist Geldverschwendung.«

»Mir kam nicht der Gedanke«, entgegnete ich, »dass Sie die Blumen für diese spezielle Vase wollten.«

»Du bist gedankenlos insofern, als du mich nicht nach dem Grund gefragt hast. Du hättest mich fragen können, wofür die Blumen bestimmt sind, und so eine Vorstellung von der Aufgabe bekommen, bevor du sie beginnst. Wie unreif dein Verstand doch ist. Und du hast auch keine Vorstellung davon, wie man mit Blumen umgeht. Wenn ich sehe, dass du sie fest in das Taschentuch gebunden hast, was die Form und Gestalt der Blumen verdorben hat – schau, viele Stängel sind gebrochen, sodass sie jetzt nicht mehr in die Vase gestellt werden können.«

Dann bat er seinen Anhänger Madhav, alle Blumen zum nahegelegenen Tempel zu bringen und als Gabe darzubringen. Nicht eine Blume war gut genug, um in die Vase gestellt zu werden. Nachdem ich mir einen langen Vortrag über intellektuelle Entwicklung angehört hatte, kehrte ich wie gewöhnlich nach Hause zurück.

Am nächsten Morgen ging ich wieder zum Blumenmarkt und kaufte nur für eine halbe Rupie Blumen. Ich vermied es sorgfältig, ihre Stängel zu brechen, indem ich sie in den Händen hielt, während ich mit dem Fahrrad fuhr.

Sobald ich ihn erblickte, zeigte ich ihm den Blumenstrauß. Er sagte: »Schau, du siehst wohl, dass du Fortschritte gemacht hast. Wodurch hast du Fortschritte gemacht? Auf diese Weise lernt man unter einem Guru.« Er stellte die Blumen zusammen, um sie in die Vase zu geben. Immer noch konnte die Vase nur weniger als die Hälfte von ihnen aufnehmen. »Schau«, sagte er, »warum hast du gestern nicht den Hals dieser Vase gemessen? Zumindest hättest du ungefähr Maß nehmen können, damit du eine Vorstellung davon bekommst, wie viele du brauchst. Du hast dich insofern verbessert, als du nicht so viel Geld wie gestern verschwendet hast. Aber dennoch hast du Blumen verschwendet. Die Vase fasst nur die Hälfte davon. Mach es morgen besser.« Die Stängel meiner Blumen waren zu kurz, worauf er mich ebenfalls hinwies, und er zeigte mir, wie lang die Stängel der Blumen sein mussten, die ich am nächsten Tag bringen sollte.

Am darauffolgenden Morgen ging ich wie gewöhnlich zum Markt und gab nur eine Viertel Rupie für die Blumen aus. Sobald ich ihm die Blumen zeigte, sagte er: »Deine Intelligenz hat Fortschritte gemacht. Die Stängel sind richtig und auch die Menge. Was die quantitative Seite angeht, bist du zu rund neunzig Prozent vollkommen. Beim nächsten Mal solltest du auf die qualitative Seite achten. Die Blumen, die du gebracht hast, sind nicht von guter Qualität. Du kannst bessere finden, wenn du eine Vorstellung von Qualität bekommst.«

Dann vermittelte er mir eine klare Vorstellung von der Qualität von Blumen, indem er mir Beispiele der physischen Erscheinungsformen von Menschen gab, die gut ernährt und entwickelt sind, und von solchen, die schlecht ernährt sind, von den verschiedenen Arten von Blumen, die in jener speziellen Jahreszeit erhältlich sind, und so weiter. Der Vortrag jenes Tages verschaffte mir ein breites Bild von Blumen, ihrer Schönheit etc. und wie und wo gute zu bekommen waren. In der Folge versuchte ich, erfahrene Gärtner kennenzulernen, und fand die besten Freunde und die schönsten Blumen. Sei-

> ne täglichen Erläuterungen, seine Kritik an meiner Intelligenz, seine Hinweise auf Fehler sowie seine Verbesserungsvorschläge machten mich nach ein paar Monaten zu einem Experten auf diesem Gebiet.

Wir haben hier die glückliche Gelegenheit, einen Einblick zu bekommen in die Beziehung zwischen dem Shivapuri Baba und einem Wahrheitssucher, der seiner eigenen Religion angehörte. Die Methode ist den vielen Pfaden zur Spiritualität entnommen, die die Bhagavad Gita lehrt.

Vom Anfang bis zum Ende waren die Lehre und die Anleitung, welche Thakur Lal gegeben wurden, auf die Bhagavad Gita gegründet; auf eine Bhagavad Gita jedoch, die entsprechend den Erfordernissen der modernen Welt interpretiert wurde, eine transformierte Bhagavad Gita, die auf sämtliche Glaubensarten und Lebensweisen zutrifft. Fast alle Auslegungen und Übersetzungen der Bhagavad Gita folgen der monistischen Interpretation des großen Shankara, und ich hatte schon immer das Gefühl, dass sie dadurch ihrer Anwendung auf das Leben, so wie wir es kennen, beraubt wird. Eine moderne Darstellung vermittelt Dr. Radhakrishnan, der in seiner Einleitung schreibt, die Bhagavad Gita habe eine besondere Eignung, die Menschheit zur Einheit zu führen. Dies ist derselbe Radhakrishnan, dessen in meinem Vorwort geschilderte Begegnung mit dem Shivapuri Baba erst später stattfand; doch in vieler Hinsicht stimmt seine Übersetzung überein mit den Interpretationen, die unser Weiser gab. Wenn man die Bhagavad Gita heute, nach einem Studium der Lehren des Shivapuri Baba, liest, so gewinnt sie neue Tiefe und Universalität. Sie scheint in ihrer eigenen dichterischen Sprache die Wahrheit aller Religionen auszudrücken.

Ich verlasse jetzt den Hindu-Weg und zitiere im Folgenden wörtlich ein Gespräch zwischen dem Shivapuri Baba und zwei englischen Damen, Melissa und Marjorie, Töchter des verstorbenen Sir Charles Marston, der selbst ein eifriger Bibelforscher war.* Diese Damen reisten 1961 mit mir zusammen nach Kathmandu und

* Dieses und weitere Gespräche, die John G. Bennett und seine Reisegefährten mit dem Shivapuri Baba führten, wurden auf Tonband festgehalten. Die Aufnahmen sind zu beziehen bei der J.G. Bennett Foundation: www.jgbennett.org [A.d.Ü.].

wurden aufgefordert, ihre Fragen in beliebiger Form zu stellen. Sie gaben dem Shivapuri Baba zuerst einen kurzen Bericht von ihrem Leben und ihrer Suche. Die eine von ihnen hatte ihren Ehegatten wenige Jahre nach der Heirat verloren und war nun seit nahezu zwanzig Jahren Witwe. Die andere hatte nicht geheiratet. Sie waren beide seit vielen Jahren an den Lehren Gurdjieffs interessiert, nach denen sie zu leben versuchten, und hatten in jüngerer Zeit Subud kennengelernt und das Latihan praktiziert.* Sie hatten weite Reisen unternommen, um zu einem besseren Verständnis der Ursprünge menschlicher Religionen und Kulturen zu gelangen und um das eine Problem zu lösen, das uns alle plagt: der Grund für unser Dasein und die rechte Lebensweise.

Melissa beschloss ihren Bericht mit den Worten: »Man hat immer das Gefühl, vielleicht mehr im Westen als im Osten, dass man nicht wirklich versteht, warum wir hier sind, dass unser Leben vorübergeht, und wir es irgendwie nicht richtig nutzen, wie wir es sollten.«

Der Shivapuri Baba, der all ihren Ausführungen aufmerksam zugehört hatte, saß draußen in einem Lehnstuhl und hielt eine Rose in der Hand. Wir saßen vor ihm auf kleinen Schemeln. Er lächelte und hielt uns die Rose entgegen.

Shivapuri Baba: »Jetzt ist – sozusagen – Duft in dieser Blume. Kann ich diesen Duft so erklären, dass Sie ihn selbst riechen?«

M.M.: »Nein, ich denke nicht.«

S.B.: »Ganz gleich, wie ich ihn auch erklären mag, Sie können den Duft nicht kennen. Wenn ich Ihnen die Blume gebe und Sie sie riechen, wissen Sie, was ihr Duft ist. Verhält es sich nicht so? Ebenso kann ich Ihre Fragen nicht beantworten. Ihre Fragen können nur von Gott beantwortet werden. Schauen Sie Ihn zuerst, dann wird jedes Geheimnis gelöst. Davor jedoch, egal welche Antwort ich Ihnen gebe, werden sich Ihre Probleme nicht lösen. Gott zu erreichen, ist der erste Schritt. Indem wir Gott schauen, wissen wir alles.«

* Subud ist eine von Bapak Muhammad Subuh gegründete, dem indonesischen Sufismus entstammende Bewegung, die gegen Ende der 1950er-Jahre insbesondere durch die tatkräftige Mithilfe von John G. Bennett sowie durch ein von ihm darüber publiziertes Buch im Westen einige Popularität erlangte. Das Latihan ist deren zentrale rituelle Übung einer initiatorischen »Öffnung«. Nach einigen Jahren wandte sich Bennett jedoch wieder gänzlich von dieser Bewegung und Methode ab [A.d.H].

M.M.: »Wie kann uns das gelingen?«

S.B.: »Denken Sie nur an Gott. Lassen Sie jeden anderen Gedanken fallen, und Sie werden Gott schauen.«

Diese Worte, die so banal klingen, wenn man sie auf Papier wiedergibt, wurden mit einer derart einfachen Überzeugung gesprochen, dass die Antwort auf alle Probleme da zu sein schien, fast in Reichweite. Ich erinnere mich daran, wie tief bewegt ich gewesen war, als er mir ein Jahr zuvor dasselbe gesagt hatte. Die Damen waren ebenfalls berührt, doch antworteten sie mit dem weiblichen Sinn für das Praktische.

M.M.: »Das ist sehr schwierig.«

S.B.: »Es ist schwierig, aber nicht unmöglich. Es ist schwierig – ich weiß das sehr wohl. Wenn Sie sich aber hinreichend bemühen, diese Schwierigkeit zu bewältigen, so werden alle anderen Schwierigkeiten im Leben verschwinden. Solange wir Gott nicht schauen, können wir nichts wissen. Bevor die Sonne da ist, können wir auf dem Boden nichts sehen. Wenn die Sonne kommt, sehen wir alles. So ist auch die Gegenwart Gottes. Wenn wir Gott kennen, kennen wir alles. Vorher ist eine einfache Erklärung gar keine Erklärung. Ich kann sagen: ›Dies ist süßer Duft.‹ Doch wie viele Blumen gibt es, die einen süßen Duft haben! Was ist das Wesen dieses Duftes? Solange Sie ihn nicht riechen, können Sie es nicht wissen. Man kann ihn erfahren, aber er kann nie erklärt werden.

Denken Sie nur an Gott allein, beseitigen Sie alle anderen Gedanken aus ihrem Verstand. Sie werden Gott vor sich sehen und all Ihre Probleme werden gelöst. Dies muss man als Erstes tun.

Solange man nicht ein diszipliniertes Leben führt, ist diese Meditation nicht möglich. Wir haben diesen Körper; man sollte die Erfordernisse dieses Körpers kennen. Man muss hören, muss sehen, muss schlafen, muss schmecken, muss spucken, muss atmen. Tausend Aktivitäten laufen in diesem Körper ab. All diese Dinge sind zu kontrollieren und zu beherrschen. Wieviel soll man essen, wieviel schlafen, was soll man sehen, was hören? All das sollte kontrolliert und beherrscht werden. Dies ist eine Pflicht.

Eine weitere Pflicht besteht gegenüber dem Heim, der Gesellschaft, der Nation und so weiter. Wir müssen herausfinden, was wir zu tun haben.

Eine dritte Pflicht betrifft materielle Bedürfnisse. Ohne materiellen Besitz können wir diese Dinge nicht tun. Dafür haben wir eine berufliche Pflicht.

Dies sind die Pflichten, die man zu verrichten hat. Sie sollten erkannt und richtig ausgeübt werden, ohne Versagen, ohne Entledigung oder Unterlassung. Dann wird das Leben gleichmäßig. In einem gleichmäßigen Leben wird Meditation sehr einfach.«

An dieser Stelle führte der Shivapuri Baba einen Gedanken ein, der nicht nur viel von dem klarstellt, was in der Bhagavad Gita geschrieben steht, sondern die ganze Frage des Bewusstseins und dessen Wesen und Begrenzungen beleuchtet. Ich werde hier seine Worte kommentarlos zitieren, später jedoch auf sie zurückkommen, wenn ich auf die Fragen der Bedeutung seiner Lehre für unser gegenwärtiges Zeitalter zu sprechen komme. Er brach seine abstrakte Erklärung über Pflichten ohne ersichtlichen Grund ab und fuhr fort.

S.B.: »Jetzt ist Ihr Körper in dieses Tuch gekleidet. Wenn das Tuch entfernt wird, kann ich Ihren Körper sehen. In derselben Weise sind wir in Bewusstsein gekleidet. Gott ist jenseits des Bewusstseins. Vergessen Sie dieses Bewusstsein einen Augenblick, und Sie werden Gott sehen. Im Nu! Was wir als Erstes zu tun haben ist, dieses Leben in Ordnung zu bringen und dann über Gott zu meditieren. Wenn Sie Gott schauen, ist jedes Problem gelöst.«

Als Nächstes gab er genaue Erklärungen über die Pflichten und Disziplinen des Lebens. Ich werde dies in einem späteren Kapitel möglichst exakt wiedergeben. Was ich hier hervorheben möchte, ist der Kontrast in den Darstellungsweisen gegenüber Thakur Lal Manandhar und den beiden Damen.

Die letzteren kamen zu einem Besuch von nur wenigen Tagen und konnten keine detaillierten Lehren über das Rechte Leben empfangen, aber ihren Fragen war echt und brennend. Er beantwortete sie direkt und in überzeugender Weise in der Annahme, dass sie aus seiner Antwort ersehen würden, was den Methoden der Selbsthingabe und Selbstdisziplin, denen sie bisher gefolgt waren, hinzugefügt werden musste.

Das dritte Beispiel stammt von Tarzie Vittachi, dem wahrscheinlich größten Journalisten, den Asien bisher hervorgebracht hat. Er wurde in einer streng buddhistischen Familie in Ceylon geboren und erzogen. Als er älter wurde, wandte er sich gegen die Religion und überredete sogar seine Eltern, mit ihm zum Agnostizismus überzutreten. Er fühlte sich zu den kompromisslosen, unsentimentalen Lehren Gurdjieffs hingezogen, so wie sie von einem Schüler Ouspenskys dargestellt wurden, der nach Ceylon emigriert war. Vor etwa zehn Jahren suchte er mich schließlich in Coombe Springs auf. Durch ein seltsames Zusammenspiel scheinbarer Zufälle kam er in Kontakt mit Subud, als Bapak Subuh 1957 zum ersten Mal in den Westen kam, und wie all seine Freunde bezeugen können, erfuhr er durch die Praxis des Latihan eine tiefe Wandlung und spirituelle Entwicklung.

Im März 1961 schrieb ich Freunden in Kalkutta und bat sie, für mich herauszufinden, ob der Shivapuri Baba noch lebe und ob er mir gestatten würde, ihn zu besuchen. Einige Wochen später empfing ich den folgenden Brief von Tarzie:

> Als Ian und Mariani mir deinen Brief zeigten, schien es uns allen, dass meine Ankunft genau zu dieser Zeit sowie die Tatsache, dass ich zweieinhalb Tage frei hatte, so berechnet waren, dass ich zu der Reise förmlich verleitet wurde. Zudem hatte Bapak einmal gesagt, ich sei ein »Kurier«. Und um es noch passender zu machen, kamen gerade einige Freunde von mir aus Ceylon an, die unbedingt nach Kathmandu wollten. Ich konnte also nicht widerstehen. Natürlich gab es alle Arten von Schwierigkeiten: kein Geldwechsel, kein Visum, ein für Nepal nicht gültiger Reisepass, kein Konsulat in Kalkutta, um ihn gültig zu machen, den Sonntag dazwischen und so weiter. Doch wir wussten, am Ende würde es klappen, und so geschah es auch.
>
> In der Nacht meiner Ankunft in Kathmandu traf ich Rawle Knox vom *London Observer,* der gerade einen Artikel über einen Amerikaner geschrieben hatte, der im Verlaufe einer »Spritztour um die Welt in vierzig Tagen« nach Kathmandu gekommen war und sein Kunststück mit dem eines Mannes in Nepal verglich, der dieselbe Reise unternommen, dafür allerdings vierzig Jahre benötigt habe. Wie dieser hieß? Shivapuri Baba! Mein Taxifahrer und der Hotelbote wussten ebenfalls vom Shivapuri Baba und erzählten mir, dass Captain Jai Singh, der Chefpilot des Königs, im Royal Hotel wohne, wo auch ich abstieg, und dass dieser ebenfalls ein Schüler von ihm sei.
>
> So suchte ich am nächsten Nachmittag den Shivapuri Baba in seiner Waldeinsiedelei auf. Ich scheute ein wenig da-

vor zurück, einen Mann im Wald aufzuspüren, aber es war ganz anders, als ich es mir vorgestellt hatte. Der Wald ist tatsächlich ein schön gepflegtes Gehölz und vermittelt ein Gefühl wunderbarsten Friedens. Er hat nichts von der unerbittlichen Härte, die man im Dschungel auf Ceylon spürt.

Der Shivapuri Baba saß in der Sonne in seinem Garten, und ein Hocker und Zigaretten standen für mich bereit, da ich erwartet wurde.

Er ist ein sehr alter Mann mit zerzaustem Haar und zeigte das glücklichste Lächeln, das ich je auf dem Gesicht eines Erwachsenen gesehen habe. Seine alten Augen hießen mich strahlend willkommen. Ich fragte ihn, ob ich mit ihm Englisch sprechen dürfe. Er spricht es fast fehlerfrei. Ich sagte, ich sei aufgrund eines Briefes von dir gekommen, du hättest den Wunsch geäußert, ihn im März zu besuchen, und du hättest gehört, dass er über Bapak gesprochen habe.

Er antwortete, du seist willkommen und bräuchtest ihm nicht zu schreiben – komm einfach. Er hat von Subud »in Indonesien« gehört und ein Buch darüber gelesen (wahrscheinlich deines). Ich fragte ihn, ob er mir sagen könne, wie er Subud einschätze, was du ja wohl gern wissen wolltest, und er antwortete: »Ich werde mit Mr. Bennett darüber sprechen, wenn er kommt.«

Ich fragte, ob er mir irgendetwas über Bapak sagen könnte, und er antwortete: »Es ist nicht recht, über andere zu sprechen, aber so viel will ich sagen: Er wird dich zum reinen Bewusstsein führen. Von dort aus wirst du deinen Weg zur Wahrheit klar sehen können, ohne die Hilfe einer weiteren Person.«

Ich fragte ihn, wie wir unser spirituelles Leben stärken und wie wir vermeiden könnten, ständig in Politik, Emotionen, Leidenschaften und lauter Dinge hineingezogen zu werden, die für das religiöse Leben irrelevant sind. Seine Antwort lautete: »Der Mensch hat drei Pflichten:

Die physische Pflicht: die Verpflichtungen, in die man hineingeboren wurde, sein Brot zu verdienen, sich selbst und die eigenen Talente in der Welt einzusetzen, sich um diejenigen zu kümmern, die von einem abhängig sind, und so weiter.

Die moralische Pflicht: sich der Verpflichtung gegenüber sich selbst bewusst zu sein, die Wahrheit vierundzwanzig Stunden pro Tag zu suchen.

Die spirituelle Pflicht: die Verehrung Gottes. Doch dies werden wir erst später zu würdigen wissen. Wenn wir uns den ersten beiden Pflichten widmen, in ganz einfacher Weise, so wird uns das weit auf dem Weg voranbringen.

Ein Mensch, der sich den ersten zwei Pflichten widmet, wird in einem Jahrzehnt in der Lage sein, seinen Verstand zu reinigen und nur die Wahrheit und den Weg Gottes zu wollen.

Nicht für eine Minute darfst du aufhören, an diesen Pflichten zu arbeiten. Die Auslassung einer einzelnen Minute wird dazu führen, dass Emotionen, Leidenschaften und Gedanken in deinen Verstand eindringen.«

Ich fragte, wie man diese fernhalten könne.

»Nimm es wieder in einem sehr einfachen Sinn«, sagte er. »Leute kommen zu dir nach Hause, um dich zu besuchen. Du bietest ihnen Tee und Whisky an. Sie werden wieder kommen, weil sie wissen, dass sie willkommen sind. Wenn du sie nicht unterhältst, werden sie dich fallen lassen und anderswohin gehen. Wie mein Haus hier. Es ist mit Stacheldraht umzäunt. Nur Leute, die ich hereinlassen möchte, können hereinkommen. Und die einzige Qualifikation ist das *Interesse* hereinzukommen. Andere werden nicht hereingelassen oder unterhalten. Errichte einen Stacheldrahtzaun um deinen Verstand.«

Dann sagte er etwas höchst Bemerkenswertes: »Wenn du dich diesen beiden Pflichten nicht widmen kannst, kannst du ebenso gut eine Religion annehmen!«

Einige Leute in Nepal sagen, er sei fünfhundert Jahre alt. Skeptiker sagen, er sei nur zweihundert. Er selbst sagt, er sei 1826 geboren.

»Durch die Übung von *brahmacharya* kann man bis zu einem sehr hohen Alter leben«, sagte er.

Er gab mir einen persönlichen Rat: »Lege fest, wie viel du haben möchtest. Lege fest, wie viele Freunde, wie viele Leute du sehen möchtest, wieviel Geld du verdienen musst, um mit deiner Familie zu leben, wieviel Zeit du darauf verwenden wirst, über Dinge wie Journalismus, Politik und so weiter zu denken und zu reden, wie viel Nahrung, Getränke und Unterhaltung du nach deinem Gefühl brauchst. Dann halte daran fest, so gut du kannst. Achte darauf, dass du diese Grenzen nicht überschreitest.«

An dieser Stelle hatte ich das Gefühl, dass er Ruhe brauchte.

»Ist es Zeit für mich zu gehen?«, fragte ich.

»Ja,« sagte er, und fügte hinzu: »Du kannst nach Belieben Freunde mitbringen. Aber sie müssen Interesse haben.«

Als ich den Shivapuri Baba einige Monate später selbst besuchte, fragte ich ihn nicht direkt nach seiner Meinung über Subud. Eine solche Frage erschien mir ungebührlich, denn sie erfordert Billigung oder Missbilligung – beide Haltungen sind dem vervollkommneten Menschen fremd. Man fragte ihn in meiner Gegenwart hinsichtlich eines bekannten indischen Yogis, ob dieser die Gotteserkenntnis erlangt habe oder nicht. Er gab kein Zeichen der Billigung oder Missbilligung, sondern sagte nur: »Er befindet sich auf dem Weg dahin.« Seine Antwort an Tarzie Vittachi über Bapak Subuh war alles, was ich erwarten konnte.

Hingegen gab er einen sehr wertvollen, wenngleich indirekten Kommentar zu Subud, als er den beiden bereits erwähnten Schwestern antwortete. Der erste Anlass war 1961.

H.C.: »Ist Vorbereitung notwendig? Bei der tiefen Meditation, die wir vom Maharshi und auch bei Subud lernten, sei keine Vorbereitung notwendig, wurde uns gesagt. Es sei möglich, Gotteserkenntnis durch die Übung von Meditation oder Latihan, und nichts anderem, zu erlangen. Was würden Sie dazu sagen, Babaji?«

S.B.: »Sich vorzustellen, dass man Gottbewusstsein ohne Vorbereitung erlangen könne, ist das Gleiche, wie wenn wir erwarten würden, einen Elefanten für zwei Pfennig kaufen zu können.«

H.C.: »Und doch haben wir gesehen, dass Leute, die ohne jede Vorbereitung kommen, sehr wohl Fortschritte bei diesen Übungen machen.«

S.B.: »Wenn dem so ist, dann wird die Übung selbst zur Vorbereitung. Ohne Vorbereitung, das heißt ohne einen starken Verstand, wird Meditation unmöglich.«

John G. Bennett: »Einige seltene Menschen werden mit einer Begabung für das spirituelle Leben geboren. Sie machen sich direkt auf den Weg, ohne die Jahre der Vorbereitung, die andere für notwendig halten.«

S.B.: »Wenn jemand mit spiritueller Vorbereitung geboren wird, so muss er sie durch die Disziplin, die in vergangenen Leben geübt wurde, erlangt haben. Sie müssen auch verstehen, dass viele schlechte Gewohnheiten in diesem Leben geformt werden. Bis diese schlechten Gewohnheiten beseitigt sind, ist Meditation unmöglich. Ohne diese schlechten Gewohnheiten würde es nicht so lange dauern.«

H.C.: »Es wurde uns aber gesagt, keine Disziplin sei notwendig; alles würde von selbst kommen durch die Praxis spiritueller Übungen.«

S.B.: »Es liegt hier ein Missverständnis vor. Jeder weiß, dass ohne Disziplin spirituelles Leben unmöglich ist.«

Im folgenden Jahr stellten ihm die beiden Damen, die wir bereits erwähnten, Fragen über Disziplin und spirituelle Übungen in Verbindung mit menschlichen Beziehungen.

M.M.: »Ich wollte Sie gerne etwas über Subud fragen. Uns alle verwirrt es sehr, dass diese Übung nicht Einheit unter uns geschaffen hat. Stattdessen besteht fast so etwas wie ›starke Uneinigkeit‹ unter unseren neueren Freunden in Subud. Es ist sehr schwierig für uns zusammenzuarbeiten. Warum verhält es sich so? Ist dies bloß eine Phase, die wir durchmachen?«

S.B.: »Der Grund liegt darin: Die Leute vernachlässigen die moralische Disziplin, daher geschehen diese Dinge.«

J.G.B.: »Sie meinen, wir praktizieren das Latihan, aber wir üben keine moralische Disziplin?«

S.B.: »Ja. Üben Sie moralische Disziplin. Dann ist es sehr leicht. Ohne Kenntnisse der Chemie kann man nicht Medizin studieren; ohne Mathematik zu lernen, kann man nicht Ingenieur werden. Bevor Sie also nicht diese moralische Disziplin üben, ist wahre Meditation nicht möglich.

Ich sitze jetzt hier. Wenn dieser Sitz ständig wackelt, kann ich nicht richtig sitzen. Er sollte stabil sein. Meditation erfolgt durch den Verstand. Wenn der Verstand wankt, kann man nicht richtig studieren. Sie blicken in einen Teich, und können Ihr Gesicht klar sehen. Werfen Sie einen Stein oder irgendetwas ins Wasser; wenn sich Wellen bilden, können Sie Ihr Spiegelbild nicht klar sehen. Wenn also Vorliebe, Abneigung, Ärger und verschiedene andere Emotionen da sind, ist Meditation nicht möglich.«

J.G.B.: »Und doch sagt man uns, dass durch die Übung des Latihan allein der Verstand automatisch stetig werden wird. Bapak Subuh sagt, der Verstand habe nichts zu tun, außer sich der Kraft Gottes zu unterwerfen, dann sei es die Kraft Gottes, die den Verstand stetig machen werde.«

S.B.: »Das ist eine übertriebene Aussage. Zu einem gewissen Grad wird der Verstand natürlich stabil werden, aber praktisch nicht. Disziplin ist erforderlich. Wenn kein Anlass besteht, werden Sie ruhig sein. Wenn ein Anlass auftaucht, wird diese Ruhe dahin sein und Ihre ursprüngliche Natur wird wieder hervorkommen. Wenn kein Wind da ist, werden die Blätter ruhig sein. Wenn ein wenig Wind weht, werden sie zu zittern beginnen. Genauso ist es, wenn irgendetwas für Sie Ungünstiges oder Günstiges geschieht: Diese Ruhe wird einbrechen.«

J.G.B.: »Es sei denn, man hat Disziplin?«

S.B.: »Ja. Solange die Tugenden nicht gut praktiziert werden, wird dieses Latihan keine Früchte tragen.«

Ich werde dieses Kapitel mit einem Bericht meiner eigenen Erfahrungen abschließen. Ich traf den Shivapuri Baba nur bei zwei Gelegenheiten, Ostern 1961 und 1962. Jedes Mal hatte ich verschiedene Gespräche mit ihm allein ebenso wie Begegnungen mit anderen.

In unseren privaten Gesprächen kam er ohne Umschweife zum Punkt: Ich verwendete zu viel Zeit und Energie auf Pflichten, die nicht wesentlich seien; ich könnte hoffen, schnell Gotteserkenntnis zu erlangen, wenn ich mein Leben nur besser organisieren und der Meditation mehr Zeit widmen würde. Alles, was ich angefangen habe, müsse zu Ende geführt werden; doch wenn ich danach Verpflichtungen vermeiden würde, die mir die Zeit zur Meditation stehlen, fände ich mich bald in einer ganz anderen Situation.

Als ich mit ihm über verschiedene Erfahrungen sprach, sah ich, dass er sie auf Anhieb verstand und zu bewerten vermochte. Ich erwähnte zum Beispiel den freudigen Zustand, den man erreicht, wenn Gedanken und Gefühle ruhig sind und die innere Schau sich zu öffnen beginnt. Er sagte: »Diese freudige Empfindung ist ein Hindernis. In der Meditation darf es weder Freude noch Leiden geben, nur ein intensives Verlangen, Gott zu schauen.«

Sein Beharren auf der höchsten Wichtigkeit, die Gottesschau [*visio beatifica*] zu erlangen, schien mir den Aspekt des Dienens in unserem Leben auf der Erde unterzubewerten. Ich hatte dies immer als Defekt in der indischen Lebensanschauung empfunden. Ich bezweifelte, dass der Glaube an persönliche Gotteserkenntnis als größtes und in der Tat einzig gültiges Ziel menschlicher Existenz sich in der ursprünglichen vedischen Religion finden ließe.

Ich konnte mich nie anfreunden mit den indischen philosophischen Systemen oder selbst der Yogapraxis (außer den physischen Übungen), insofern diese die Welt als unwirklich verwerfen und erklären, sie sei unseres Interesses nicht würdig oder wert. Diese Frage stellte ich dem Shivapuri Baba ungefähr mit den folgenden Worten:

J.G.B.: »Babaji, Sie lehren die Notwendigkeit der dreifachen Disziplin, doch Sie stellen die Erlangung von Gotteserkenntnis an die Spitze. Natürlich, dies ist bestimmt wahr – aber ich möchte Sie fragen, ob nicht doch noch eine Aufgabe erfüllt werden muss. Sicherlich bedeutet die Erkenntnis Gottes doch auch die Erkenntnis von Gottes Willen, das heißt dem *dharma.* Wenn es sich so verhält, bleibt dann nicht noch das *dharma,* selbst nach der höchsten Erkenntnis? Hätte ein Mensch, der vollkommene Erkenntnis und Macht erlangt hat, nicht die Pflicht, diese zum Dienst am Göttlichen Zweck einzusetzen?«

S.B.: »*Dharma* ist dasselbe wie Pflichten. Diese Pflichten sind zu erfüllen. Sie sind unser Dienst an Gott. Es gibt keinen anderen.«

J.G.B.: »Ich habe verschiedene Verpflichtungen. Ich bin Forscher und Schriftsteller, und in der Nähe von London habe ich ein Zentrum, Coombe Springs, wo Menschen hinkommen, die die Wahrheit suchen. Sie erwarten, dass ich ihnen helfe, soweit ich dazu imstande bin. Sind diese Tätigkeiten als Pflichten anzusehen, die ich erfüllen sollte, oder sollte ich frei von ihnen sein?«

S.B.: »Sie sollten frei sein. Aber Sie sind diese Verpflichtungen eingegangen. Sie müssen ohne Fehl erfüllt werden. Dasselbe gilt auch für die Ehe. Sie sind verheiratet und haben Kinder. Sie müssen Ihre Pflichten als Ehemann wahrnehmen. Aber dies sollte in solcher Weise geschehen, dass Ihre Suche nach Gott nicht behindert wird. Schritt für Schritt werden Sie sie langsam reduzieren können. Zuerst sind die beruflichen Pflichten auf das notwendige Minimum zu reduzieren, dann die Familienpflichten. Schließlich bleibt nur noch die Pflicht, Ihren Körper am Leben zu halten.

Nichtsdestotrotz können Sie schon jetzt über Gott und den Sinn des Lebens meditieren. Jeden Tag müssen Sie so viel Zeit wie möglich dafür reservieren, dann wird es Ihnen gelingen.«

J.G.B.: »Das sehe ich ein; aber ich habe noch immer Zweifel bezüglich der Bewertung der Aufgabe, Gott und unseren Mitmenschen zu dienen, als etwas von untergeordneter Bedeutung, als einem Zugeständnis an die Schwäche des Verstandes, die uns daran hindert, uns jede Stunde des Tages der inneren Suche zu widmen mit dem einzigen Ziel, die Wahrheit zu finden. Ich kann nicht glauben, dass dem Menschen so vielseitige und außergewöhnliche Gaben geschenkt wurden, wenn es nicht einen sehr hohen Zweck gäbe, dem zu dienen ist.«

S.B.: »Der höchste Zweck wird durch die einfache Wahrnehmung unserer Pflichten erfüllt. Das ist *dharma.* Das ist keine leichte Sache. Die Pflichten können nur dann richtig erkannt und erfüllt werden, wenn man einen wachen Verstand hat. Ferner muss man eine starke Seele haben, damit man, ohne zu wanken, über Gott meditieren kann. Um eine starke Seele zu erlangen, ist moralische Disziplin erforderlich. Daher sind alle drei notwendig: Pflicht, Disziplin und Gottesverehrung.

J.G.B.: »Vergeben Sie mir, Babaji, wenn ich noch weiter bei dieser Frage bleibe.«

S.B.: »Das sollen Sie. Sie sind zu mir gekommen, um Ihre Zweifel auszuräumen. Daher müssen Sie Ihre Fragen beharrlich verfolgen.«

J.G.B.: »Ich möchte einmal den Fall Shankaracharyas aufgreifen. Er ist der große Exponent des *vedanta* des absoluten Monismus. Er sagt: *brahma satyam jagan mithya jivo brahmaiva naparah* – Brahman ist wirklich, die Welt ist Schein, das *jiva* (das Selbst) ist niemand anderes als Brahman selbst. Trotzdem war Shankara, der im frühen Alter von zweiunddreißig Jahren gestorben sein soll, der aktivste und dynamischste Mann und einer der außergewöhnlichsten Reformer aller Zeiten. Er schrieb nicht nur vierzig oder fünfzig wichtige Bücher, sondern reiste durch ganz Indien und führte heiße Debatten. Er gründete zehn Klosterorden, von denen vier noch aktiv sind, und in einem von ihnen wurden Sie selbst initiiert. Er kämpfte auf der einen Seite gegen die Irrtümer des Buddhismus und anderer häretischer Sekten, und hielt auf der anderen Seite die Tendenz zu einem starren autoritären System im neu auflebenden Brahmanismus unter Kontrolle. Wie kann man sagen, dass ein solcher Mensch die Welt als eine Täuschung betrachtete, die vom weisen Mann auf der Suche nach Wahrheit geringzuachten ist?«

S.B.: »Sie haben nicht verstanden, wie man zwischen dem Absoluten und dem Relativen unterscheidet. Auch ich habe vierzig Jahre damit zugebracht, um die Welt zu reisen. Ich tat dies nicht ohne Grund, sondern weil es eine Pflicht war, die ich zu erfüllen hatte. Ich habe Tausende von Menschen getroffen, von denen die meisten mir Fragen über Gott und den Sinn des Lebens stellten. Ich habe sie beantwortet, so wie ich Ihnen jetzt antworte, weil dies meine berufliche Pflicht ist. Auch Sie haben berufliche Pflichten, die Sie erfüllen müssen. Wenn diese richtig gewählt werden, so sind sie Ihr *dharma.*

Gleichzeitig müssen Sie verstehen, dass all dies nicht zu Gott führt. Es ist die Grundbedingung, um in der Lage zu sein, Gott zu suchen. Aber jene Suche ist etwas anderes. Shankara sagte, dass Brahman allein wirklich sei; aber er sagte nicht, dass der Mensch in dieser Welt keine Pflichten hat. Im Gegenteil widmete er sein Leben der Aufgabe klarzustellen, welches die Pflichten der Menschen seiner Zeit waren. Er lebte vor mehr als tausend Jahren, und jetzt ist die Situation nicht mehr dieselbe. Nichts bleibt dasselbe in dieser Welt, und daher kann es keine permanenten Regeln geben, welche die Pflichten ein für alle Mal festlegen. Daher müssen Sie die Lebensbedingungen studieren und Ihre Pflichten dementsprechend wählen. Sie haben einen wachen Verstand, und Sie müssen die Lebensbedingungen in England studieren, damit Sie Ihren Schülern zeigen können, welches jetzt deren Pflichten sein sollten.

Aber dies darf Sie nicht davon abhalten, der Meditation die notwendige Zeit zu widmen. Sie dürfen nicht zulassen, dass das Relative das Absolute in Ihnen überwältigt. Wenn Sie das zulassen, wird das Leben zu Trug und Illusion. Das ist alles.«

Dieses Gespräch, das ich aus dem Gedächtnis wiedergegeben habe, kann nicht vollständig offenbaren, wie brillant der alte Mann jedes Thema, das er anschnitt, beleuchtete. Er machte mir deutlich, dass es beim Konflikt zwischen Monisten und Dualisten nicht um die Substanz, sondern um die Betonung geht. In der Gegenwart des Unendlichen zählt das Endliche nicht. Wie wir in der Schule gelernt haben, wird Unendlichkeit nicht dadurch größer, dass man ihr etwas hinzufügt, noch wird sie kleiner, wenn man etwas von ihr abzieht. Ebenso wird der Kontakt mit der Unendlichkeit, was die glückselige Schau oder Gotteserkenntnis ist, durch irgendeine weltliche Sache weder bereichert noch vermindert. In diesem Sinne kann man wahrheitsgemäß mit Shankara sagen: Brahman allein ist wirklich, die Welt ist Schein. Aber ebenso wahrhaft kann man sagen, dass wir ohne das Endliche das Unendliche nicht erfahren können.

Die Schönheit der Darlegung des Shivapuri Baba besteht darin, dass die philosophischen und praktischen Probleme nicht voneinander getrennt werden. Das Ziel liegt darin, Gott zu erkennen – das heißt die Unendlichkeit. Doch um zu erkennen, muss man *in der Lage sein* zu erkennen. In der Lage sein heißt stark sein, und ohne Disziplin kann Kraft nicht aufgebaut werden. Und weiter: »Gott braucht nicht die eig'nen Gaben noch der Menschen Hast« [John Milton]. Und doch fordert Er von uns, dass wir nicht nur Hörer, sondern Vollzieher des Wortes sind.

Das Rätsel des Endlichen und Unendlichen bleibt immer bestehen. Der *vedanta* hebt es nicht auf. Niemand hat einen vollständigeren Monismus gepredigt als Shankara; niemand hat einen vollständigeren Dualismus praktiziert. Der Shivapuri Baba durchschneidet den Gordischen Knoten in der einfachsten Weise, indem er sagt, dass beide recht haben, aber *keiner von beiden hat recht ohne den anderen.*

Obgleich diese Erklärung exzellent ist in ihrer Verbindung von kompromissloser Hingabe an die Unendlichkeit Gottes und verstandesmäßigem Akzeptieren von Erfahrung, so wie wir sie vorfinden, blieb für mich die Frage des Göttlichen Zweckes offen. Es scheint mir, dass dies für einen Inder eine belanglose Frage ist. Die Vorstellung eines Zweckes ist unvereinbar mit jedem durchgängigen Monismus. Dies ist ohne Zweifel ein Grund, warum sich bei indischen Denkern so selten ein Sinn für Geschichte findet.

Ein weiterer Faktor ist der gewaltige Einfluss, den Buddha auf das indische Denken hatte. Obgleich der Buddhismus als Religion in Indien nicht mehr existiert, wird sein Gründer immer noch als einer der größten indischen Denker und Reformer angesehen. Der Buddha begründete seine Lehre auf dem Prinzip der Kausalität, *nidana,* ausgedrückt in der bekannten Formel: »Durch das Entstehen von diesem kommt jenes ins Dasein; durch das Erlöschen von diesem hört jenes auf zu sein.«

Diese Lehre schließt zweckvolles Handeln im schöpferischen Sinn aus und bestärkt die Menschen in dem Gefühl, dass die Welt eine kühle Stätte sei, der wir so schnell wie möglich entrinnen sollten. Damit wir nicht annehmen, »die Welt« bedeute nur dieses irdische Dasein, kam der Buddha – soweit wir aus den überlieferten Reden schließen können – immer wieder auf das Thema zurück, dass die Göttlichen Wesen im Himmel nicht besser dran seien als wir, da auch sie an die Ketten der Kausalität gebunden bleiben.

Als ich den Shivapuri Baba fragte, ob der vervollkommnete Mensch, der Gotteserkenntnis erlangt hat, ein weiteres Ziel oder eine weitere Aufgabe vor sich habe, sagte er mit großem Nachdruck: »Damit ist das Ende erreicht; das ist das letztliche Ziel.«

So verblieben wir, als ich im April 1961 von ihm Abschied nahm. Ein Jahr lang sah ich ihn dann nicht wieder, und während dieser Zeit plagten mich weitere Zweifel bezüglich seiner Erläuterungen.

Als ich den Shivapuri Baba das nächste Mal traf, im April 1962, war er viel schwächer geworden und sah nun aus wie ein sehr alter Mann kurz vor dem Tod. Dennoch war sein Verstand wach wie immer und er war gerne bereit, meine Fragen zu beantworten.

Ich sagte ihm wiederum, ich könne den Gedanken nicht akzeptieren, dass für den vervollkommneten Menschen kein weiteres Werk zu tun bleibt, außer seinen Körper zu schützen. Diesmal sprach er in einer anderen und unerwarteten Weise, indem er sich an mich persönlich richtete.

S.B.: »Ich sehe, dass Sie nun dem Augenblick nähergekommen sind, wo Sie Gott schauen werden. Ich kann Ihnen jetzt versprechen, dass Sie zu dieser Vision gelangen werden, bevor Sie sterben. Wenn Sie sich von den vielen Pflichten freimachen und sich mehr Zeit für Meditation nehmen, werden Sie schnell dahin gelangen: vielleicht innerhalb von zwei Jahren. Wenn Sie dahin gelangen, werden Sie die Antwort selbst wissen.«

J.G.B.: »Ich habe mich entschlossen, später im Jahr der römisch-katholischen Kirche beizutreten. Würden Sie sagen, dass Anbetung in Form der christlichen Sakramente ein Hindernis für die Verwirklichung wäre, die Sie mir versprechen?«

S.B.: »Nein. Es ist recht für Sie. Sie müssen alle zur Verfügung stehenden Mittel nutzen. Machen Sie häufig Gebrauch vom Rosenkranz. Er wird Ihnen helfen, wenn Ihr Verstand der Anstrengung der reinen Meditation ohne Form nicht standhalten kann.

Wenn Sie beharrlich bleiben, werden Sie Gott schauen. Christus wird zu Ihnen kommen und sich offenbaren. In dieser Weise sollten Sie meditieren. Manchmal mit Hilfe des Rosenkranzes oder einer Figur oder eines Bildes, manchmal sollten Sie über die Natur Christi meditieren. Doch wann immer Sie stark genug sind, lassen Sie alle Formen und Bilder beiseite und denken Sie an Gott ohne Namen oder Form.«

J.G.B.: »Manchmal hatte ich das Gefühl, dieser Erkenntnis sehr nahe zu sein, aber mein Verstand ist zu schwach, um alle anderen Gedanken fernzuhalten.«

S.B.: »Sie dürfen keine Zweifel daran hegen, dass Sie dahin gelangen werden. Seien Sie sich dessen sicher, dass Gott kommen wird, wenn Sie genügend bitten.«

J.G.B.: »Ich kann mir immer noch nicht vorstellen, dass eine solche Erkenntnis das Ende der Reise ist. Es muss noch Arbeit zu tun bleiben.«

S.B.: »In einem Sinne ist es das Ende der Reise. In einem anderen Sinne nicht. Sie sehen, dass ich hier lebe und meine Pflichten erfülle. Wenn ich jetzt mit Ihnen spreche, so ist das eine Pflicht, die ich wahrnehmen muss.«

J.G.B.: »Aber ist das alles? Braucht die Welt nicht Hilfe von jenen, die Gott gesehen haben und mit Seiner Gnade erfüllt wurden?«

Die Antwort, die er auf diese Frage gab, war eine vollständige Überraschung, aber sie schien wie die unvermeidliche Schlussfolgerung aus all dem, was er zuvor gesagt hatte.

S.B.: »Wenn Sie zu jener Erkenntnis gelangen, werden Sie Gott erkennen und Sie werden in Gott eintreten und eins mit Gott sein. Dann werden Sie sein, was Christus von Anfang an war. Wenn Sie in Gott eingetreten sind, können Sie in diese Welt zurückkehren. Doch dann werden Sie wie Christus kommen, um den Erfordernissen der Welt zu helfen. Aber all dies können Sie jetzt noch nicht wissen; Sie werden es erst wissen, wenn Sie zu jener Erkenntnis gelangen. Sie werden dahin kommen, bevor Sie sterben – das kann ich Ihnen versprechen –, aber wie bald Sie dorthin gelangen, kann ich nicht sagen. Es hängt davon ab, wie Sie den Rat befolgen, den ich Ihnen gegeben habe.«

Ein solches Gespräch musste unweigerlich eine tiefe Wirkung auf mich haben. Tatsächlich kenne ich niemanden, der eine ernsthafte Unterhaltung mit ihm hatte und dabei nicht ein neues Verständnis erlangte und einen erneuten Entschluss gefasst hätte, die Suche nach der Wahrheit noch eifriger zu betreiben. Als ich ihn verließ, wusste ich, dass wir uns nicht wiedersehen würden, aber ich wusste ebenfalls, dass alles, was ich von ihm empfangen hatte, immer bei mir bleiben würde. Es ist keine Frage einer persönlichen Beziehung; es ist jenseits aller menschlichen Bande.

Zu den vielen Wandlungen in meinem Verständnis, die durch meine Gespräche mit ihm herbeigeführt wurden – tatsächlich einfach nur durch die Wirkung seiner Gegenwart –, zählt auch ein neues inniges Gefühl für Indien und die indische Spiritualität.

Ich konnte nie den Anspruch akzeptieren, den glühende Bewunderer der großen zeitgenössischen indischen Heiligen und Weisen erhoben, dass Indien alle anderen Länder und Völker der Welt spirituell überrage. Dieser Anspruch wird zum Beispiel von Sri Aurobindo, jenem bemerkenswerten und heiligen Mann, in seinem Buch *Der Yoga und seine Ziele* (1931) zum Ausdruck gebracht: »Gott bewahrt Sich stets ein auserwähltes Land, wo das höhere Wissen von den Massen wie von der Elite durch alle Gefahren und Wechselfälle hindurch behütet wird. Und in unserem Zeitalter, oder zumindest in der gegenwärtigen Abfolge der vier *yuga* (Weltalter), ist Indien dieses Land.«

Dies bedeutet nicht, dass ich an der Wirklichkeit der indischen spirituellen Lebenserfahrung zweifelte. Ich habe selbst davon genug erlebt, um zu wissen, wie aufrichtig die Hingabe der Inder an das spirituelle Ideal ist. Aber ich habe immer eine gewisse unpraktische Einstellung bemerkt, eine Tendenz, mehr den *Geschmack* der Wirklichkeit zu suchen als deren Erfüllung im faktischen Leben. Damit will ich nicht sagen, dass die großen spirituellen Führer Indiens unpraktische Menschen waren. Shankara war ein leuchtendes Beispiel von praktischem Realismus in seiner Zeit, und so waren und sind es auch Gandhi und Radhakrishnan in unseren Tagen. Auch ist die indische Spiritualität nicht dermaßen auf das Jenseits eingestellt, dass sie sich nicht um die leidende Menschheit scherte. Vivekananda und die Ramakrishna-Mission sowie all die neueren Wohlfahrtsorganisationen sind eine moderne Form von *dana* oder Mildtätigkeit, welche eine der Grundpflichten des indischen spirituellen Lebens ist.

Meine Schwierigkeiten waren von anderer Art. Sie rührten von meinem Unvermögen her, das Element des Konkreten im indischen Denken zu entdecken, einen Sinn für Geschichte bei der Interpretation menschlicher Erfahrung, und von meiner Vermutung einer allgemeinen Tendenz, großen, aber vagen Spekulationen gegenüber praktischen Realitäten den Vorrang zu geben. Meine Begegnung mit dem Shivapuri Baba beseitigte viele dieser Schwierigkeiten. Ich sah in ihm einen Menschen, der in seinem Denken klar und konkret war, einen Feind der Spekulation und äußerst praktisch sowohl in seinen Handlungen als auch im Rat, den er anderen erteilte. Doch weit mehr als all dies sah ich in ihm einen vollkommenen Menschen, der alle Kämpfe und Ängste der Welt weit hinter sich zurückgelassen hatte und der, obschon frei von der Notwendigkeit, irgendetwas zu tun, trotzdem unendlich geduldig und nachsichtig war, indem er jenen half, die mit dem aufrichtigen Wunsch um Hilfe zu ihm kamen.

Wenn ich Indien aus der Perspektive seiner abgelegenen Einsiedelei betrachtete, nahezu tausendsechshundert Kilometer quer über den Subkontinent von seinem Geburtsort Kerala entfernt, so sah ich es mit anderen Augen. Indien befindet sich in den Wehen eines Konfliktes zwischen der alten Spiritualität und dem neuen Materialismus. Wie der Shivapuri Baba zu Thakur Lal gesagt hatte, spielt hier die Weisheit mit dem Begehren, und daraus wird ein neues Verstehen geboren werden. Der Geist Indiens wird einen unerlässlichen Beitrag zu der Spiritualisierung der Menschheit leisten, die nun im Gange ist. Von diesem Verständnis wird die ganze Welt profitieren, doch muss Indien auch bereit sein, die Wirklichkeit spiritueller Einsichten zu erkennen und zu akzeptieren, die von seinen eigenen völlig verschieden sind.

In diesem Sinn war der Shivapuri Baba ein Vorbote der neuen Epoche, denn er konnte christliche und islamische Spiritualität verstehen und die Zeichen der Zeit lesen. Er wies uns darauf hin, dass ein großer Wandel über die Welt kommen werde, zeigte uns aber auch, wie man sich darauf vorbereitet.

In den nächsten Kapiteln werde ich versuchen, die Fragmente seiner Lehre zusammenzufügen, wozu ich Thakur Lals Notizen sowie die Aufzeichnungen meiner eigenen Gespräche mit dem Shivapuri Baba heranziehen werde.

Kapitel drei

Rechtes Leben

DIE GESAMTE LEHRE DES SHIVAPURI BABA LÄSST SICH ZUSAMMENFASSEN mit den Worten »Rechtes Leben«, die in Sanskrit *svadharma* entsprechen; aber in charakteristischer Weise verlieh er ihnen eine weitere und stärkere Bedeutung, als dies gewöhnlich geschieht. *Dharma* bezeichnet in der Umgangssprache die Regeln und Vorschriften, deren Einhaltung von der eigenen Religion und Kaste gefordert werden; in der Philosophie steht es für die kosmische Ordnung oder absolute Rechtmäßigkeit. Die Lehre des Shivapuri Baba vom Rechten Leben impliziert sehr viel mehr als diese beiden Bedeutungen.

Vor allem steht es für Vollständigkeit, für ein Leben, das auf allen Ebenen und in allen Bereichen gelebt wird. Es umfasst die drei Disziplinen, die physische, die moralische und die spirituelle, auf die im Gespräch mit Radhakrishnan Bezug genommen wurde, aber es bleibt nicht in den Grenzen verkörperten Daseins, sondern führt weiter zu *moksha* oder endgültiger Befreiung des Selbsts.

Man neigt dazu, die drei Disziplinen als stufenweisen Ablauf zu betrachten, den die Seele zu durchlaufen hat, oder aber die physische und die moralische Disziplin als bloße Vorbereitung auf das spirituelle Leben anzusehen. Der Shivapuri Baba behandelte alle drei als eine zeitlose Wirklichkeit, in die die Seele eintritt und in der sie ihr Heim findet. Das Ziel ist die Gotteserkenntnis – aber nicht nur in dem einen Sinn der glückseligen Schau, in der die Seele Gott begegnet. Wie die Bhagavad Gita im neunten und zehnten Gesang lehrt, manifestiert Gott Sich in Seiner gesamten Schöpfung, und wir können Ihm überall begegnen. Der einzige Unterschied ist der Grad des direkten Kontaktes. In der Welt treffen wir Gott im Schleier der *maya,* aber es ist nichtsdestoweniger Gott, Der die Quelle sogar der Sinnesfreuden ist. So ist Selbsterkenntnis Gotteserkenntnis in einem Sinn, der sehr verschieden ist von dem der Vedantisten. *Sukha* oder Genuss ist eine Begeg-

In Shivapuri 1948

nung mit Gott, Der, obschon verhüllt, dennoch die Liebe ist, die die Leidenschaft des Liebhabers erweckt. *Shanti* oder Frieden ist nicht nur die Vorbedingung, um Gott von Angesicht zu Angesicht zu sehen; es ist auch die Wonne, die die Disziplin des Geistes krönt.

Der Irrtum des Menschen besteht darin, dass er das Verhüllte dem Offenbarten und das Zwielicht der Illusion dem Licht der Wirklichkeit vorzieht. Vorausgesetzt, dass alles seinen rechten Platz erhält, ist alles rechtmäßig. Ja mehr noch: Alles ist für die Vollständigkeit des Rechten Lebens notwendig. So führt Rechtes Leben zur Erfüllung der vier Ziele menschlichen Daseins.*

Traditionell ist *svadharma* die Lebensregel, die von der eigenen Kaste, dem Geschlecht, dem Alter, den spirituellen Aspirationen und den äußeren Lebensbedingungen vorgeschrieben wird. Der Shivapuri Baba weist diese Interpretation nicht zurück, aber er bringt sie auf den neuesten Stand, damit sie auf unser eigenes Leben angewendet werden kann, einschließlich dem Leben westlicher Menschen, die keine Kaste haben und deren äußere Lebensbedingungen völlig verschieden sind von denen der indischen Tradition.

Ich werde den Gedanken des »Rechten Lebens« einführen, indem ich aus einem Gespräch zwischen einem Hindu-Besucher und dem Shivapuri Baba zitiere.

Frage: »Sir, warum sind wir so unglücklich?«

S.B.: »Weil ihr nicht das Rechte Leben lebt.«

F.: »Was ist das Rechte Leben?«

S.B.: »Es ist ein Leben mit einem festen Ziel. Es ist ein geplantes und umsichtiges Leben mit Pflichten, die notwendig und hilfreich sind, um das Ziel in der kürzest möglichen Zeit zu erreichen.«

F.: »Welches ist das größte Ziel im Leben?«

S.B.: »Wahrheit zu schauen.«

F.: »Warum sollten wir wünschen, Wahrheit zu schauen?«

S.B.: »Weil wir davor nicht allmächtig, allwissend und allgegenwärtig sein können.«

* Dies sind *dharma* oder Gerechtigkeit, *artha* oder Wohlstand und Wohlergehen, *kama* oder Befriedigung der Wünsche und *moksha* oder Befreiung. Die ersten drei werden als Mittel angesehen, durch die man das vierte erreichen kann.

F.: »Welches sind die Hauptelemente des Rechten Lebens?«

S.B.: »Unterscheidungsvermögen und Hingabe.«

F.: »Bitte erklären Sie diese.«

S.B.: »Du siehst ein, dass du für die Erhaltung des Körpers gewisse Pflichten gegenüber der Natur, der Familie, der Gesellschaft, der Regierung und dem Beruf erfüllen musst. All diese sollten mit Geschick geplant und ausgeführt werden. Dann musst du, um deinen Verstand stark zu machen, gute Eigenschaften entwickeln: Nächstenliebe, Selbstbeherrschung, Geduld und die übrigen sechsundzwanzig Tugenden, die im sechzehnten Gesang der Bhagavad Gita beschrieben sind.* Dies ist Unterscheidungsvermögen. Die übrige Zeit solltest du damit zubringen, in verschiedener Weise, ohne ein monotones Gefühl zu haben, an die Wahrheit zu denken. Dies ist Hingabe. Vor allem musst du darauf achten, deine Zeit nicht auf irgendeine andere Arbeit zu verschwenden.«

F.: »Wie können wir am besten der Welt helfen?«

S.B.: »Indem wir das Rechte Leben leben und Nächstenliebe üben – mental, verbal, physisch und finanziell. Mental sollten wir selbst unseren sogenannten Feinden Gutes wünschen. Wir sollten nicht etwas sagen, was andere verletzen könnte. Wenn möglich, sollten wir versuchen, anderen physisch zu dienen. Dann sollten mindestens zehn Prozent unseres Einkommens wohltätigen Zwecken zugutekommen. Dies wiederum wird in drei Teile geteilt. Ein Teil sollte an arme spirituelle Sucher und Institutionen für spirituelles Leben gehen. Ein weiterer Teil sollte an verdienstvolle Persönlichkeiten aus dem Kulturleben und an ebensolche Institutionen gehen. Der dritte Teil sollte an arme Menschen und Institutionen gehen, die ihnen helfen. Wenn die Menschen richtig Nächstenliebe üben, wo in der Welt könnte dann Disharmonie herrschen?«

F.: »Wann werden wir die Wahrheit erkennen?«

S.B.: »Wenn du dir ständig und konzentriert die Frage stellen kannst: ›Was ist Wahrheit?‹, oder dergleichen für ein *muhurta,* das heißt achtundvierzig Minuten lang, tust.«

F.: »Einige Leute sagen, wir müssen das Leben aufgeben, um die Wahrheit zu erkennen.«

* Vergleiche dazu Seite 45.

S.B.: »Ja, aber das Leben aufgeben, bedeutet nicht bloß, in einen Wald oder eine Höhle zu gehen. Selbst der Buddha sagte, nachdem er die Wahrheit erkannt hatte, es sei nicht notwendig, dies zu tun. Man kann Wahrheit selbst zu Hause verwirklichen, wenn man das Rechte Leben lebt. Das Leben aufgeben heißt, das Begehren nach Ruhm und Genuss aufzugeben.«

Wir wollen nun sehen, wie der Shivapuri Baba mit Europäern sprach. 1961 gab er seine Einwilligung, die Tonbandaufnahmen eines Gespräches über seine Lehre Suchern in England zu schicken, die ihn nicht besuchen konnten. Ich stellte ihm Fragen, die Freunde von mir aufgeschrieben hatten, und er antwortete.

J.G.B.: »Welches ist das Grundprinzip des Lebens, dem der Mensch folgen sollte? Welches ist das richige Leben für den Menschen auf dieser Erde?«

S.B.: »Wir haben diesen Körper. Er hat viele Erfordernisse. Man sollte die rechten Tätigkeiten für jeden Teil des Körpers kennen. Diese rechten Tätigkeiten sind ohne Fehl zu wählen und durchzuführen. Ein weiterer Teil ist der Verstand. Der Verstand wird von Emotionen beherrscht. Er sollte aber von Vernunft beherrscht werden. Der Verstand sollte ruhig bleiben. Das Dritte ist: Die übrige Zeit sollte dafür genutzt werden, über Gott zu meditieren, den Sinn des Lebens zu erkennen oder Gott persönlich zu schauen. Dies ist Rechtes Leben.«

J.G.B.: »Diese erste Pflicht – hat sie innerlich und äußerlich unterschiedliche Formen, oder ist sie nur mit dem Körper verknüpft?«

S.B.: »Sie ist nur mit dem Körper verknüpft.«

J.G.B.: »Betrifft unsere Pflicht nur die Erhaltung unseres eigenen Körpers, oder besteht auch eine Pflicht gegenüber anderen Menschen?«

S.B.: »Gegenüber unserem eigenen Heim, gegenüber unserer unmittelbaren Gesellschaft und ebenso gegenüber der gesamten Nation.«

J.G.B.: »Das ist alles?«

S.B.: »Eine Pflicht besteht gegenüber dem Körper, eine andere Pflicht rührt her von unseren Verpflichtungen gegenüber Heim und Gesellschaft, und es gibt eine weitere: die berufliche Pflicht. Man muss die finanziellen Möglichkeiten besitzen, um die anderen Pflichten zu erfüllen.«

J.G.B.: »Hängt jene dritte Pflicht von den eigenen Kräften und Fähigkeiten ab? Wie lernt das Kind diese Pflicht? Von Lehrern und Eltern oder von selbst?«

S.B.: »Durch eine Kombination von allem. Eltern und Lehrer sollten den Weg vorbereiten. Sie sind die Mittler des Selbsts.«

J.G.B.: »Ich nehme an, diese berufliche Pflicht beginnt im Alter von achtzehn oder zwanzig, wenn die Ausbildung für das Leben abgeschlossen ist.«

S.B.: »Sie beginnt schon, wenn man das Alter von fünf Jahren erreicht hat.«

J.G.B.: »Mit fünf? Existiert denn Vernunft in diesem Alter?«

S.B.: »Schon bevor die Vernunft kommt; es ist gut, rechtzeitig damit anzufangen.«

J.G.B.: »Können wir zur ersten Pflicht zurückkehren: der Pflicht gegenüber dem Körper? Ich nehme an, dazu gehören Essen, Schlafen und andere natürliche Funktionen. Wie sind deren Erfordernisse zu lernen?«

S.B.: »Indem man die Erfordernisse des Körpers studiert. Sie alle sollten nur der Erhaltung des Körpers dienen. Essen sollte der Erhaltung des Körpers dienen; in derselben Weise Schlafen, Sehen, Hören, Berühren, Fühlen, Spucken, Urinieren und verschiedene Pflichten. Alle diese Pflichten sollten zeitlich festgelegt und ohne jeden Fehler erfüllt werden.«

J.G.B.: »Sollte man all diese Pflichten den Kindern beibringen?«

S.B.: »Ja.«

J.G.B.: »Wie soll ich mich gegenüber meinen eigenen Kindern verhalten? Sollte ich ihnen sagen, wie man richtig isst – nicht zu schnell, nicht zu viel, nicht beherrscht zu werden von Vorliebe und Abneigung –, und sie dann sich selbst überlassen? Oder sollte man sie im Detail anweisen und ihnen die Dinge beibringen?«

S.B.: »Sie sollten ihnen diese Dinge klar sagen und erklären.«

J.G.B.: »Sodass sich die Jungen und Mädchen von Kindheit an ständig vorbereiten, damit die Pflichten ihnen klar und deutlich werden?«

S.B.: »Ja.«

J.G.B.: »Die Menschen, die nicht das Glück hatten, so vorbereitet zu werden, müssen es dann im späteren Leben lernen?«

S.B.: »Ja.«

J.G.B.: »Bezüglich der anderen Pflicht – der Pflicht gegenüber der Gesellschaft – besteht immer die Tendenz, dass man sie vom

Herzen oder vom Gefühl her tut. Man liebt seine Frau und seine Kinder ganz natürlich gefühlsmäßig. Aber Sie sagen, dies sollte aus Vernunft erfolgen?«

S.B.: »Ja.«

J.G.B.: »Woher kommt die Vernunft?«

S.B.: »Von der Erfahrung; Vernunft kommt durch Erfahrung.«

J.G.B.: »Sie meinen, indem man eine Erfahrung der anderen gegenüberstellt? Indem man vergangene und gegenwärtige Erfahrung vergleicht?«

S.B.: »Nein.«

J.G.B.: »Aber Vernunft kommt nicht durch einfache Erfahrung allein.«

S.B.: »Angenommen, ich bitte Sie, Tee zuzubereiten. Sie bereiten ihn zu. Vielleicht werden Fehler gemacht und der wahre Geschmack will nicht kommen. Vielleicht ist zu viel Zucker drin oder Tee. Oder Sie kochen ihn nicht richtig, die Zutaten können falsch sein. Heute machen Sie den Tee, probieren ihn, und die richtige Mischung war nicht da. Finden Sie den Fehler heute heraus und berichtigen Sie ihn morgen. Ein weiterer Fehler mag gemacht werden. Berichtigen Sie ihn übermorgen. Auf diese Weise bereiten Sie für lange Zeit immer wieder diese eine Sache zu. Eines Tages werden Sie den richtigen Geschmack bekommen, dann bleiben Sie dabei. Das ist Vernunft.«

J.G.B.: »Das ist sehr klar. Mit ›Erfahrung‹ meinen Sie wiederholte Übung und Berichtigung?«

S.B.: »Ja. In derselben Weise muss jede einzelne Pflicht studiert werden. Bis wir die richtige Antwort finden, müssen wir ständig wiederholen. Durch die Beobachtung von gestern können Sie sich heute wandeln. Indem Sie sich heute wandeln, wird es morgen anders sein.«

J.G.B.: »Das erinnert mich an einen Ausspruch von Gurdjieff: ›Mit der Gegenwart repariere die Vergangenheit und bereite die Zukunft vor.‹«

S.B.: »Genau so! Überzeugt Sie das?«

J.G.B.: »Es ist sehr überzeugend für jene von uns, die versucht haben, so zu leben. Gilt es für alle drei Pflichten: gegenüber dem eigenen Körper, der Familie und dem Beruf?«

S.B.: »Was wir für unsere Familie tun müssen, tun wir ihnen zu Gefallen. Angenommen, wir versagen hier, dann wird ihre Zuneigung für uns geringer sein. Wenn wir es gemäß ihren Erfordernissen tun, machen wir sie glücklich und sie werden uns mehr und mehr zu lieben beginnen. In derselben Weise sollten wir uns auch um unsere Nachbarn kümmern. Wir sollten ihnen gegenüber sehr hilfreich sein, ihnen nie Schaden zufügen. Sie werden für immer Freunde sein. Immer wenn wir Schwierigkeiten haben, werden sie kommen und uns helfen. Dasselbe gilt auch für die Gesellschaft und die Nation und alle Menschen. Das ist Rechtes Leben.«

J.G.B.: »Was Sie soweit gesagt haben, läuft auf Folgendes hinaus: Dass der Mensch auf der Erde ein normales, ausgeglichenes Leben führen soll in Einklang mit allen Naturgesetzen. Ich nehme an, dass dies nur eine Grundlage ist. Was ist auf diesem Fundament zu errichten?«

S.B.: »Nein. Es besteht für sich allein. Dieses Rechte Leben sollte um seiner selbst willen gelebt werden. Wenn all dies getan wird, wird man einen sehr gesunden Körper haben, man wird hilfreiche Freunde haben und man wird genügend Vermögen und Besitz haben, um davon zu leben. Und das Leben wird sehr angenehm sein.«

J.G.B.: »Aber der Mensch lebt nicht für den Genuss.«

S.B.: »Man sollte nicht für Genuss leben; wenn er aber kommt, sollte man ihn auch nicht zurückweisen. Genuss wird Genugtuung geben, wenn er akzeptiert wird, ohne dass man ihn sucht.«

J.G.B.: »Nach diesen Pflichten – was bildet dann im Menschen die notwendigen Eigenschaften heran, um zum spirituellen Leben zu kommen?«

S.B.: »Das ist getrennt zu betrachten.«

J.G.B.: »Wie erlangt der Mensch diese Eigenschaften?«

S.B.: »Gott ist zu schauen, dann erst wird das Leben in Ordnung sein. Der Sinn des Lebens muss erkannt werden. Dann erst kann man hier glücklich sein. Um diesen Sinn zu erkennen oder Gott zu schauen, sollten die Gedanken des Menschen immer um jenen einen Gegenstand kreisen. Jeder andere Gegenstand muss aus dem Verstand verschwinden.«

J.G.B.: »Aber kann der Mensch dies ohne einen gewissen Grad moralischer Vollkommenheit tun?«

S.B.: »Moralische Vervollkommnung ist die Voraussetzung; sie ist das Wesentliche.«

J.G.B.: »Kommt sie einfach, indem man Gott will, oder durch Disziplin und Selbstkorrektur?«

S.B.: »Man sollte Vorlieben oder Abneigungen nicht nachgeben. Man sollte nicht irgendeinen anderen Wunsch haben außer, dieses

Leben zu leben oder Gott zu finden. Dann hat die niedere Natur keinen Einfluss auf den Verstand, weder Ärger noch irgendwelche anderen Dinge.«

J.G.B.: »Diese gehören unserer niederen Natur an.«

S.B.: »Ja, die höhere Natur sollte vollkommen gefestigt sein: mit ihren Eigenschaften wie Furchtlosigkeit, Geradlinigkeit und so weiter. Die höhere Natur sollte im Verstand kultiviert werden. Die entgegengesetzte Natur sollte aus unserem Verstand verbannt werden.«

J.G.B.: »Und dies geschieht durch Übung von Selbstkorrektur oder Selbstdisziplin? Wie geht das?«

S.B.: »Indem wir einfach unser Verhalten erkennen. Wenn das Verhalten falsch ist, sollte man jetzt beschließen, dass solches Verhalten nicht sein darf. Heute kam Zorn, morgen soll er nicht kommen.«

J.G.B.: »In Gedanke, Wort und Tat; in allen dreien?«

S.B.: »Ja. Die moralische Disziplin erfolgt nur im Denken. Physische Disziplin erfolgt im Handeln.«

J.G.B.: »Sie meinen, man muss den Zorn in den eigenen Gedanken bezwingen? Es ist nutzlos, ihn im Handeln bezwingen zu wollen?«

S.B.: »Ja, denn Letzteres wird nicht geschehen.«

J.G.B.: »Wenn ich schlechte Gedanken habe, dann genügt es nicht, meine bösen Worte zu stoppen? Die Gedanken sind weiter da, die Gedanken kommen vor den Handlungen?«

S.B.: »Ja.«

J.G.B.: »Diese Lehre entspricht genau der christlichen.«

S.B.: »Ja. Man sollte die ganze Schöpfung als das Ebenbild Gottes, die Manifestation Gottes betrachten; man sollte ihr gegenüber stets demütig und bescheiden sein. Wenn wir solche Gedanken pflegen, wird der Zorn nicht kommen.«

An dieser Stelle waren die Damen, die mich begleiteten, entweder des Zuhörens müde oder aber die letzten Bemerkungen des Shivapuri Baba hatten eine Saite in ihnen angeschlagen. Eine von ihnen unterbrach unser Gespräch.

M.H.: »Woher kommt diese lästige ›niedere Natur‹? Ist sie etwas, aus dem die Menschheit herauswächst?«

S.B.: »Sie ist in unserem Verstand. Sie ist der Inhalt des Verstandes.«

M.H.: »Hat Gott den Menschen so gemacht?«

S.B.: »Wenn wir etwas säen, sprießen die Körner, und zugleich mit ihnen wird auch das Unkraut wachsen. Wir entfernen nun all das Unkraut und behalten nur das Korn. In derselben Weise sind diese gute Natur und diese schlechte Natur Bestandteile des Verstandes. Sie kommen automatisch hervor. Wir müssen die Impulse, die von der niederen Natur kommen, unterbinden.«

M.H.: »Können Sie uns ein wenig mehr darüber sagen, wie man Gott schaut?«

S.B.: »Haben Sie die Pflichten des Körper verstanden?«

M.H.: »Ja, ich denke, sie sind mir klar.«

S.B.: »Diese Pflichten werden Sie planvoll angehen müssen. Dafür ist Intelligenz unabdinglich. Wenn Sie es nicht selbst tun können, müssen Sie einen Lehrer finden, der Ihnen helfen wird.

Die zweite Disziplin betrifft den Verstand. Der Verstand ist ungezähmt. Verschiedene Leidenschaften, verschiedene Gedanken spielen in ihm. Nun, diese Leidenschaften, diese Gedanken sind alle aus dem Verstand zu beseitigen. Man sollte der Vorliebe und der Abneigung nicht nachgeben. Auf diese Weise wird der Verstand stark werden. Man sollte die höhere Natur fördern und entwickeln und die niedere Natur vernichten. Das ist moralische Disziplin.

Dann wird der Verstand sehr stark. Mit dieser Verstandesstärke können Sie, wenn Sie diese Pflichten eine Zeit lang erfüllt haben, über Gott meditieren. Entweder sollte Ihr Verstand bei diesen Pflichten verweilen, oder er sollte auf Gott ruhen. Er sollte keinen anderen Aufenthaltsort haben.

Das ist heute der richtige Lebensweg.«

M.H.: »Welches sind die Eigenschaften, an denen wir die beiden Naturen erkennen können?«

S.B.: »Das werden Sie in der Bhagavad Gita finden. Mr. Bennett wird Ihnen all dies erklären. Zum Beispiel: Furchtlosigkeit ist höhere Natur; Furcht ist niedere Natur. Unehrlichkeit ist niedere Natur; Aufrichtigkeit ist höhere Natur. Es gibt dreißig oder zweiunddreißig solcher Eigenschaften. Moralische Disziplin bedeutet, dass man alle Eigenschaften der höheren Natur in sich vereint.«

J.G.B.: »In unserem Verstand?«

S.B.: »Ja, dann wird unser Verstand stark. Man sollte keine Vorlieben und keine Abneigungen haben. Einsicht muss die Oberhand gewinnen.

Angenommen Sie mögen mich: Sie werden mir alles geben. Angenommen Sie hassen mich: dann werden Sie mir nichts geben.

Dies erfolgt unter dem Einfluss von Vorliebe und Abneigung. Was werden Sie unter dem Einfluss der Vernunft tun? Sie werden prüfen, ob ich es verdiene oder nicht. Angenommen ich bin Ihr Feind: Dann werden Sie mir, wenn ich es verdiene, dennoch geben. Angenommen ich bin Ihr Freund: Wenn ich es nicht verdiene, werden Sie mir nichts geben.

Dies ist die Führung der Vernunft, der Einsicht. Diese Vernunft muss immer herrschen. Mögen und Nichtmögen müssen verschwinden.«

M.H.: »Das ist sehr schwierig.«

S.B.: »Schwierig, gewiss. Aber Übung wird Sie dahin bringen. Ich kann Ihnen ein Jahrzehnt geben, zehn oder zwölf Jahre. Sie können in dieser Sache in zehn oder zwölf Jahren vollkommen werden.«

M.H.: »Ich sehe ein, dass wir mit unserer niederen Natur kämpfen müssen. Das wurde uns immer gesagt. Besonders mit der Furcht!«

S.B. (zu J.G.B.): »Sie werden ihnen diese Dinge gut erklären müssen, damit sie zum Rechten Leben gelangen können.«

Hier schaltete sich eine andere Dame ins Gespräch ein.

M.M.: »Ich möchte Sie fragen, Babaji, wie kann man den Gedanken an Gott in sich stärken?«

S.B.: »Das sollte mit dem Wunsch kommen. Man muss es stark genug wünschen, dann wird man es bekommen.«

Hier stellte mir der Shivapuri Baba eine Frage über mein Leben, und ich antwortete, seit meiner Jugend sei mir klar gewesen, dass kein weltlicher Erfolg mich befriedigen würde. Meine Freunde sagten, ich hätte mein Leben verschwendet, denn große Dinge waren von mir erwartet worden, aber ich hatte nur sehr wenig vollbracht. Warum sollte man Resultate anstreben, die aufgrund ihrer Natur sowieso vergehen müssen!

S.B.: »Solche Gedanken sollte man hegen, dann wird die Liebe zu Gott intensiv sein. Die Hingezogenheit zu weltlichen Dingen muss vergehen. Wissen Sie, dass es einmal einen Rishi namens Yajnavalkya gab?«

J.G.B.: »Ja. Ich habe seine Geschichte in den Upanischaden gelesen.«

S.B.: »Er hatte zwei Frauen. Am Ende wollte er in den Wald gehen. Er teilte seinen Besitz und gab ihn seinen beiden Frauen. Die jüngere Frau sagte: ›Oh! Wird dieser Besitz mir Gott bringen?‹

›Nein, er wird dir weltliches Glück bringen‹, entgegnete er.

›Ich möchte dies nicht haben. Ich werde mit dir kommen. Ich will Gott.‹

Das Begehren nach Glück im Leben ist schlecht. Gott allein ist gut für das Leben. Also reduziere die Liebe zum Leben, dann wird die Liebe zu Gott von selbst wachsen.«

J.G.B.: »Meine Lebenserfahrung hat mich gelehrt zu akzeptieren, was immer kommt, und nicht nach irgendetwas Ausschau zu halten. Eine Sache genießen, wenn sie angenehm ist. Wenn sie schmerzhaft ist, sich daran erinnern, dass es keinen Genuss ohne Schmerz geben kann. Das Leben ist viel einfacher, wenn man versteht, dass Genuss und Schmerz immer ausgeglichen sein müssen.«

S.B.: »So ist es. Schmerzen werden kommen, Freuden werden kommen. Die gewöhnlichen Menschen werden versuchen, diese Schmerzen zu beseitigen und die Freude zu erhalten. Ihre ganze Arbeit wird nutzlos sein, weil der Schmerz kommen wird; man kann ihn nicht vermeiden.

Daher: Lassen wir Schmerzen oder Freuden kommen; beiden gegenüber sollten wir gleichgültig sein. Wir sollten prüfen, ob wir unsere Pflicht erfüllt haben oder nicht. Wir sollten uns nicht darum kümmern, ob Freuden oder Schmerzen kommen.«

M.M.: »Darf ich hier eine Frage über das Leiden stellen? Ich habe eine alte Freundin in England, der dies viele Probleme bereitet. Sie sieht es bei sich selbst. Sie ist alt und muss viel Krankheit und Leid ertragen. Sie hat das Gefühl, dass sie nie eine Antwort auf die Frage finden kann: Warum gibt es Leid auf der Welt?«

S.B.: »Wir leben in diesem Land. Wir müssen all den Regeln und Gesetzen der Regierung gehorchen. Wenn wir nicht gehorchen, müssen wir ins Gefängnis gehen. In derselben Weise gibt es, wenn man in diesem Körper lebt, Regeln und Gesetze, die man zu befolgen hat. Man kennt sie nicht, man bricht all diese Regeln und Gesetze – und das Leiden kommt. So gibt es ein Gesetz für die Einnahme von Mahlzeiten. Aus Gründen des Geschmacks wird man diesem Gesetz nicht Folge leisten. Man wird mehr essen oder weniger essen, man wird falsche Dinge essen. Hier wird Krankheit in den Körper kommen, und das ist Leiden.«

J.G.B.: »Aber selbst ein großer Heiliger wie Ramakrishna starb an Krebs.«

S.B.: »Ja. Diese Körperkrankheiten werden kommen. Leiden kommt von der Sünde. Aus ihr entsteht es. Sie wissen bereits aus

Ihrer christlichen Religion, dass der Mensch mit der Sünde geboren wird! Der Erbsünde.«

J.G.B.: »Ja, es geschieht nicht nur von unserer eigenen Sünde her, sondern aufgrund der Tatsache, dass die gesamte Menschheit sich von Gott abgewandt und Sein Gesetz gebrochen hat, dass wir unter das Gesetz der Sünde und damit des Leidens gefallen sind.«

S.B.: »Ja. Aber wenn wir dieses Rechte Leben führen, mit diesen Disziplinen, werden die Leiden sehr, sehr viel geringer sein. Viele Leiden werden verschwinden. Aber einige Leiden werden dennoch bestehen bleiben, das sollte einen nicht stören. Man sollte ein Verstandesgesetz haben, dem man folgt.«

J.G.B.: »Die eigentliche Frage, Babaji, ist also nicht, welches der Ursprung des Leidens ist, sondern welches der Ursprung der Sünde ist? Diese Frage ist schwieriger zu beantworten.«

S.B.: »Ja, aber die Sache ist die: Bis wir Gott erkennen, können wir die letzte Antwort nicht erhalten. Eine einfache Antwort mag lauten: weil wir zügellos leben und nicht zivilisiert.«

J.G.B.: »Aber wo war der Anfang? Gott hat den Menschen doch nicht gemacht, auf dass er sündige, oder?«

S.B.: »Es begann mit dem Begehren, das Leben zu genießen. Ja.«

J.G.B.: »Dennoch bleibt es eine schwierige Frage.«

S.B.: »Daher können wir diese Frage nicht voll erfassen, bis wir Gott erkennen. Heute können wir nur so viel sagen: Unser Begehren, das Leben zu genießen, hat dies herbeigeführt.«

J.G.B.: »Es muss Dinge geben, Babaji, die Sie in Ihrer Schau sehen, über die Sie aber nicht sprechen können. Selbst wenn Sie wollten, könnten Sie es uns nicht sagen.«

S.B.: »Ich kann es nicht. Worte können dies nicht erreichen. Worte erreichen es nicht.«

J.G.B.: »Wenn wir also erfahren möchten, was Sie wissen, müssen wir denselben Pfad beschreiten, den Sie beschritten haben.«

S.B.: »Erfahrung allein wird Sie lehren – Erfahrung liegt jenseits von Erklärung.«

J.G.B.: »Wir sind nun seit acht Tagen hier und haben nie den Himalaya gesehen. Wir befürchteten schon, wir müssten abreisen, ohne die Schneeberge gesehen zu haben. Heute hat es sich aufgeklärt und wir haben die Berge gesehen. Vorhin, auf dem Weg hierher, sagten wir zueinander: Die Berge sind jeden Tag da gewesen, aber erst an diesem letzten Tag sehen wir sie. So ist es mit Gott.«

S.B.: »So ist es.«

J.G.B.: »Die Wahrheit ist immer da. Eines Tages werden sich die Wolken verziehen.«

S.B.: »Wir werden immer durch Bewusstsein behindert. Angenommen, Sie tauchen ins Wasser ein: Über Ihnen, unter Ihnen, um Sie herum sehen Sie Wasser, nichts anderes. Wenn Sie Ihren Kopf aus dem Wasser erheben, werden Sie die Welt draußen sehen. In derselben Weise sind wir in Bewusstsein versunken. Wenn wir unser Wissen, unser Denken über dieses Bewusstsein hinaus erheben, sehen wir Gott sogleich. Wenn Sie dieses Bewusstsein einen einzigen Augenblick vergessen, werden Sie Gott schauen.«

J.G.B.: »Ist dieses Bewusstsein dasselbe wie das, was in der Bhagavad Gita *kshetra* genannt wird? Und ist der *kshetrajna* derjenige, der diese Welt sieht? Meinen Sie dies?«

S.B.: »Das ist *kshetrajna.* In seiner reinen Bedeutung steht *kshetra* für den ›Körper‹. *Kshetrajna* ist das *purusha* im Inneren.«

J.G.B.: »Und es ist dasjenige, was in dieses Bewusstsein gehüllt ist?«

S.B.: »Ja. Es sollte dieses Bewusstsein vergessen und an Gott denken. Das bedeutet, es geht über dieses Bewusstsein hinaus.«

J.G.B.: »Aber für die Erfüllung der Pflichten wird dieses Bewusstsein gebraucht?«

S.B.: »Ja, dazu ist es erforderlich. Für die Meditation wird Bewusstsein nicht gebraucht.«

J.G.B.: »Dies wäre dann also das wirkliche Geheimnis – jede Kraft für den richtigen Zweck zu nutzen. Für das Leben und die Pflichten benötigen wir Bewusstsein. Für die Gottsuche brauchen wir Glauben.«

S.B.: »Für Bewusstsein benötigen wir auch Vernunft.«

J.G.B.: »Aber in gewisser Weise hilft uns Vernunft bei allem, selbst bei der Gottsuche, denn durch Vernunft wissen wir, was wir wollen.«

S.B.: »Nein, was wir dazu brauchen, ist nur der einfache Glaube an Gott, keine Vernunft. Es gibt einen Gott; wenn ich jeden Tag über Ihn meditiere, werde ich Ihn schauen. Dieser einfache Glaube ist alles, was wir brauchen.«

J.G.B.: »Aber ist es nicht meine Vernunft, die mir sagt, dass es Gott geben muss?«

S.B.: »Die Vernunft sagt, dass es etwas hinter den Dingen gibt; aber darüber hinaus kann sie nichts sagen.«

J.G.B.: »Ich verstehe. Darüber hinauszugehen, zum Vertrauen zu gelangen, dass es mir möglich ist, eine direkte Verbindung mit jenem Etwas zu haben, das ist Glauben?«

S.B.: »Ja.«

J.G.B.: »Weil die Vernunft mir das nie sagen wird. Wie entsteht dann Glauben im Menschen, Babaji? Entsteht Glauben also nicht durch Erfahrung?«

S.B.: »Weil wir all diese Dinge existieren sehen, taucht die Frage auf: Was ist dies?«

J.G.B.: »Das ist Vernunft.«

S.B.: »Nein. ›Was ist dies‹ bedeutet, dass es jenseits der Vernunft liegt. Wir drücken einfach nur unseren Zweifel aus. ›Dies ist *dies*‹ ist Vernunft. ›Das ist *was?*‹ ist nicht Vernunft. Wenn wir sagen: ›Ich bin ein Mensch‹, so ist das Vernunft. Wenn wir sagen: ›Wer bin ich?‹, so ist das jenseits der Vernunft. Wenn wir dies über die Vernunft hinaus verfolgen, gelangen wir zu Gott. Wenn wir dieser Vernunft folgen, erlangen wir Genuss.«

J.G.B.: »So begann der Tod seine Antwort auf die Frage Nachiketas. Er sagte: ›Es gibt zwei Dinge; das eine ist Streben nach Genuss, das andere Streben nach Wahrheit, und das eine führt hierhin, das andere dorthin.‹ So beantwortete er doch diese Frage, nicht war?«

S.B.: »Diese Freuden schaffen einem tatsächlich Probleme.«

J.G.B.: »In der Tat. Ich denke, dass nach all den Weigerungen Nachiketas – ›ich möchte dies nicht‹, ›ich möchte jenes nicht‹ – der Tod schließlich begann, ihm auf diese einfache Weise zu antworten.«

S.B.: »Wenn jede Versuchung zurückgewiesen wird, beginnt der Tod zu antworten. Furcht und Versuchung, mit diesen beiden beginnen die Probleme der Menschen.«

J.G.B.: »Furcht rührt von dem her, was wir nicht sehen, und Versuchung von dem, was wir sehen. Zwischen diesen beiden bleiben wir gefangen.«

S.B.: »Ja. Sie entfernen uns von unserer eigentlichen Frage; entweder Furcht oder Versuchung werden uns von ihr entfernen.«

M.M. »Wir hören so viel vom Nichtverhaftetsein. Ist dies der Weg, der aus Furcht und Versuchung hinausführt?«

S.B.: »Nichtverhaftetsein soll nur für die weltlichen Dinge gelten. Verhaftetsein an Gott muss da sein.«

J.G.B.: »Ja, ich erinnere mich daran, dass ich Sie letztes Mal, als ich hier war, fragte: ›Muss man selbst das Verlangen nach Gott aufgeben‹, und Sie antworteten: ›Nein, jedes Verlangen muss verschwinden, aber nicht dieses Verlangen nach Gott.‹«

S.B.: »Aber in allen anderen Dinge ist Verlangen ein Feind.«

J.G.B.: »Ja, und dieses Verlangen nach Gott muss so stark werden, dass der Mensch ohne es nicht mehr leben kann. Es muss stärker sein als das Verlangen nach einem Partner oder jeder anderen Art von Befriedigung. Es muss stärker sein als jedes natürliche Begehren. Wie man jene Kraft erlangt, das ist die Frage.«

S.B.: »Machen Sie weiter so. Beginnen Sie das Leben so zu leben, wie ich es Ihnen sage, und es wird von selbst kommen.«

J.G.B.: »Das ist sicher wahr.«

S.B.: »Es wird automatisch kommen. Da ist ein Samen. Der ganze Baum ist in diesem Samen. Wenn der Samen sich entwickelt, kommt der Baum. In derselben Weise kommt es automatisch, wenn dieses Leben immer stabiler wird. Die Menschen haben keine Geduld, sie wollen alles schnell haben.«

M.M. »Ja, das ist das Problem.«

S.B.: »Ja, ja. Geduld. Selbst alle Meere werden von Geduld verschlungen. Es wird kommen

Es gibt die Geschichte eines Jungen namens Dhruva. Da er sehr empfindsam war, schickte ihn seine Stiefmutter fort; er ging in den Wald. Dort setzte er sich unter einen Baum und wollte Gott schauen. Da kam ein Heiliger vorbei und sagte: ›Du bist sehr jung, du wirst nicht zu Gott gelangen.‹

Der Junge antwortete: ›Nein, nein, sagen Sie das nicht. Sagen Sie mir, wo ich Gott treffen kann.‹

Der Heilige sagte: ›Ich werde gehen und Gott fragen und dir Seine Antwort mitteilen.‹

Also zog der Heilige los, suchte Gott auf und sagte Ihm, was der Junge gefragt hatte.

Dann sprach Gott: ›Ich werde nicht zu ihm gehen, es wird lange dauern, bis Ich zu ihm gehe. Er sitzt unter einem Baum. Sag ihm, er soll die Blätter an jenem Baum zählen. Ebenso viele Leben wird er hinter sich bringen müssen, dann erst werde Ich zu ihm gehen.‹

Der Heilige kehrte zurück und sagte dem Jungen: ›Es ist zwecklos, hier zu sitzen. So viele Leben wirst du abschließen müssen, dann erst wirst du Gott schauen.‹

Der Junge antwortete: ›Gut, wenn ich all diese Leben hinter mich bringe, wird Er zu mir kommen, diese Zusicherung hat Er gegeben. Damit bin ich zufrieden.‹ Er blieb dort sitzen.

Dann wollte Gott ihn prüfen. Er nahm die Form eines Löwen an und begann, wild zu brüllen und näherte Sich dem Jungen. Dieser sah den Löwen und sagte: ›Oh Löwe, komm rasch her und friss mich auf. Dann ist ein Leben vorüber und ich bin Gott näher.‹ Keine Furcht, nichts dergleichen war in ihm; er wollte nur Gott. Da offenbarte Gott Sich ihm sogleich. Dies ist Entschlossenheit. Furcht sollte vertrieben werden.«

Bei all seinem Beharren auf der Notwendigkeit, mit kompromissloser Entschlossenheit nach der Wahrheit zu streben, war sich der Shivapuri Baba der Gefahren einer wortwörtlichen Interpretation wohl bewusst. Er erzählte uns eine Geschichte, die vielleicht nicht so bekannt ist wie die Geschichten von Nachiketa und Dhruva, die von indischen Lehrern und Schriftstellern häufig zitiert werden. Er erzählte sie im Hinblick auf die Neigung der Leute, ihren gesunden Menschenverstand aufzugeben, wenn sie die Suche nach Spiritualität beginnen.

S.B.: »Es gibt eine Lösung für jedes einzelne Problem. Einmal lag eine Schlange auf dem Weg. Sie biss alle Leute. Ein Yogi ging vorüber. Die Schlange wollte auch ihn beißen. Der Yogi sagte: ›Nein, das ist Sünde, beiß mich nicht!‹

Die Schlange fragte: ›Was ist Sünde?‹

Er erklärte es. Die Schlange war betroffen: ›Was soll ich tun?‹

Der Yogi antwortete: ›Beiß niemanden mehr, bleib ruhig an deinem Platz und repetiere den Namen Gottes.‹ Mit diesen Worten ging er davon. Die Schlange blieb an jenem Platz und begann den Namen Gottes zu wiederholen. Einige Kinder kamen auf jenem Weg entlang. Sie sahen die Schlange. Sie griffen Steine und bewarfen sie damit. Einige boshafte Kinder fassten sie am Schwanz und schleuderten sie weg. Sie war dabei zu sterben.

Der Yogi kehrte zurück und die Schlange rief ihm zu: ›Was für ein Mensch bist du. Was hast du mich gelehrt? Jetzt muss ich sterben. Warum hast du mir diesen Unsinn beigebracht?‹

Der Yogi sagte: ›Nein, nein. Es ist dein eigener Fehler. Warum bist du genau dort liegengeblieben? Warum bist du nicht in dein Loch gekrochen? Niemand hätte dich gesehen. Ich sagte dir, du solltest die Leute nicht beißen. Wenn Leute kommen und dich belästigen, warum richtest du dich dann nicht auf und scheuchst sie davon? Ich sagte dir, du solltest sie nicht beißen, das ist alles. Sie werden weglaufen. Du konntest deinen Verstand nicht gebrauchen, deshalb also bist du in Not geraten.‹

Auf dieselbe Weise werden sich einige solche Fehler einstellen, wenn ich Sie auffordere, Disziplin zu üben. So wie die Schlange ihre Antwort bekam, werden auch Sie sie sogleich bekommen, wenn Sie zu mir kommen. Sie können das vermeiden. Daher ist zu Beginn ein Ratgeber von höchster Bedeutung. Das wird sehr gut sein. Für eine entwickelte Intelligenz bedeutet es nicht so viel; für andere ist es wesentlich.«

Um diesen Versuch einer Darstellung dessen, was er mit Rechtem Leben meint, abzuschließen, greife ich nun auf die Aufzeichnungen zurück, die Thakur Lal Manandhar am 25. August 1962 machte.

S.B.: »Vor Kurzem hörten mich zwei Deutsche über Rechtes Leben sprechen und fragten mich: ›Was macht das Rechte Leben dem Christentum überlegen?‹

Ich antwortete: ›Rechtes Leben ist universal und ein natürliches Leben. Nehmen wir zum Beispiel das Atmen. Können Sie sagen: Ich will nicht atmen? Ebenso ist es mit dem Essen, dem Schlafen, dem Denken, dem Fühlen und so weiter. Ich sage: Regulieren Sie diese, damit Ihr Körper in guter Verfassung bleibt und Ihr Verstand ungestört ist. Dann stellen sich natürlich jedem die Fragen: Was ist all dies, dieses Universum, dieses Leben, diese Geburt und dieser Tod? Was ist der Zweck all dieser Dinge? Was liegt all dem zugrunde? Welches ist das Ziel all dieser Vorgänge? Verweilen Sie bei diesen Fragen solange Sie können, immer länger, und Sie werden die Wahrheit erfahren und Sie werden etwas erkennen und erlangen, wonach nichts mehr zu erkennen oder zu erlangen bleibt. Diesen Zustand zu erreichen, ist das natürliche Verlangen jedes Menschen in Momenten der Klarheit. Rechtes Leben verlangt von uns, dass wir stets bei diesen natürlichen Begehren und Bestrebungen bleiben. Dies konnte getan werden und wurde getan, lange bevor irgendeine der bekannten, von Lehrern verbreiteten Religionen entstand; dies wurde und wird getan seit dem Entstehen aller Religionen; und dies wird möglich bleiben, selbst nachdem all diese Religionen der Vergessenheit anheimgefallen sein werden. Dies ist es, was das Rechte Leben dem Christentum, der vedischen Religion und so weiter überlegen macht. Diese Religionen entstanden als Linderungsmittel, nachdem die

Menschheit weitgehend entartet war. Aber die letztliche und einzige Heilung für alle Krankheiten ist Rechtes Leben allein. Der Sinn der vedischen Religion ist es, den schlummernden Sinn für das natürliche Leben zu wecken. Und so dienen auch andere Religionen in verschiedener Weise und verschiedenem Grade diesem Zweck.‹«

Der nun folgende Auszug kommt in der Sprache der Bhagavad Gita daher. Das *svadharma* früherer Zeiten war äußerlich fixiert durch die Pflichten von Kaste, Geschlecht, Alter und so weiter. Heutzutage ist *svadharma* zu etwas Willkürlichem geworden, und jeder bildet sich ein, er könne es für sich selbst zurechtzimmern. Ich habe den Wortlaut des folgenden Abschnittes nicht verändert. Die ungefähren Bedeutungen der wenigen Sanskrit-Wörter sind in Klammern angegeben.

S.B.: »Allem Anschein nach betreibt die ganze Welt lediglich *svadharma.* Denn *svadharma* bedeutet, dieses ›ich‹ und dieses ›mein‹ zu schützen, und dem ist noch jeder in dieser Welt gefolgt. Der hauptsächliche Fehler dabei ist, dass man sich dieses *svadharma* nach Gutdünken zurechtbiegt. Gemäß der Lehre zu leben, ist wirkliches *svadharma;* wohingegen ein Leben nach eigenem Gefallen *svartha-dharma* ist. Dieses letztere tut die heutige Welt. Erkenntnis und Moral verschwinden aus dem Blickfeld.

Welches ist das wichtigste Ziel, das wir erlangen müssen? Dieses Leben, das wir schützen und an dem wir hängen, ist kurz und daher nicht ewig. Gott ist das wichtigste Ziel, das wir erreichen müssen. Die Philosophie des *advaita-vedanta* misst dem Leben keine Bedeutung bei und strebt verbissen nach der Konzentration auf Gott, während die des *dvaita-vedanta* großen Wert darauf legt, dass man dieses *svadharma* lebt, und Gott dabei übersieht. Aber beide dieser Einstellungen sind für sich allein genommen unvollständig. Beide zusammen bilden die Wahrheit. Wenn die eine erwähnt wird, ist die andere auch mit eingeschlossen. Gott ist eine Unmöglichkeit, wenn man *svadharma* nicht lebt, und ohne Gott hat *svadharma* keinen Sinn und verliert seine Bedeutung.

Wir sind in diesem Körper und müssen ihn schützen, damit wir zu Gott blicken können. *Svadharma* zu leben, bedeutet nichts anderes als den Schutz dieses Körpers und den damit verbundenen Dingen. Das meint die Bhagavad Gita mit *kshetra;* und die Notwendigkeit von *svadharma* entstand, weil wir an diesen *kshetra,* das heißt unseren Körper, gefesselt sind. Daher müssen wir schlussfolgern, dass *svadharma* etwas ist, was uns auferlegt ist. Nach der Bhagavad Gita ist *kshetrajna* das Selbst in uns, das sich um dieses *svadharma* kümmert. Aber das wahre Selbst in uns, das heißt *purusha* (oder die Seele), ist jenseits all dieser Begrenzung. Es ist *kshetrajna*, das seine Identität bei *purusha* – unserem wahren Selbst – suchen muss. Aber das Problem ist: Es wird ihm erst erlaubt, dies zu vollbringen, sobald und wenn es sich sorgfältig um diesen *kshetra* kümmert. Daher entstand die Notwendigkeit, *svadharma* der Lehre entsprechend zu leben.

Wenn das *kshetrajna* seine Aufgabe, *svadharma* zu leben, richtig durchführt, das heißt mit rechtem Wissen und mit rechter Moral, entstehen keine Reaktionen in ihm, die es leicht an irdische Dinge binden, und daher wird es ihm möglich, ruhig seine andere Aufgabe zu erfüllen, nämlich seine höhere Aufgabe, die Identität mit *purusha* zu suchen. Dieses *kshetrajna* ist nur das aufgezwungene Selbst des *purusha*. Aufgrund unserer Sünde – oder anders ausgedrückt: Unwissenheit – ist dieses wahre *purusha* unserem Blick verborgen. Im völligen Ergründen von *svadharma*, wenn dieses *kshetrajna* seine Last abschüttelt und sich unablässig auf *purusha* konzentriert, wird es fähig, seine Identität zu verwirklichen. Die Natur dieser Identität ist es, was wir *sakshatkar* oder Verwirklichung nennen.

Unsere Versuche, unseren Verstand auf Gott zu konzentrieren, ja selbst auf jeden anderen Gegenstand, fallen gegenwärtig auf uns selbst zurück, und es gelingt uns nicht, daraus Substanz zu gewinnen. Aber wenn diese ›Identität‹ einmal verwirklicht ist, ändert sich die Situation grundlegend. Was dann erlangt wird, ist für immer unser eigen.

Es gibt verschiedene Meinungen bezüglich dieser Meditation über Gott oder das *purusha*. Wir können über Gott nachdenken und meditieren als *saguna* (formenhaft) und als *nirguna* (formlos). Einige befürworten das eine und andere das andere. Beide Parteien haben Unrecht. Beides zusammen ist die Wahrheit.

Wann immer wir an etwas denken, stellen wir uns ganz natürlich etwas vor und beginnen daher beim *saguna*. Aber gleichzeitig verlieren wir nicht die Tatsache aus dem Blick, dass das zu erlangende Ziel wahrlich ohne Namen und Form ist. Das eine impliziert das andere so wie Vorder- und Rückseite derselben Münze.«

Wir kamen dann auf unser Abonnement von *The Hindu* zu sprechen, der englischsprachigen südindischen Zeitung, die wir zu dieser Zeit regelmäßig lasen und deren Lektüre wir abzubrechen gedachten. Dazu sagte der Shivapuri Baba Folgendes.

S.B.: »Früher lasen wir keine Zeitungen. Zufällig geschah es, dass wir einige lasen, und im Laufe der Zeit fanden wir Gefallen daran, abonnierten sie sogar und sind zu regelmäßigen Lesern geworden. Doch nun finden wir keinen Gefallen mehr daran und sind sogar soweit, dass wir es nicht mehr gutheißen. So geschieht es mit allen anderen Dingen in dieser Welt.

Aus einer unbekannten Quelle kommt etwas, das wir eine Zeit lang mögen, und dann weisen wir es als etwas Unerwünschtes zurück und es verschwindet. Wenn wir beginnen, *svadharma* als Ideal aufrechtzuerhalten, werden wir uns nicht mehr solchen nebensächlichen Dingen hingeben. Wir werden nur tun, was wir uns als Aufgabe gestellt haben, nur wesentliche Dinge. Bedenken Sie, dass ein Mensch von *svadharma* sich seines Lebens königlich erfreuen, als *siddha* [Vollendeter] innere Kräfte entwickeln und gleichzeitig in Gottesbetrachtung verbleiben kann – alles auf einer sehr breiten Skala. Dies hängt vom Niveau und der Fähigkeit dieses Menschen ab. Wenn er *svadharma* lebt, verliert er sich nicht in den Einzelheiten.«

Dann fuhr der Shivapuri Baba fort und erklärte den Unterschied zwischen *svadharma* und *svartha-dharma,* was wörtlich »Eigensuche« [oder »Selbststreben«] bedeutet.

S.B.: »Der Unterschied besteht darin, dass *svadharma* solange andauern wird, wie wir hier in den Fesseln des Lebens gebunden sind, während *svartha-dharma* uns im Laufe der Zeit als etwas ganz Ungewolltes oder Nebensächliches verlassen wird. Es heißt, dass *svadharma* uns folgt, wohin auch immer wir gehen, selbst in unseren künftigen Leben; es wird mit uns geboren, lebt mit uns und wird auch in Zukunft bei uns sein.

Wir sind in diese Welt geboren, wir sehen dieses Dasein um uns herum. Natürlich beginnen wir uns die Frage zu stellen: Was ist dies alles? Für Menschen, die tiefer zu sehen vermögen, existiert eine höhere Wahrheit hinter all dem. Sie sagen: *Die* müssen wir erkennen. Für weniger vermögende Seelen bieten sich die Veden an, die erklären, dass es einen höchsten Gott gibt, und uns auffordern, über Ihn zu meditieren, auf dass Er komme und uns die Bedeutung von all diesem erkläre. Das ist es, was die Rede über diese höhere Wahrheit besagt. Die Veden und auch jede andere Lehre können in dieser Hinsicht nicht darüber hinausgehen, denn die

Rede verwirrt uns und der Verstand ist zu schwach, um es zu durchschauen. So heißt es in der Upanishad: *yatoh vachah nivartante aprapya manasa saha,* was bedeutet: ›wovon Rede und Verstand zurückkehren, ohne es ergriffen zu haben.‹ Die Veden beginnen, indem sie von dem sprechen, was wir sehen, das heiß dem Dasein, um uns mit den Dingen um uns herum bekannt zu machen. Daher werden sie zu den *shruti*[-Schriften] gezählt, mit deren Hilfe wir uns mit dem gesamten Inhalt dieses Daseins vertraut machen. Die *smriti*[-Schriften] sind das, was uns informiert, wie man mit diesem Inhalt umgeht, und die *purana*[-Schriften] illustrieren diesen Umgang in der rechten Weise. Bei näherer Betrachtung fallen alle Lehren der heiligen Schriften in diese drei Hauptkategorien, wenn man sie analysiert.

Während wir nun ständig weiterforschen, was hinter all diesen Erscheinungen des Daseins oder dem Dasein selbst liegt, werden wir durch den Ruf der sechs Sinne zurückgerissen. Zum Beispiel werden Hunger, Durst und so weiter unsere Aufmerksamkeit zum Relativen hin lenken, das heißt zu diesem Leben. Und wir müssen herunterkommen und die Erfordernisse der sechs Sinne erfüllen, sonst können wir nicht ungestört über die Wahrheit nachdenken, die dahinter steht. So ergeben sich zwei verschiedene Leben: einmal das höhere Leben, die Betrachtung der Wahrheit oder Gottes, und zweitens das niedere Leben, in dem wir alle Forderungen erfüllen, die unser Körper an uns stellt. Wir wenden uns diesem niederen Leben, also *svadharma,* nur deshalb zu, um das höhere möglich zu machen. Im höheren Leben haben wir nur Gott, die Welt und *purusha;* im niederen Leben *purusha,* Wissen (oder moralische Disziplin) und Einsicht (oder physische Disziplin). Dasselbe *purusha* kommt vom höheren Leben herab und nimmt dieses oder jenes [Seelische] an und arbeitet mit Einsicht und Verstand. Daher besteht das niedere Leben aus diesem angenommenen *purusha* (oder der Seele), Erkenntnis (oder Verstand) und Einsicht (oder Handeln).

Das höhere Leben könnte man sich als einen Punkt vorstellen, während das niedere wie dessen Ausweitung ist. Wenn ich zum Beispiel sage: ›Nehmen Sie eine Mahlzeit ein‹, so werden Sie ganz natürlich hingehen, die Zutaten zusammenstellen und zu kochen beginnen. Aber die Anweisung selbst betraf nur die Einnahme der Mahlzeit. Wenn ich sage: ›Klettern Sie auf die Spitze dieses Baumes‹, so werden Sie nur bis zu dem Punkt klettern, wo der

Baum Sie noch sicher trägt, nicht notwendigerweise bis zum höchsten Punkt. Dort würde der Stamm des Baumes unter Ihrer Last brechen. Das höhere Leben ist nur eine Theorie, die wir in die Praxis umsetzen, indem wir das niedere Leben leben.«

In all diesen Gesprächen gewann die Bedeutung von *svadharma* oder Rechtem Leben Gestalt und Aussagekraft. Es ist zuerst und vor allem die genaue und korrekte Beobachtung des eigenen Körpers und seiner Kräfte und Funktionen. Dieses *svadharma* dauert von der Geburt bis zum Tod, und es ist eine Bedingung für unsere Befreiung von den Fesseln des irdischen Daseins. Die Achtung für den Körper, welche die Darlegung des Shivapuri Baba impliziert, ist ein Widerhall der christlichen Doktrin der Wiederauferstehung des Körpers. Der Mensch ist ein vollständiges Wesen, dessen Ganzheit den physischen Körper einschließt und erfordert. Der zweite Aspekt von *svadharma* weitet dessen Radius und schließt die eigene Familie und andere Abhängige mit ein. Es gibt ein Rechtes Leben, das nicht auf das persönliche Leben beschränkt ist, sondern an dem die Gemeinschaft des Familienlebens teilhat. Dies kann man als Widerspiegelung der kosmischen Ordnung – des universalen *dharma* – im Mikrokosmos der menschlichen Familie ansehen. Durch unsere Teilnahme daran nehmen wir die Verpflichtung auf uns, das Familien-*dharma* zu erhalten und auch zu erfüllen. Eine Verpflichtung impliziert die Fähigkeit, sie zu erfüllen. »Sollen impliziert Können« [Immanuel Kant]. Wir können unser *dharma* weder gegenüber unserem eigenen Körper noch gegenüber der Familie und Gesellschaft, der wir angehören, erfüllen, wenn wir dazu nicht die Mittel, *artha,* haben. Dieses Wort wird allgemein mit »Vermögen« übersetzt und man kann ihm eine materialistische Interpretation geben; aber seine wahre Bedeutung liegt in der Notwendigkeit der Mittel zum Handeln. Durch den Besitz von *artha* können wir tun, was von uns gefordert wird. Daher ist das Erwerben der notwendigen Mittel ein Teil unserer Pflicht. Dies trifft offenkundig nicht auf den Sannyasin zu, der allem Besitz und damit aller äußeren Tätigkeit entsagt hat; doch selbst er muss *artha* haben, um seine primäre Pflicht zu erfüllen, den Körper zu bewahren. Aus diesem Grund sagte uns der Shivapuri Baba, er müsse weiter lehren, solange er Atem habe. Man könnte zunächst annehmen, das höchste und einzige Motiv, andere zu lehren, wäre deren eigenes Wohlergehen. Aber dies würde den allumfassenden Charakter von *dharma* außer Acht lassen. Das eigene *dharma* muss erfüllt werden. Was wir für das *dharma* anderer tun, ist Teil des gesamten *dharma* und kann nicht als von unserem eigenen getrennt gesehen werden.

Rechtes Leben hat also drei Aspekte: einen kosmischen, einen gesellschaftlichen und einen persönlichen. Es ist das universale Gesetz oder der Wille Gottes. Es ist das Prinzip des Wohlergehens der menschlichen Gesellschaft. Und es ist auch die individuelle Bestimmung jeder menschlichen Seele. Aber die drei Aspekte sind untrennbar. *Dharma* ist eins und unteilbar.

Ich werde dieses Kapitel abschließen, indem ich Antworten zitiere, die mir der Shivapuri Baba per Brief sandte.

J.G.B.: »Was ist moralische Disziplin?«

S.B.: »Wenn Sie etwas über moralische Disziplin wissen wollen, so werden wir einige Bände schreiben müssen, aber das ist jetzt nicht möglich. Sie sind ein sehr intelligenter Mensch, und daher können ein paar kurze knappe Worte Sie zum Verständnis der moralischen Disziplin führen. Es ist die Natur des Verstandes, sich mit den Gefühlen zu verbinden. Wenn er dies tut, reagiert er mit Vorliebe und Abneigung. Diese Vorlieben und Abneigungen veranlassen Menschen, vom rechten Weg abzuweichen und schädliche Dinge zu tun. Der Verstand sollte sich mit der Vernunft zusammentun. Dann wird er nicht mit Vorliebe und Abneigung reagieren, und die Menschen werden nicht vom rechten Weg abweichen und unvernünftige Dinge tun. Dies ist eine Erklärung. Eine andere Erklärung ist folgende: Wenn Verlust oder Gewinn, Schande oder Ruhm, gut oder schlecht erfahren werden, reagiert der Verstand und handelt unvernünftig. Der Verstand sollte sich über diese Dinge erheben und ungeachtet persönlicher Konsequenzen ungestört bleiben und das Richtige tun. Eine dritte Erklärung ist folgende: Der Verstand geht mit der niederen Natur zusammen und tut unverantwortliche Dinge. Der Verstand sollte sich mit der höheren Natur oder der Tugendhaftigkeit zusammentun und richtig funktionieren. So wird die höhere Natur entwickelt. Die niedere Natur muss gezügelt werden.«

J.G.B.: »Was ist spirituelle Disziplin?«

S.B.: Der Verstand ist voll von unterschiedlichen Eindrücken, Leidenschaften und Gedanken. Er sollte von all dem entleert werden. Nur der Gedanke an Gott sollte im Verstand wandern mit dem einzigen Verlangen, Gott zu schauen oder Seinen Segen zu erlangen. Mit anderen Worten: Es gibt eine Wahrheit hinter diesem Leben. Diese Wahrheit muss erkannt werden. Allein der Gedanke an diese Wahrheit sollte den Verstand beschäftigen, kein anderer Gedanke.

Indem wir die drei Pflichten erfüllen, wird das Leben gedeihen; aber das wird nicht diese moralische und diese spirituelle Disziplin schaffen. Moralische Disziplin soll Frieden im Verstand schaffen. Ohne Frieden wird Gedeihen bedeutungslos. Ohne Verstandesruhe wird Meditation über Gott unmöglich. Wenn irgendein Begehren verbleibt, ist Meditation nicht möglich. Das einzige Anliegen in unserem Leben sollte die Gotteserkenntnis sein. Das Leben sollte zu etwas Sekundärem werden.

Meine Lehre ist, dass man wissen sollte, *was* Leben ist, *warum* das Leben ist und *wie* das Leben ist. Wenn man diese Dinge nicht weiß, kann das Leben niemals richtig gelebt werden. Um diese Dinge zu verstehen, sollten wir zuerst Gott erkennen. Unser Ziel sollte es daher sein, Gott zu schauen. Um Gott zu erkennen, sollte man von dieser einen Vorstellung Gottes unter Ausschluss aller anderen erfüllt sein. Daher sollte man immer über Gott meditieren. In einem unreinen Verstand aber wird Meditation unmöglich oder zerstreut. Dafür ist moralische Disziplin essenziell. Doch ohne einen gereinigten Körper wird die Reinigung des Verstandes ebenfalls unmöglich. Um einen gereinigten Körper zu erlangen, sollte man einfache, wesentliche Dinge tun. Man sollte all seine Pflichten regulieren, und diese regulierten Pflichten sollten mit Erfolg erledigt werden. Daher braucht es diszipliniertes Handeln.«

J.G.B: »Aber wahre Anbetung bedeutet doch, alle Formen zu vergessen und mich allein Gott jenseits von Name und Form hinzugeben.«

S.B.: »Unseren Willen Gott hingeben oder Selbstvergessenheit üben ist nicht das Wahre, obschon man es auch so sagen könnte. Wenn wir an Gott denken oder über Ihn meditieren, ist ein Inhalt darin. Dieser Inhalt allein sollte der Gegenstand Ihres Verstandes sein. Dieser Inhalt wird die Wahrheit offenbaren. Ganz gleich, ob Sie sich hingeben oder nicht, ob Sie sich selbst vergessen oder nicht, es geht darum, diesen Inhalt zu erkennen. Im Islam, im Christentum oder in jeder anderen Religion ist der Inhalt derselbe. Nur drückt er sich in verschiedenen Konzepten unterschiedlich aus.«

J.G.B.: »Bei dieser formlosen Anbetung habe ich Augenblicke intensiver Freude, wenn es scheint, dass ich Gottes gewahr bin. Ist dies der Anfang der ›Gottesschau‹, von der Sie sprechen? Empfehlen Sie eine besondere Form der Meditation?«

S.B.: »Der Freude, die Sie in Augenblicken der Gottesanbetung empfinden, sollte keine Beachtung geschenkt werden. Wenn Sie diese Freude erfahren, meditieren Sie über die Freude, nicht über Gott. Ignorieren Sie daher diese Freude und denken Sie nur an Gott. Ich habe Ihnen empfohlen, wesentliche Pflichten zu erfüllen, um dieses Leben zu leben. Sie sollten die Weisheit besitzen, Nichtpflichten zu meiden, um Ihre Pflichten erfolgreich erfüllen zu können. Ich habe Sie angeregt, gute Eigenschaften zu üben. Sie werden sie üben müssen, um Ihren Verstand *stark* zu machen. Ich habe geraten, über Gott zu meditieren. Bei dieser Meditation sollten Sie ihre eigene Vorstellungskraft trainieren. Folgen Sie keiner Lehre von irgendjemandem. Sie sollten so viel Zeit für die Meditation nutzen, wie Sie jeden Tag erübrigen können. Es gibt keine besondere Meditationsform, die zu empfehlen wäre.«

Kapitel vier

Die drei Disziplinen

WENN DIE LESERINNEN UND LESER SICH DARAN ERINNERN, wie sehr der indische Staatspräsident von der Lehre der drei Disziplinen des Shivapuri Baba beeindruckt war, so wird es sie nicht überraschen, dass ich diesem Thema ein ganzes Kapitel widme. Als der Weise mit mir das erste Mal darüber sprach, hinterließen seine Worte einen tiefen Eindruck auf mich; aber ich wusste nicht, ob es der Inhalt seiner Erklärungen war, der mich so einnahm, oder die Schönheit seiner Gegenwart und die innere Bewegtheit darüber, jemandem zu begegnen, der in meinen Augen ein vollkommener Mensch sein musste. Ich nahm an, seine Worte hätten deshalb eine solche Kraft, weil sie eben von ihm geäußert wurden. Als ich jedoch später über sie reflektierte, erkannte ich, dass ihre Kraft keineswegs persönlich war, sondern in ihrer speziellen Relevanz für unsere heutige Welt begründet liegt. Dies hob er auch selbst hervor. »Es ist nicht meine Person, die ausschlaggebend ist«, sagte er immer wieder, »sondern meine Lehre.« Als er mir empfahl, dieses Buch zu schreiben, sagte er: »Wenn Sie möchten, dass Ihr Buch für die Leute nützlich ist, erklären Sie klar und detailliert meine Lehre der drei Disziplinen, aber lassen Sie meine Person beiseite.« Die Leser werden sicher einsehen, dass das Letztere kaum möglich war, aber die Darstellung des Rechten Lebens in Begriffen der drei Disziplinen macht dieses Konzept zweifelsohne den Menschen aller Völker, Religionen und Kulturen zugänglich. In dieser Hinsicht würde ich sagen, dass der Shivapuri Baba universaler ist als jeder andere der großen indischen Heiligen und Weisen der letzten hundert Jahre. Man mag dies seiner vierzigjährigen Pilgerreise um die ganze Welt zuschreiben, aber eher noch scheint es mir ein Zeichen seiner Größe zu sein. Mir ist kein anderer asiatischer Lehrer bekannt, dessen Rat zum Thema des irdischen Lebens des Menschen mit derart geringen Modifikationen auf die Lebensbedingungen unserer westlichen Zivilisation angewendet werden

Im Alter von 124 Jahren in Dhruvasthali im Jahr 1950

kann. Dies ist der Hauptgrund, warum ich die unerwartete Ehre akzeptierte, über seine Lehre zu schreiben.

Natürlich gibt es in den Schriften der meisten großen indischen Lehrer und in den Büchern über sie zahllose Hinweise auf die Pflichten des Menschen, aber die klare Mehrheit von ihnen bezieht sich auf die *varnashrama,* die vier Kasten und die vier Lebensstadien. Swami Vivekananda unterteilt in seinen Vorträgen über praktisches Yoga die Pflichten nach den drei *guna* oder Eigenschaften: *sattva* [Klarheit, Güte, Harmonie], *rajas* [Rastlosigkeit, Bewegung, Energie] und *tamas* [Trägheit, Dunkelheit, Chaos]; aber dies hat keinen offensichtlichen Bezug zu den drei Disziplinen.* In den Biografien und Reisetagebüchern von Heiligen und Weisen wie Ramakrishna und Ramana Maharshi, Swami Ramdas und Ma Anandamayi finden sich Berichte von ihren persönlichen Begegnungen mit zahllosen Männern und Frauen, doch konnte ich nirgendwo eine Darstellung finden, die derart realistisch und praktisch ist wie die des Shivapuri Baba.

Ich will damit nicht sagen, dass er irgendwelche neuen Prinzipien oder Lehren darlegte, die nicht in den heiligen Schriften der Hindus zu finden wären oder selbst nur in der Bhagavad Gita. In einem gewissen Sinn könnte man seine Lehre »die Bhagavad Gita für den modernen Menschen« nennen, denn sie vermittelt ein Gefühl des Neuen und Wunderhaften, weil sie die Kraft besitzt, den Schleier von Worten und geistigen Bildern zu durchdringen und darüber hinausgehen. Die folgende Darstellung ist mein eigener Versuch – unternommen auf seine ausdrückliche Anweisung –, seine Lehre in Begriffen darzustellen, die westlichen Wahrheitssuchern vertraut sind.

Der Mensch hat eine dreifache Struktur, bestehend aus seinem Körper mit dessen verschiedenen Funktionen und Kräften, seinem Verstand [*mind*] mit dessen Impulsen, Wünschen und Eigenschaften sowie seinem Willen oder Geist [*spirit*]. Jeder dieser drei Teile hat seine eigene Rolle im Leben des Menschen als Ganzem zu spielen.

* Andere Bücher, die ich durchgegangen bin, sind u.a. AUROBINDO GHOSE: *The Yoga and its Objects,* seine Übersetzung der Bhagavad Gita sowie *Die Mutter.* VIVEKANANDA: *Lectures on the Three Practical Yogas Bhakti, Rajas and Karma.* SWAMI RAMDAS: *Auf der Suche nach Gott* und *Gotteserfahrung.* RAMANA MAHARSHI: *Die Botschaft des Ramana Maharshi.* SWAMI BRAHMANANDA: *The Message of our Master.* JEAN HERBERT: *Spiritualité hindoue.* SARVEPALLI RADHAKRISHNAN: Einführung zu seiner Übersetzung der Bhagavad Gita.

Der Körper ist der Sitz der Intelligenz und deren Tätigkeitsfeld. Daher ist der Körper im Zusammenhang mit den verschiedenen Funktionen zu sehen, die mit ihr verbunden sind, wie Denken, Fühlen und Empfinden.

Ich habe das Wort »Verstand« [*mind*] als Äquivalent zum Sanskrit-Begriff *manas* gebraucht, aber es drückt nicht genau das aus, was der Shivapuri Baba nach meinem Verständnis damit sagen wollte. Er wies oft auf die Notwendigkeit eines »starken Verstandes« hin, welcher nur durch Selbstdisziplin erlangt werden könne. Er sprach auch vom Verstand, wie wenn er ein Gefäß wäre, das nicht nur zu stärken ist, sondern auch gereinigt und in einen guten Zustand versetzt werden muss. Auf der anderen Seite brachte er *mind* nie mit dem Denken in Verbindung, wozu wir neigen würden. Ich selbst gebrauche [in meinen eigenen Schriften] gewöhnlich das Wort »Sein« für diesen Teil der Natur des Menschen und sage dann, dass ein Mensch ein starkes oder schwaches, ein reines oder unreines, ein geeintes oder geteiltes Sein habe. Mir scheint, dass der Shivapuri Baba genau dies mit dem Wort *mind* ausdrücken wollte, was er übrigens nie mit »Intelligenz« verwechselte.

Der dritte Teil des Menschen wird im Sanskrit *purusha* genannt. Ich setze es in Beziehung zum Willen, welcher der Sitz der Freiheit ist, die dem Menschen gegeben ist, um zwischen den verschiedenen Einflüssen zu wählen, die auf ihn einwirken sowohl von außerhalb als auch von den verschiedenen Teilen seiner eigenen Natur her. Der Shivapuri Baba würde sicher zustimmen, dass *purusha* dasselbe ist wie der christliche »Geist« des Menschen, der direkt von Gott geschaffen und dazu bestimmt ist, zu seiner Quelle zurückzukehren. *Purusha* oder das [wahre] Selbst* ist hinter dem Schleier unserer körperlichen Erfahrung verborgen, den man fälschlicherweise »Bewusstsein« nennt, der tatsächlich aber nicht mehr ist als organische Empfindsamkeit. Aus diesem Grund ist *purusha* hilflos, bis der Verstand stark und weise genug wird, um »den Schleier des Bewusstseins zu durchdringen.«

* Das Wort *jiva,* oder das Lebendige, wird fast synonym mit *purusha* oder dem [wahren] Selbst gebraucht. Dies ist charakteristisch für eine gewisse begriffliche Ungenauigkeit, die bei östlichen Lehren gewöhnlich anzutreffen ist. Wenn *jiva* als das betrachtet wird, was zur Befreiung bestimmt ist, so ist es identisch mit *purusha;* doch wenn man es als Lebensprinzip ansieht, so ist es verschieden von *purusha.* Und wiederum kann *jiva* der persönliche bewusste Verstand sein, der nach *purusha* sucht.

Die drei Disziplinen entsprechen der Bestimmung der drei Teile des Menschen. Der Shivapuri Baba nennt die drei Bestimmungen »Welterkenntnis«, »Seelenerkenntnis« und »Gotteserkenntnis«. Als ich Thakur Lal Manandhars Aufzeichnungen durchging, bemerkte ich mit großem Interesse, dass der Shivapuri Baba die drei Disziplinen mit dem in Verbindung bringt, was er 1940 »die Grundelemente« nannte: Energie, Verstehen und Wille. Wenn ich ihn richtig interpretiere, so entsprechen diese den drei Teilen der Natur des Menschen, die ich selbst mit Funktion, Sein und Wille verknüpfe.

Er sagte, die »Energie« komme von Mahlzeiten, Schlaf und Pflichterfüllung. Das Leben habe viele verschiedene Funktionen, die alle als Teil der ersten Disziplin studiert und erfüllt werden müssten.

Die zweite Disziplin ist die des Verstandes. Dieser ist der Sitz des guten wie auch des schlechten Charakters. Der Verstand muss stark und rein sein. Dies sind zwei entgegengesetzte Erfordernisse und sie müssen harmonisiert werden. Viele Menschen haben einen starken, aber unreinen Verstand. Sie können ihren eigenen Körper und seine Energien beherrschen, tun dies jedoch aus gemischten Motiven. Solche Menschen vermögen nicht die Klarheit zu erlangen, die für Meditation erforderlich ist. Andererseits gibt es Menschen, deren Verstand sehr rein ist, jedoch ist er nicht auf viel Widerstand gestoßen, der zu überwinden gewesen wäre, und daher bleibt er schwach. Ein schwacher Verstand, wie rein auch immer, wird nicht erfolgreich meditieren können, denn es werden ihm der erforderliche Mut und die notwendige Ausdauer fehlen. Der direkte Weg, einen starken und reinen Verstand zu erwerben, ist ein unbeirrtes Festhalten an guten Eigenschaften oder Tugenden. Indem man die schädlichen Elemente der eigenen Natur zurückweist und die guten Seiten fördert, wird die innere Auseinandersetzung aufgenommen, die den Verstand stark macht. Dies würde ich »Selbstdisziplin« im strikten Sinn des Wortes nennen.

Schließlich gibt es noch die dritte Disziplin des Willens. Diese wird nur durch Meditation erreicht. Hier ist Kraft nutzlos, denn man kann seinen eigenen Willen nicht mit Gewalt ändern. Immer wieder bestand der Shivapuri Baba in seinen Gesprächen darauf, dass das höchste Gute, das heißt die Gotteserkenntnis, etwas Unverdientes sei. Wie in der Geschichte des Jungen Dhruva offenbart Gott Sich der Seele zu Seiner eigenen Zeit und in Seiner eigenen Weise. Die Seele ist hier machtlos. Dennoch muss sie ihre eigene notwendige Rolle spielen, und die besteht darin, aufrichtig zu sein in ihrer Sehnsucht nach Gott. Dieses aufrichtige, geduldige Warten auf Gott mit liebender Beharrlichkeit ist Meditation. Dies ist vollständige Anbetung, im Unterschied zu Verehrung oder Ergebenheit, die nur eine der Formen der Anbetung ist.

Wir haben also drei primäre Unterteilungen Rechten Lebens: *Pflicht, Moral* und *Anbetung.* Die Leitinstanz für die Pflicht ist die Intelligenz, für die Moral das Unterscheidungsvermögen und für die Anbetung die spirituelle Sehnsucht. Über diese drei sagte er einmal Folgendes:

»Der einzige Zweck dieses menschlichen Lebens besteht darin, die letzte Wahrheit oder Gott zu finden, und dafür müssen wir einen gewissen Lebenskodex akzeptieren, was bedeutet, dass wir unser Leben in die rechte Ordnung bringen. Es gibt drei verschiedene Ordnungen, die wir betrachten sollten. Es sind (1) die spirituelle Ordnung, (2) die moralische Ordnung und (3) die intellektuelle Ordnung. Gegenwärtig bewegen wir uns in einem ungeordneten Leben. Solange wir nicht eine Lebensart entwerfen, die gemäß den drei genannten Ordnungen geplant ist, können wir nie hoffen, diesem Labyrinth des Samsara zu entgehen.«

Die erste *Disziplin der Pflicht* dient einem guten Leben (*sukha*) hier auf der Erde. Dies sollte man nicht geringschätzen, denn es ist eine Bedingung, die für die meisten Menschen unweigerlich erfüllt werden muss, wenn sie in ihrer Gottsuche vorankommen wollen. Zunächst mag es so scheinen, dass dies nichts anders ist als Karma-Yoga [Yoga des selbstlosen Dienens]. Aber dem Karma-Yoga geht es darum, die Notwendigkeit des Nichtverhaftetseins zu betonen: des Handelns ohne Begehren nach den Früchten des Handelns. Die Disziplin der Plicht, so wie der Shivapuri Baba sie erklärt, ist im Wesentlichen der richtige Gebrauch der Intelligenz. Für diese erste Disziplin ist eine scharfe Intelligenz erforderlich. Da er ebenfalls sagte, bei der ersten Pflicht gehe es ausschließlich um den Körper, könnte man sie mit Hatha-Yoga in Verbindung bringen; aber er wies diesen Gedanken zurück und sagte, dieses Yoga sei von untergeordneter Bedeutung und strebe entweder Gesundheit oder die Erlangung spezieller Kräfte – der *siddhi* – an, die von der Kontrolle der materiellen und psychischen Energien abhängen. Es scheint, dass die erste Disziplin nicht genau unter irgendeine der Yogaformen fällt, sondern vielmehr die Frucht der eigenen Meditationen und Erfahrungen des Shivapuri Baba und seiner Lebenserfahrung in allen Teilen der Welt ist.

Die erste Disziplin lässt sich in drei Pflichtfelder unterteilen: die unmittelbare Sorge um unseren physischen Körper, die Erfüllung unserer gesellschaftlichen Obliegenheiten sowie die Schuldigkeit, uns selbst und die von uns abhängigen Menschen zu versorgen und rechten Gebrauch von unseren Kräften und Fähigkeiten zu machen. Ich habe bereits eine oder zwei Beschreibungen dieser Pflichten zitiert, werde aber noch eine weitere hinzufügen, die er Manandhar vor etwa zwanzig Jahren gab.

»Da wir unsere Körper erhalten müssen, müssen wir gewisse Pflichten erfüllen:

- *Persönliche:* Um den Körper fit zu halten, müssen wir unsere äußerlichen Mittel gebrauchen, und wir sollten sie klug gebrauchen. Das heißt, wir sollten sie so häufig gebrauchen wie notwendig. Sehen, hören, sprechen, berühren, essen und so weiter sollten wir nur in dem Maße, wie es für Körper und Geist notwendig ist; darüber hinaus sollten wir uns davon enthalten.

- *Obligatorische:* Da wir nicht allein leben können und die Hilfe anderer benötigen, ist die Gesellschaft erforderlich. Gegenüber Gesellschaft, Eltern, Familie und anderen Menschen haben wir unsere Verpflichtungen.

- *Berufliche:* Um unseren Lebensunterhalt zu verdienen, müssen wir nach individueller Neigung und Fähigkeit einen Beruf ausüben. Aber wir sollten für uns selbst nur so viel ausgeben, wie notwendig ist, und den Rest für andere Zwecke nutzen. Gib aus, was notwendig ist, nicht mehr und nicht weniger.

Diese drei Pflichten sind für alle Individuen geboten. Sie sind von Gott verfügt.

Zuerst müssen wir unser Leben fundieren, indem wir diese Pflichten erfüllen. Wer die Wahrheit erkennen will, sollte die physischen und moralischen Disziplinen dieser drei Pflichten zu etwas Sekundärem machen und die spirituelle Disziplin, das heißt die Meditation, zu seinem primären Anliegen. Wer das Leben genießen möchte, sollte die erste Disziplin zum Primären und die Meditation zum Sekundären machen. Aber in keinem Falle sollte man irgendeine dieser Pflichten auslassen. Das Leben sollte geordnet und geregelt werden, indem man die ersten drei Pflichten erfüllt, jede Pflicht strikt nach Notwendigkeit und Erfordernis. Wann immer man nach der Erfüllung der ersten drei Pflichten Zeit hat, sollte man sich auf Meditation konzentrieren.

Diese Pflichten sollten von Kindheit an erfüllt werden, das heißt während der Zeit des *brahmacharya.* Wer schon erwachsen ist und diese Pflichten vorher nicht befolgt hat, kann sie auch dann zu praktizieren beginnen. Anfangs mag man Fehler machen, aber mit starker Entschlossenheit kann ein reifer Mensch Irrtümer und Defizite überwinden und sein Leben ordnen, um ein Rechtes Leben zu führen.

Erfolg im weltlichen Leben oder bei der Wahrheitssuche ist nur durch *svadharma* möglich. Dieses Leben wurde in vorvedischer Zeit praktiziert, als ohne äußeren Zwang perfekte Ordnung und Harmonie in der Gesellschaft bestanden. Als die Menschen dieses Leben vergaßen, kamen die vedischen Lehren und dann die *shastra* [Regeln, Vorschriften]. Die *shastra* oder die vedischen Lehren, und alle Erläuterungen der *shastra* wie *sankhya, patanjali, advaitabad, dvaitabad, visisthadvaitabad* und alle religiösen Vorschriften – dies alles sind Theorien, und sie geben nur eine Teilwahrheit wieder. Nur dieses Rechte Leben und die Meditation um der Wahrheit willen führen in direkter Weise zur Erkenntnis des Absoluten. Andere *yogavyas* [Yogaformen] – wie Karma-Yoga, *jnana*-Yoga oder *bhakti*-Yoga – oder andere Bußübungen führen nicht zur Erkenntnis Gottes. Sie helfen einem lediglich, das Elend des Lebens zu vergessen und den Verstand zu beglücken. Alles, was die Yogapraxis bringt, ist *Genuss,* nicht *Erkenntnis.*

So wie ein Patient vor der Operation Chloroform bekommt und den Schmerz vergisst, so bewirken auch die *yogavyas,* dass die Menschen die dreifachen Leiden des Daseins vergessen; sie weichen dem eigentlichen Problem des Lebens aus und lösen es nicht. Der Tod kommt und führt diese Menschen zum selben Ort, wo sie schon vorher waren, und sie werden wieder auf dieser Erde geboren. Weder bezwingen sie den Tod, noch lösen sie die Lebensaufgabe: die Erkenntnis der Wahrheit. Diese Yogaformen verderben im Gegenteil den Verstand und die Intelligenz und führen die Menschen zu mehr *bhram* [Umherirren] oder Illusionen.«

Dieser Abschnitt zeugt von einem originellen schöpferischen Verständnis, das dem menschlichen Leben neue Anstöße vermitteln kann. Meine Erfahrung hat mich gelehrt, dass Menschen wie der Shivapuri Baba ausnahmslos alle anderen Einflüsse als nutzlos oder schädlich zurückweisen und strikte Befolgung ihres eigenen Rates empfehlen. Dies heißt nicht, dass sie engstirnig oder intolerant sind. Keiner der echten Lehrer und spirituellen Führer, die ich persönlich kennengelernt habe, waren das eine oder das andere, und der Shivapuri Baba am wenigsten von allen. Aber sie haben etwas Eigenes zu sagen und wollen dies nicht mit den Gedanken anderer Leute verwässert oder vermischt sehen. Yoga ist das gesamte System von Theorie und Praxis, das auf der Kontrolle psychischer Energien errichtet wurde. Zu diesem System gehören körperliche Energien, wie sie durch Atemübungen freigesetzt werden, emotionale Energien, wie sie durch religiöse Anbetung gewonnen werden, sowie mentale Energien, die durch verschiedene Formen der Konzentration und die Praxis dessen erlangt werden, was wir »Meditation« oder *samadhi* nennen. Demzufolge sollte Yoga allem Anschein nach einen vollständigen Lebenspfad bieten, der in die Gottesschau [*visio beatifica*] mündet, bei der der Yogi seine Einheit mit Gott verwirklicht. Es scheint so, als würde der Shivapuri Baba den Anspruch zurückzuweisen, der für alle Yogaformen, ja sogar für die Bhagavad Gita selbst essenziell ist. Doch wenn man die Sache näher betrachtet, erkennt man, dass er hier die Annahme zurückweist, der Yogi erlange Gotteserkenntnis allein Kraft seines eigenen Willens.

Ich verstehe den Shivapuri Baba so, dass keine dieser Übungen und auch keine Kombination von ihnen zur Erkenntnis Gottes führt. Sie können zu verschiedenen freudigen Erfahrungen führen und sogar zu einem Dauerzustand der inneren Freiheit und Wonne, aber dies ist nicht Gotteserkenntnis. Und man kann sie auch nicht als ein solides Mittel betrachten, um die Seele auf den letzten Schritt vorzubereiten, wenn sie nicht mit einem strikt disziplinierten Leben verbunden und ihm untergeordnet sind. All dies ist nutzlos und eine Zeitverschwendung, solange Gott nicht die Wahl trifft, Sich der Seele zu offenbaren. Der Shivapuri Baba verdeutlicht dies in einer weiteren Erklärung, die Manandhar aufzeichnete:

> »Es gibt eine scharfe und gewichtige Unterscheidung zwischen der Stufe, bei der man über Bewusstsein hinausgeht, und der Stufe empfindungsloser Starre, die *nirvikalpa samadhi* genannt wird. *Nirvikalpa samadhi* ist ein Glückszustand, eine Art Freude oder Genuss. Er schafft ein Vakuum im Verstand, der dann die Sorgen der Welt vergisst. Er schenkt zwar mentale Freude, aber keine Erkenntnis oder Weisheit. Er verneint bloß die Welt und damit das Ich – den Erkennenden –, der die Wahrheit erkennen soll. *Nirvikalpa samadhi* ist ohne Zweifel eine sehr hohe Stufe der *yoga sadhana* [Yogapraxis], aber limitiert aufgrund der Abwesenheit der Erkenntnis des Absoluten. Wenn der Erkennende bei der direkten Meditation über das Bewusstsein hinausgeht, vergisst er die äußere Welt, aber nicht die innere Welt und auch nicht die positive Reise, die er ständig zum Absoluten hin unternimmt. Er ist unbewusst, was seine äußeren Sinne betrifft, aber er muss sich voll seiner selbst bewusst sein, seiner Seele und ihrer Beziehung zu Gott. Dadurch geht er über *maya* (das heißt die sinnlichen und mentalen Erscheinungen) hinaus und bewegt sich direkt zu Gott hin. *Nirvikalpa samadhi* führt einen an die Grenze von *maya,* aber nicht darüber hinaus. Das simple Verneinen der Sinne hilft nicht, über *maya* hinauszugehen und die Wahrheit zu erkennen. Rechtes Leben und Meditation dagegen führen einen über *maya* hinaus und zur *Wahrheit.*«

Der Shivapuri Baba behauptet nicht, dass die Pflichten des Lebens für jeder Seele vorgeschrieben seien. Menschen, die über eine außergewöhnliche Kraft und Reinheit des Verstandes verfügen, können direkt mit der Gottsuche beginnen. Aber der gewöhnliche Mensch vermag diesem Pfad nicht zu folgen, und vielen ist es schlecht ergangen bei dem Versuch, dies zu tun. Bei einem seiner Gespräche mit Manandhar im Jahre 1937 sagte er:

> »Einige Menschen lassen sich durch ungünstige Ereignisse in der äußeren Welt, das heißt im Leben, leicht aus der Ruhe

bringen. Für solche schwachen Menschen ist diese Anpassung an die äußere Welt von äußerster Bedeutung und daher unbedingt notwendig. Aber es gibt überall Ausnahmefälle. Es gibt starke Seelen wie Buddha, Ramakrishna oder Ramana Maharshi, die diese Störung ignorieren können und gleichzeitig ihre volle Konzentration auf Gott intakt halten. Sie sind stark genug, Schmerz und Versuchung im Äußeren und Sorgen in der Innenwelt zu widerstehen. Für solche Menschen ist diese Arbeit an der Vervollkommnung von Wissen und Intellekt nicht so wichtig; sie können sie tun, müssen es aber nicht. Doch diese Ausnahme gilt nicht für alle Menschen. Die Notwendigkeit an diesen Qualitäten zu arbeiten, hängt von der Fähigkeit der betreffenden Person ab, Störungen zu widerstehen oder sie zu ignorieren. In diesem Sinne muss jeder sich der Sache annehmen. Aber in der Regel sind beide anzuraten, das heißt [Konzentration auf] Gott plus Lebensanpassung. Das ist der Königsweg, wie er von der Bhagavad Gita angewiesen wird. Aber zwecks Abkürzung des Pfades können bestimmte Menschen Wissen und Intellekt weniger wichtig nehmen entsprechend ihrer Fähigkeit, den Reaktionen, die durch falsches Wissen und falschen Intellekt hervorgerufen werden, zu widerstehen oder sie zu ignorieren. Aber vor starken Reaktionen muss man auf der Hut sein.«

Die erste Disziplin – physisch

Die Grundlage der ersten Disziplin ist Intelligenz. In seinen Gesprächen mit mir nannte der Shivapuri Baba sie die Frucht eines kühnen Intellekts, der richtig gebraucht wird. Einmal bot er einem Besucher, der neben ihm saß, eine Zigarette an. Da dieser Nichtraucher war, zog er nur ein paar Mal aus Höflichkeit daran. Dann schaute er sich nach einer Stelle um, wohin er die Zigarette werfen konnte. Der Boden war so sauber gefegt, dass man nicht einmal Staub sehen konnte. Die Blumenbeete waren so schön gehalten, dass es eine Entweihung gewesen wäre, eine Zigarette hineinzuwerfen. Da er nicht aufstehen und sich entgehen lassen wollte, was der Heilige gerade sagte, wählte er einen geeigneten Moment, um zu fragen, was er mit dem Zigarettenstummel tun sollte. Der Shivapuri Baba lächelte wohlwollend und sagte: »Das ist Unterscheidungsvermögen. Andere Leute kommen hierher und werfen ihre Zigaretten auf die Erde, ohne zu bemerken, wie sauber sie ist. Sie aber haben Ihre Augen und Ihre Intelligenz gebraucht. Das zeigt, dass Sie Unterscheidungsvermögen besitzen.«

Er betonte auch die Wichtigkeit, dem Detail Beachtung zu schenken. Ich habe die Beispiele von Manandhars Blumenkäufen und der Kunst der Teezubereitung angeführt, aber er sprach auch von der Kenntnis des eigenen Körpers. Es ist notwendig, dass der Mensch die Eigenarten seines Körpers studiert, damit er genau weiß, wie er zu behandeln ist. Dies ist ein Teil einer normalen Erziehung, *brahmacharya.* Wenn sie in der Jugend vernachlässigt wurde, so kann man es wieder in Ordnung bringen. Nur darf man nie Interesse am Körper als solchen entwickeln. Man sollte ihn kennen, wie man ein Instrument kennt, das man jeden Tag gebrauchen muss. Die inneren Funktionsteile des Instruments sind ebenso wichtig wie seine äußere Erscheinung. Der Körper ist die Energiequelle für all unsere Aktivitäten. Er sollte in dieser Weise betrachtet werden. Wir geben uns nicht mit den Vorlieben und Abneigungen eines Motors ab, sondern es geht uns um seine Leistung bei der Energieabgabe. Dasselbe sollte für den Körper gelten. Dazu sagte er einmal: »Für all diese Dinge sollte es einen geregelten Lebensablauf geben. Mahlzeiten, Schlaf und Bad sollten genau im richtigen Maß genommen werden.«

Über die »Wissenschaft des Schlafs« sagte er: »In jedem Lebensstadium muss man genau wissen, wann, wie lange und wie man zu schlafen hat. Wenn man das nicht weiß, kann der Körper nicht im gutem Zustand erhalten bleiben.«

Er fuhr fort: »Das Leben hat viele verschiedene Funktionen. Arbeiten Sie für jede Funktion einen geregelten Zeitplan aus. Regelmäßigkeit und Pünktlichkeit in unserer täglichen Routine sind notwendig. Jede Funktion wird von einem gewissen Gesetz regiert. Eine praktische Anwendung der sechsundzwanzig Eigenschaften in jeder Funktion führt zur Erfüllung des Lebensgesetzes. Die festgelegten Pflichten oder Funktionen sollten entsprechend dem aufgestellten Zeitplan bindend sein. Darüber hinaus sollten keine anderen Pflichten die eigene Energie oder die Lebenskräfte beanspruchen. All die verschiedenen Funktionen in ihrer Gesamtheit sollten zum letztlichen Ziel hinführen. Sie sind wie verschiedene Motive, die zum einen Leitmotiv hinführen, das unser letztliches Ziel ist. Durch tägliche Beobachtung erkennen wir, wo die Funktionen in eine falsche Richtung laufen, und wir verbessern unsere Leistung bis zu dem Zeitpunkt, an dem wir ein fest geregeltes Leben erreichen. Wir werden dann in keiner Sache unter die erreichte Qualität zurückfallen.

Achten Sie auf Sauberkeit. Das Bettzeug sollte sauber und ordentlich sein. Keine innere Unruhe, nichts sollte stören, wenn man zu Bett geht. Verfallen Sie nicht ins Grübeln oder Nachdenken. Bewahren Sie die Ruhe und konzentrieren Sie sich auf *Om.* Sorgen Sie durch Weihrauch oder Räucherstäbchen für guten Duft.

Sobald die Routine des körperlichen Lebens gefestigt ist, sollten wir den weiteren Dingen Aufmerksamkeit schenken.«

Für den westlichen Besucher beschrieb der Shivapuri Baba diese als: Familienpflichten, gesellschaftliche Pflichten, berufliche Pflichten und die vier guten Werke, nämlich:

»*Denken Sie* nur gute Gedanken über andere.

Sprechen Sie nur gute Worte über andere.

Tun Sie nur gute Taten für andere.

Geben Sie etwas von Ihren Mitteln, um anderen zu helfen.

Für den Hindu-Schüler sind die weiteren Dinge mit der Bhagavad Gita verbunden: *yajna* (Opfer), *dana* (Mildtätigkeit) und *tapas* (Selbstkontrolle).

Die Opfer oder *yajna* sind fünffacher Art, nämlich *brahma yajna, rishi yajna, pitri yajna, bhuta yajna* und *manushya yajna.*

Brahma yajna: Früh aufstehen zur Zeit des *brahma muhurta* [der Stunde Brahmans, zwischen 03.30 und 06.30 Uhr morgens], Waschungen (*snana*), Meditation (*dhyana*), Studium der heiligen Schriften, heilige Pilgerreise, Fasten und so weiter. Nehmen Sie ein Bad nach Vorschrift. Meditation über einen einzigen Begriff oder Gedanken. Anbetung eines Götterbildes. Studium der heiligen Schriften. Pilgerreise entsprechend dem sattvaischen [reinen, vgl. Seite 111] Ideal. Periodisches Fasten. Alle derartigen Praktiken fallen unter dieses *yajna.* Man sollte die spezifischen Eigenschaften oder Tugenden der Gottheiten studieren. Diese Art Tätigkeit soll ein Gefühl der Verantwortung und Wachsamkeit heranbilden. Mit Respekt und Liebe oder einem stets sattvaischen Temperament sollten wir ein scharfes Gespür für Verantwortung und Wachsamkeit haben, damit wir Fehlschläge vermeiden können.

Rishi yajna: Dienst am Lehrer und heilige Gemeinschaft (*satsanga* und *guruseva*). Bei dieser Art von Aktivität werden die erwarteten Eigenschaften automatisch durch die Gnade des Gurus (oder

der Lehrerin) herausgebracht, da er oder sie auf Defekte hinweist und uns inspiriert, ein sattvaisches Gemüt heranzubilden. Wirkliche Erkenntnis kommt von dieser speziellen Aktivität, eine höhere Verwirklichung unseres Wesens zu erlangen.

Pitri yajna: Etwas opfern für unsere verstorbenen Vorfahren mit einem Gefühl der Dankbarkeit für das, was sie für uns getan haben. Dieser Teil der Aktivität soll ein Gefühl der Dankbarkeit und Achtung heranbilden.

Bhuta yajna: Eine Kuh, einen Hund, Vögel oder irgendein anderes Tier füttern. Wir opfern etwas für sie. Wir zeigen in unserem Umgang mit ihnen Sympathie und Freundlichkeit oder Liebe. Ihre spezifischen Eigenschaften sollten gewürdigt werden.

Manushya yajna: Opfer für unsere Mitmenschen, das heißt Hilfe für unsere Freunde, Gastfreundschaft, täglich einem Freund oder einem Verwandten oder einem Armen Nahrung geben (den Bedürftigen helfen). Diese Art Tätigkeit hilft uns unmittelbar. Unsere durch Umstände bedingten Schwierigkeiten können dadurch deutlich reduziert werden.

Tapas bedeutet gesetzmäßige Tätigkeit. Absolute Strenge beim Befolgen unserer geplanten Handlung unter jedem Risiko. Nachsicht und Demut in unserem Umgang mit anderen sind die Eigenschaften die unter dieser Rubrik zu entwickeln sind. *Tapas* ist zweifacher Art; die eine ist subtil und die andere materiell. (1) Durch den Verstand: Den Verstand unter Kontrolle halten, wenn er von der festgelegten Pflichterfüllung abweichen will, seinen normalen Zustand bewahren und nicht von Emotionen, Gefühlswallungen und so weiter aufgrund von Leidenschaft, Zorn, Begierde, Unwissenheit und so fort beeinflusst werden. (2) Durch Weisheit: Auf der Hut sein vor schlechtem Rat, der zum Versagen führt. Prüfen, welche der sechsundzwanzig Eigenschaften in der praktizierten Weisheit fehlen.

Um zusammenzufassen: Die fünf *yajna* sollen Frieden (oder *shanti*) bringen. Dies ist die Aufgabe der Seele. *Brahma yajna* bringt das Gefühl der Verantwortung und Wachsamkeit. *Rishi yajna* bringt Einsicht und Förderung aller sechsundzwanzig Eigenschaften. *Pitri yajna* bringt Dankbarkeit und Rücksicht. *Bhuta yajna* bringt Sympathie und Liebe. *Manushya yajna* bringt Liebe und Mitgefühl für andere.

Dana ist vierfacher Art und erfolgt durch Denken, Wort, Tat und Besitz. Gutes Denken erfolgt durch den Intellekt. Angenehme, kurze und wahre Rede erfolgt durch Wort und Klang. In unseren Handlungen drücken wir dasselbe aus.

Tapas bringt die Weisheit, einem festen Lebensprogramm getreu zu folgen.«

Die zweite Disziplin – moralisch

Bei einigen der früheren Erklärungen sind die erste und die zweite Disziplin kombiniert. Als der Shivapuri Baba in den letzten Jahren seines Lebens mit uns sprach, hob er den Unterschied zwischen ihnen hervor und ging sogar so weit zu erklären, die Disziplin des Körpers tue an sich nichts für den Verstand und die Disziplin des Verstandes tue an sich nichts für den Körper. Ich war sehr beeindruckt von dieser Unterscheidung, die den Schlussfolgerungen entspricht, zu denen ich als Resultat meines vierzigjährigen Studiums der menschlichen Psychologie gemäß den Gedanken und Methoden Gurdjieffs gelangt war. Pflicht ist die Regulierung unserer Funktionen und ihrer Kräfte im Einklang mit den Erfordernissen des Lebens auf der Erde. Sie lässt sich allgemein in Form von Geboten ausdrücken, so wie sie sich sehr detailliert in alten heiligen Schriften finden, zum Beispiel im Gesetzbuch des Hammurapi, im Pentateuch, in den Veden und in den Brahmanas. Bei der Pflicht weiß man, woran man ist. Der Shivapuri Baba machte jedoch die wichtige Ergänzung, *svadharma* erfordere mehr als allgemeine Verhaltensregeln: Es erfordert auch eine intelligente Einschätzung der eigenen Kräfte, Beschränkungen und Lebensbedingungen, in denen wir uns befinden. Pflicht wird bei ihm zur exakten Wissenschaft, die mit Hilfe von Beobachtung, Experiment, Voraussage und Überprüfung zu studieren ist.

Die Erfordernisse jenes Teils des Menschen, den er »Verstand« [*mind*] nennt, sind ganz und gar verschieden. *Manas* ist der Sitz der Kraft, und daher würde man es vielleicht besser mit »Herz« als mit »Verstand« übersetzen. Dies drückt sich auch darin aus, dass *manas* mehr mit dem emotionalen Charakter als mit intellektueller Tätigkeit in Verbindung gebracht wird.

Ich habe das Wort »Verstand« [*mind*] hauptsächlich deswegen stehen lassen, weil ich jetzt noch den Nachhall seiner Stimme höre, wie er sagte: »Sie müssen einen starken [*strong*] Verstand haben«, wobei er den Buchstaben O lang und tief aussprach, wie kein

Engländer es könnte. Obgleich ein »festes Herz« die Bedeutung vielleicht besser wiedergibt, wäre es hier nicht zutreffend.

Der starke Verstand ist die Verbindung zwischen den beiden Welten, in denen der Mensch zu leben hat. Er befähigt ihn auf der einen Seite, seine Pflichten mit Gelassenheit wahrzunehmen, und auf der anderen Seite, seine Gottsuche mit Frieden und Glauben zu beginnen.

Der Verstand verbindet also die spirituelle und die materielle Seite der menschlichen Natur wie auch die innere Welt und die äußere Welt, in denen wir leben müssen. Bei der Erfüllung seiner Aufgabe muss der Verstand stark genug sein, um den Angriffen und dem Druck der materiellen Welt standzuhalten, und doch rein genug, um die feinen und subtilen Eigenschaften des Geistes (*spirit*) zu erkennen.

Die Transformation des Verstandes ist daher das Kernproblem für diejenigen unter uns – und dies umfasst beinahe die Gesamtheit aller Menschen auf der Erde –, die nicht, wie zum Beispiel Ramana Maharshi, mit einem hinreichend starken und reinen Verstand geboren wurden, um ohne Vorbereitung oder Training die spirituelle Suche beginnen zu können.

Auf die Frage: »Wie erlangt man einen starken Verstand?«, gab der Shivapuri Baba die einfache Antwort: »Indem man gute Eigenschaften pflegt.« Eine ausführliche Erklärung ist dem sechzehnten Gesang der Bhagavad Gita entnommen, das den Titel »Unterscheidung zwischen den Göttlichen und dämonischen Eigenschaften« trägt. Die ersten Verse dieses Gesangs zählen sechsundzwanzig »Göttliche Eigenschaften« (*sampadam daivim*) auf, nämlich: Furchtlosigkeit, Verstandesreinheit [oder innere Lauterkeit], stabiler Charakter, Güte, Selbstbeherrschung, Opferbereitschaft, Lerneifer, Willensanstrengung, Geradlinigkeit, Gewaltlosigkeit, Wahrhaftigkeit, Freiheit von Zorn, Entsagung (der Früchte der Handlung), Gelassenheit, Vermeidung übler Nachrede, Mitgefühl mit den Lebewesen, Genügsamkeit, Sanftmut, Schamgefühl bei schlechten Taten, Verstandeskraft, Energie, Versöhnlichkeit, Ausdauer, Keuschheit, Nicht-Boshaftigkeit und Widerwillen gegen Lob. Die dämonischen Eigenschaften sind deren genauen Gegenteile, doch nur sechs von ihnen werden explizit erwähnt: Prahlerei, Arroganz, übermäßiger Stolz, Zorn, Hartherzigkeit und Unwissenheit.

All diese Eigenschaften oder Anlagen (*sampadam*) scheinen ziemlich einfach zu sein, als handele es sich schlicht um gute oder schlechte Charakterzüge. Dies aber ist fehlerhafte Psychologie und von den Worten der Bhagavad Gita eindeutig nicht beabsichtigt. Die *sampadam* sind entweder *daivim,* das heißt von einer Göttlichen, oder *asuri,* von einer dämonischen Quelle. Sie sind nicht Teil des Menschen selbst, sondern Einflüsse, die auf ihn einzuwirken versuchen und zwischen denen er wählen muss.

Dies stellt Shivapuri Baba klar, indem er sagt, sie seien der *Inhalt des Verstandes.* Sie sind nicht Eigenschaften des Menschen selbst, des *purusha,* das im Verstand oder hinter ihm ist. Wer sagt: »Ich bin ehrlich« oder »ich bin böse, grob oder unwissend«, sollte sich darüber im Klaren sein, dass die Kopula »bin« sich nicht auf sein Wesen bezieht, sondern auf seine Neigung zum betreffenden Attribut. Wer sagt: »Ich gebe dem Ärger nach«, ist psychologisch präziser und mehr im Einklang mit dem Text der Bhagavad Gita. Wenn wir uns mit den Göttlichen Eigenschaften identifizieren, begehen wir die Sünde, die in der Bhagavad Gita (16.15) beschrieben wird: »Ich bin stattlich und von edler Geburt. Welcher Andere ist mir gleich? Ich werde opfern. Ich werde schenken. Ich werde glückselig sein.« So spricht, wer von Unwissenheit betört ist. Dies ist natürlich dieselbe Sünde wie die des Pharisäers, der zum Himmel blickte und Gott dankte, dass er nicht wie die anderen Menschen sei (Lukas 18.11).

Wir können daraus schlussfolgern, dass der Shivapuri Baba wörtlich genommen werden will, wenn er sagt, die höhere und die niedere Natur seien der *Inhalt des Verstandes.* Was also ist der Verstand, dass er ein Behälter für Inhalte sein kann? Er ist offenbar wie ein Gefäß, in das wir guten oder schlechten Wein gießen können, oder wie ein Feld, auf dem sowohl Weizen als auch Unkraut wachsen. Diese Gleichnisse helfen, die Äußerlichkeit des Verstandes hervorzuheben. Er ist weder die Person, das *purusha,* der wahre Mensch [oder das wahre Selbst] im Inneren, noch das *jiva,* das Befreiung sucht.

Wir müssen jedoch den weiteren Gedanken hinzufügen, dass der Verstand selbst ein lebendiges, sensitives und sogar bewusstes Organ ist. Als solches kann er transformiert werden. Diese Umwandlung umfasst drei deutlich voneinander abgegrenzte Vorgänge:

- Der Verstand muss gereinigt werden, sodass sein Inhalt ganz und gar aus den *daivim*-Elementen besteht. Dies ist ein sattvaischer Verstand.

- Er muss gestärkt und erweitert werden, sodass er den Einflüssen der äußeren Welt standhalten kann und dem *purusha* einen Platz für ruhige Meditation gibt. Dies sind Heiterkeit und Frieden.

- Er muss sich vollständig und unwiderruflich der Suche nach Gott widmen. Dafür muss er sich selbst aufgeben. Diese Selbstaufgabe beschreibt der Shivapuri Baba als ein Durchdringen des Bewusstseinsschleiers. Nur ein starker, reiner und weiser Verstand kann den Akt der Selbstaufgabe zulassen. Und doch ist es nicht der Verstand selbst, der diesen Akt unternimmt. Dies muss vom Willen ausgehen, das heißt vom *purusha* im Inneren.

Die Transformation des Verstandes ist ein anderer Vorgang als das Erfüllen von Pflichten. Das letztere ist die Bedingung für spirituellen Fortschritt, aber die erstere ist das direkte Mittel, wodurch er sich vollzieht. Dies ist die zweite Disziplin, die der Shivapuri Baba als *moralisch* charakterisiert.

Moral [oder Sittlichkeit] ist *sattva,* das heißt Reinheit, und wird erreicht durch Karma, das heißt rechtes Handeln. Die *tamas guna* [Eigenschaften der Trägheit] und die *rajas guna* [Eigenschaften der Rastlosigkeit] sind mit den dämonischen Einflüssen im Verstand verknüpft und daher ebenso nutzlose (*akarma*) wie schädliche (*vikarma*) Handlungen.

Der Unterschied zwischen Moral und Pflicht besteht darin, dass die erstere das innere Leben und die letztere das äußere Leben betrifft. Beim moralischen Problem geht es ausschließlich um den inneren Gehalt. Handlungen an sich können nicht als moralisch oder unmoralisch beschrieben werden, solange wir den geistigen Zustand nicht kennen, dem sie entspringen. Der Shivapuri Baba sagte in einem Gespräch mit Thakur Lal während des letzten Weltkrieges, der Konflikt der Pflichten müsse nicht notwendigerweise einen Konflikt moralischer Prinzipien bedeuten. Moral bedeutet im Grunde genommen, dass man ausschließlich bei *sattva guna* und Karma bleibt; aber es können sich Situationen ergeben, wo diese feste Regel nicht mehr anwendbar ist. Er sagte:

> »Versuche immer, nur im Zustand von *sattva guna* und Karma zu sein. Aber je nach Zeit, Ort und Umständen werden wir zu *rajas guna* oder *tamas guna* herunterkommen müssen,

wobei wir gleichzeitig nicht unser *santosh* oder unsere Gemütsruhe verderben sollten. Ebenso werden wir im Falle des Intellektes manchmal *akarma* tun müssen und auch *vikarma,* je nach Zeit, Ort und Umständen, wobei wir gleichzeitig das resultierende *sukha* [Wohlergehen] unbeeinträchtigt bewahren sollten. Im Falle der Moral ist ebenfalls dieselbe Einstellung einzunehmen. Nimm zum Beispiel die Tatsache, dass du hierher zu mir gekommen bist, anstatt nach Gokarna* zu gehen, wie dein Großvater dich angewiesen hat. Dadurch hast du ›unmoralisch‹ gehandelt. Du gehst das Risiko ein, dass er von deinem Ungehorsam erfährt, und dies wird zu Störungen führen. Es besteht kein Frieden im Inneren. Trotzdem kann genau dieses moralische Vergehen zu etwas gemacht werden, was deinem eigenen Vorteil dient. So verlierst du *shanti* [Frieden] und gewinnst *satsang* [Nähe zur Wahrheit].

Wir versuchen über die *guna* hinauszugehen, aber rein praktisch müssen wir in einer von ihnen fest verwurzelt bleiben. Daher ist stets *sattva* zu wählen. Auch hier können wir zu *rajas* oder *tamas* herunterkommen, je nach der Anforderung, die in Bezug auf Zeit, Ort und Umstände an uns gestellt wird. Wir tun dies vorübergehend zu unserem eigenen Vorteil. Dies können wir zur Erhaltung oder zum Schutz dieses ›ich‹ und ›mein‹ tun.

So können wir manchmal *akarma* und auch *vikarma* tun, wenn wir von einem höheren Willen gezwungen werden oder wenn das persönliche Interesse am ›ich‹ und ›mein‹ auf dem Spiel steht. Ein Beispiel: seinen Geburtstag mit einer Party feiern. Die Sache an sich ist *akarma* (oder nutzlos) und auch [*vikarma*] schädlich, insofern als wir Zeit, Geld und so weiter dabei verlieren. Wenn wir es andererseits aber unterlassen, entsteht ein anderer und größerer Verlust dadurch, dass wir Freundschaft und guten Willen verlieren. Das ist es, was du im Sinn hattest. Man kann also einen kleinen Verlust akzeptieren, um sich vor einem größeren Verlust zu bewahren.

Auch stehlen ist *akarma* und *vikarma;* wenn aber jemand etwas vom angehäuften Schatz eines Geizhalses stiehlt, diesem selbst etwas für dessen Unterhalt belässt und den Rest

* Ein hinduistischer Wallfahrtsort im Südwesten Indiens [A.d.Ü.]

unter den Mittellosen verteilt, dann hat er auf diese Weise sein Unterscheidungsvermögen gebraucht, um viele zu schützen, indem er einen beraubt. Rechtes Unterscheidungsvermögen liegt also an der Wurzel all dieser Regelbeugungen. Eine solche Flexibilität in der Einstellung ist nur einem Menschen von Unterscheidungsvermögen erlaubt.

Sünde oder Nicht-Sünde ist keine Frage für einen Verstand mit Unterscheidungsvermögen. Der Henker ist nicht für den Mord eines Kriminellen verantwortlich. Seine Seele, sein Verstand und sein Intellekt bleiben so rein wie zuvor. Aber die Natur seiner Arbeit ist *tamas* [dunkel], und doch ist er dafür gut vorbereitet. Er wird nicht im Geringsten in seinem *sukha, santosh* und *shanti* beeinträchtigt – das heißt in Wohlergehen, Heiterkeit und Frieden. So müssen wir sein, wenn wir gezwungen werden, auf niedrige *guna,* niedere Werke und Moralbrüche auszuweichen oder herunterzukommen. Ein Heuchler wird in *sukha, santosh* und *shanti* gestört, wohingegen ein Mensch von Unterscheidungsvermögen überhaupt nicht gestört wird, obgleich er allem Anschein nach ein hochgradiger Heuchler zu sein scheint.«

Hier werden sehr wichtige Verstandeseigenschaften beleuchtet, nämlich Unterscheidungsvermögen und Flexibilität. Die moralische Disziplin ist von geringem Nutzen, wenn sie den Verstand starr und unbeweglich macht gegenüber der unendlichen Vielfalt von Situationen, die ihm auf seiner Pilgerreise zur Wahrheit begegnen werden. Im folgenden schönen kleinen Vortrag illustriert der Shivapuri Baba die Notwendigkeit von Urteilsvermögen.

»In normalen Zeiten leben wir unser Leben im Allgemeinen recht glücklich und widmen unseren täglichen routinemäßigen Pflichten so viel Aufmerksamkeit wie notwendig. Wir haben unsere festen Prinzipien und klaren Vorstellungen, und damit bewahren wir die Ausgeglichenheit unseres Verstandes. Wir werden durch absolut nichts gestört und setzen unsere normale Routine reibungslos fort mit dem Resultat, dass in unserem Verstand beständig Frieden und Freude fließen. Solange wir unserem normalen Lebensgang folgen, erwarten wir nie irgendeine Veränderung in unseren Umständen, die unser mentales Gleichgewicht stören könnte.

Doch dem ist nicht wirklich so; es ist einfach nur unsere Blindheit gegenüber dem Wesen der Welt. Jeden Augenblick kann uns ganz unerwartet irgendetwas zustoßen. Anormale Lebensumstände können bei Gelegenheit auftreten und wir geraten aus der Fassung. Wir werden hilflos und erliegen einer überwältigenden Kraft von außen. Das Resultat ist, dass unsere Verstandesruhe gestört wird, und so verlieren wir unsere vorherige Haltung. All unsere Strukturen in Form von Routine und Prinzipien brechen ein und wir werden in einen Zustand versetzt, der für uns ganz neu und fremd ist. Was geschieht? Wir sind dann im Allgemeinen wie betäubt und können unser mentales Gleichgewicht nur schwer zurückgewinnen. Wir sind wie ein Fisch außerhalb des Wassers und verlieren uns im Strudel des Samsara. Was tun wir nun? Wir versuchen, unsere frühere Haltung zurückzuerlangen und meinen, dies sei der einzige Weg, der uns offenstehe, um jene Verstandesruhe wiederzugewinnen, die wir zuvor genossen. Hier machen wir einen Fehler. Wir übersehen die Tatsache, dass diese Bemühung, unseren früheren Status zurückzuerlangen, ganz vergeblich ist, weil in dieser sich stets wandelnden Welt nie wiederkommen wird, was vorher war. Wenn wir klug sind, sollten wir stattdessen versuchen, uns an den neuen Zustand, in dem wir uns befinden, anzupassen. Wir müssen neue Pläne machen und neue Projekte anstoßen, die den gegenwärtigen Bedingungen entsprechen. Zurückzublicken und den Verlust unseres früheren Zustandes zu beklagen, bedeutet für uns den Tod. Wir sollten wissen, dass diese Veränderung unserer Lebensumstände entweder auf ein äußeres Ereignis oder eine äußere Kraft zurückzuführen ist oder aber auf unsere eigene Schwäche oder Wahl, das heißt, selbstverursacht ist.

In unserem früheren Status hatten wir unsere festen Pflichten, und aufgrund deren Basis oder Struktur bewahrten wir unser mentales Gleichgewicht. Jetzt erfordert die Situation ihren vollständigen Umsturz und wir müssen von Neuem beginnen. Wir haben nicht gelernt, uns umzustellen. Wenn wir die Sache tiefer betrachten, offenbart sich als Ursache die Unfähigkeit unseres Verstandes, sich zu verändern. Wenn wir Regeln aufstellen oder Termine festlegen, hält unser Verstand sie ein. Doch wenn er ihnen blind folgt, so sagen wir, dem Verstand mangele es an Flexibilität oder der Fähigkeit, sich umzustellen. Wenn die festgelegten Regeln intelligent sind, das heißt lebendig, werden sie die Veränderung akzeptieren. Daraus folgt, dass es kein Gesetz gibt, das keinen Wandel zuließe. Überall gibt es Ausnahmen für jede Regel. Unser Hindu-Rechtssystem lässt Ausnahmen aufgrund dieser Wahrheit des sich wandelnden Universums zu. Diese Besonderheit unseres hinduistischen Rechts wurde im Westen aus eben diesem Grund mit Kritik bedacht, weil es immer Fluktuation zulässt. Wenn uns eine Arbeit gegeben wird, tun wir sie im Allgemeinen nach einem vorgeschriebenen Gesetz, aber dieses Gesetz unterliegt einem Wandel entsprechend den sich verändernden Umständen. Der Frieden und das Glück, die wir als Resultat unserer Pflichterfüllung erlangen, sind die Wahrheit. Nur wenn der Handelnde erleuchtet ist hinsichtlich der Gesetze, sodass er erkennen kann, wie die Gesetze Veränderung erlauben, und wenn sein Verstand gut darauf vorbereitet ist, sich mit den wandelnden Umständen zu ändern, kann die Wahrheit voll erkannt werden. Das nennen wir *karma kaushala* oder Geschick im Handeln.«

An dieser Stelle wurden dem Heiligen einige Fragen gestellt. Die erste betraf die Unterscheidung zwischen drei Sanskrit-Wörtern, die im Allgemeinen mit *mind* [»Verstand« oder »menschlicher Geist«] übersetzt werden.

S.B.: Manas [Herz, innerer Sinn], *buddhi* [Einsicht, Verstehen] und *ahamkara* [Ich, Ego] bedeuten alle »Verstand«. *Manas* handelt, *buddhi* erkennt und *ahamkara* stellt fest. Ein starkes Wesen wird durch das Praktizieren der guten Eigenschaften möglich.«

Frage: »Wie handelt der Verstand in rechter Weise?«

S.B.: »Wenn der Verstand unrein ist, entstehen aus einer Handlung Schmerz und Freude, Liebe und Hass. Wenn eine Handlung um ihrer selbst willen getan wird, handelt der Verstand durch Vernunft.«

F.: »Kann die Lektüre heiliger Schriften uns helfen, unseren Verstand mit den rechten Eigenschaften zu füllen?«

S.B.: Durch das Studium der Bhagavad Gita fördern wir die Hingabe an Gott. Durch das Studium des Ramayana fördern wir die Moral [oder die Rechtschaffenheit]. Durch das Studium des Mahabharata fördern wir einen geschickten Intellekt.«

Es sollte nie vergessen werden, dass der Verstand eine Stellung einnimmt, die notwendigerweise zweideutig ist. Einerseits ist er nach außen der Welt zugewandt, andererseits nach innen zum Selbst gerichtet. Er muss handeln und darf sich doch nicht in die Handlung verstricken lassen. Er muss wissen und darf sich doch nicht auf das Wissen verlassen. Er muss eine moralische Einstellung fördern und darf doch nicht glauben, Moral allein würde die Tür zu Gott öffnen. Diese Zweideutigkeit ist sehr charakteristisch für die indische Spiritualität, und sie ist in keiner Weise auf den Shivapuri Baba beschränkt. Jean Herbert erwähnt in seinem Buch über Hindu-Spiritualität, wie diese Zweideutigkeit das indische Denken in vielfacher Hinsicht durchdringt. Sie rührt her von einem tiefen Gefühl der Unvereinbarkeit des Unendlichen (Brahman) und des Endlichen (*maya*), welche nicht durch die Weigerung aufgelöst werden kann, dem Problem ins Auge zu schauen. Wie oft wir auch sagen mögen, dass Brahman allein wirklich sei, *maya* bleibt doch unseren Sinnen und auch unserem Verstand beharrlich gegenwärtig. Dem *purusha* mag es nur um das Unendliche gehen, zu dem es gehört, aber der Verstand muss mit der Kraft des *maya* rechnen, die Ruhe des inneren Selbsts zu stören. Hier kann ich direkt aus einer der Reden zitieren, die der Shivapuri Baba um 1948, zu Beginn seiner Verbindung mit Manandhar, hielt:

»Wir müssen wissen, wie wir richtig mit *maya* umgehen, und dementsprechend handeln. Dieses Dasein (das heißt, was wir sehen, oder dieses Universum) ist *maya,* mit dem wir in rechter Weise umgehen müssen. Wir sollten den grundlegenden Gedanken stets in uns tragen, dass ein jeder Teil dessen, was wir sehen, Gott in sich birgt. Alles ist Gott. Mit dieser Einstellung (*bhavana*) erhalten wir die rechte Moral aufrecht. Wenn wir diese Einstellung haben, werden wir zum Beispiel keiner Frau oder irgendeinem Lebewesen oder Ding Gewalt antun. Dieses Gefühl für das Heilige ist es, was wir bei diesem rechten Umgang haben sollten. Als Nächstes müssen wir das Wesen oder die Natur dessen, was wir sehen, richtig kennen. Wenn wir zum Beispiel die Eigenschaft des Feuers kennen, werden wir es nicht mit der Hand berühren, sondern eine Zange benutzen. Rechte Moral (das heißt ohne Vorliebe oder Abneigung) ist die Zange, mit der wir dieses Dasein handhaben sollten. Wir dürfen nur das tun, wozu wir bestimmt wurden. Schließlich nehmen wir die Wirklichkeit wahr, dass dieses *maya* das verursacht, was wir »Re-Aktionen« nennen. Wir neutralisieren sie durch geschicktes Handeln. Wenn nutzlose oder schädliche Handlungen unterbleiben, entstehen bei uns keine Reaktionen. Es steht uns dann frei, über Gott zu meditieren. So wird das höhere Leben möglich gemacht.

Wie kleine Kinder, die mit Spielzeug spielen, spielt ihr jetzt mit dem Leben. Ihr habt noch nicht die Verantwortung eines erwachsenen Menschen übernommen. Ihr verfolgt weltliche Vergnügen und Interessen. Ihr gebt euch mit den kleinen Freuden und Sorgen zufrieden, die sich daraus ergeben. Ihr habt euch so sehr den Annehmlichkeiten des Lebens hingegeben, dass ihr das feine Empfinden dafür, was das Leben wirklich ist, verloren habt. Gebt eure Neigung nach den Vergnügen des Lebens auf und denkt nach. Ihr werdet erkennen, dass das Leben ein Mysterium ist. Ihr könnt nicht wissen, wie und warum es entstand.

Gehen wir nun einmal von seiner Existenz aus. Wir wollen seine wirklichen Aspekte betrachten. Es ist etwas sehr Wichtiges, es ist wichtiger als eure Bekannten und Verwandten, als eure persönlichen Interessen und Neigungen. Es ist ein hohes Gut, es ist euch lieber und teurer als eure Frau und eure Kinder. Es ist unbezahlbar. Selbst unschätzbare Juwelen, sämtlicher Reichtum der Welt können seinen Verlust nicht wiedergutmachen. Wir lieben es und sind überaus glücklich, es zu haben.

Gleichzeitig aber entdecken wir, wenn wir seine andere Seite betrachten, dass das Leben ein Fluch ist, eine jämmerliche Angelegenheit, die übelste Knechtschaft. Denkt nur an die Probleme und Leiden, die wir um des Lebens willen auf uns nehmen müssen. Stellt euch einen Esel vor, der einer Eselin glücklich und verliebt hinterhertrottet, dafür aber nur Tritt um Tritt bekommt, und doch unbeirrt bleibt. In gleicher Weise rennt ihr dem Leben hinterher. Hunger und Durst mit ihren Begleiterscheinungen, und vor allem unsere große Sorge, das Leben selbst zu erhalten, werden uns gewaltsam aufgezwungen. Wenn du ein Mensch mit Selbstachtung wärst, würdest du ihm nicht nachrennen, wenn du erkennst, dass du von ihm nichts als Tritte bekommst. Du würdest dir die Frage stellen: Warum sollte ich überhaupt daran Interesse haben?

Dies sind die zwei Aspekte des Lebens, die zeigen, dass es an sich widersprüchlich ist.«

Die Aufgabe des Verstandes ist es, diese Widersprüchlichkeit zu bewältigen und jeder Seite ihren Anteil zuzugestehen, dem Kaiser zu geben, was des Kaisers ist, und Gott, was Gottes ist. Die Grundlage wahrer Moral, im Gegensatz zu gekünstelter oder imitierter

Moral, ist Unterscheidungsvermögen. Dies ist der zweite kostbare Besitz, den ein Mensch haben kann – der erste ist unersättliches Verlangen nach der Wahrheit, das heißt Gott. Unterscheidungsvermögen ist eine aktive Kraft, die über Wissen hinausgeht. Wir können nicht richtig unterscheiden und falsch handeln. Wenn wir sehen, was zu tun ist, und es nicht tun, müssen wir uns eingestehen, dass wir nicht unterscheiden können.

Unterscheidungsvermögen ist eine Eigenschaft des Verstandes – oder der Seele, wie wir im Westen sagen würden – und bestimmt unser Handeln. Wahres Unterscheidungsvermögen ist wahre Moral. Moral ohne Unterscheidungsvermögen kann jederzeit fehlschlagen.

Diese Interpretation seiner Lehre über Unterscheidungsvermögen und Verstand wird durch das folgende Gespräch bestätigt, das 1961 zwischen ihm und meiner Frau Elizabeth stattfand.

Elizabeth Bennett: »Wir leben in einem Zeitalter, dem es an Glauben mangelt. Wie kann ich meine Kinder in einer solchen Weise großziehen, dass sie in einer nichtgläubigen Welt Glauben haben?«

S.B.: »Glauben kann man niemanden lehren. Glauben kommt von Gott. Sie müssen ihnen Unterscheidungsvermögen beibringen. Wenn Unterscheidungsvermögen da ist, wird Glauben von selbst kommen.«

E.B.: »Wie können sie Unterscheidungsvermögen erlangen?«

S.B.: »Durch Selbstdisziplin. Sobald sie das Alter erreichen, in dem sie verstehen können, was Sie ihnen sagen, müssen Sie ihnen Pflichten im Haus geben. Die Kinder müssen diese Pflichten akzeptieren und ohne Entledigung oder Unterlassung erfüllen. Dadurch lernen sie, was beachtet und was beiseitegelassen werden muss. Dies ist der Weg, um Unterscheidungsvermögen heranzubilden.

Dann müssen Sie ihnen helfen, indem Sie ihnen zeigen, wann sie etwas richtig und wann sie etwas falsch gemacht haben. Dies sollte nicht mittels Lob und Tadel geschehen, die das Unterscheidungsvermögen nicht heranbilden, und auch nicht durch Belohnung und Bestrafung, die es zerstören. Zum Beispiel dürfen Sie nie sagen: ›Wenn du diese bestimmte Aufgabe gut erfüllst, werde ich dich belohnen.‹ Die Kinder müssen lernen, etwas um seiner selbst willen, nicht für ihre Belohnung zu tun. Wenn Sie sie belohnen möchten, müssen sie es später tun, ohne dass die Kinder irgendeine Belohnung erwarten. Dann wird es ihnen helfen.

Wenn Sie diesen Grundsätzen folgen und Ihren Kindern zeigen, wie man die guten Eigenschaften heranbildet, werden sie automatisch Unterscheidungsvermögen entwickeln. Dann wird Gott ihnen Glauben schenken, sobald sie bereit sind, ihn zu empfangen.«

Manandhar berichtet von einem anderen Gespräch, das die Entwicklung des Verstandes und des Unterscheidungsvermögens mit der Erziehung von Kindern in Bezug setzt.

S.B.: »Gegenwärtig lebt ihr wie Pygmäen, wenn man den Zustand eures Verstandes und eures Intellekts betrachtet. Euer Verstand ist ziemlich unterentwickelt und ebenso euer Intellekt. Um diesen Gedanken klar zu verstehen, solltet ihr das Wachstum eines kindlichen Verstandes betrachten. Ein Kind mag die eine Sache, die andere Sache aber mag es nicht – obgleich die letztere ebenso gut für es sein mag wie die erstere. Hier hat sich sein Verstand ohne jeden Grund Vorlieben und Abneigungen zugewandt. Um diesem engen Verstand zu entwachsen, sollte es in der Gemeinschaft seiner Familienmitglieder leben und sich entwickeln; dann wird es auf lange Sicht erkennen, dass die Sache, die es vorher nicht mochte, jetzt etwas Erstrebenswertes ist. So muss das Kind seiner unterscheidungslosen Voreingenommenheit entwachsen. Indem es mit den anderen Menschen um sich herum lebt und ihre Handlungen und Gewohnheiten sieht, gewinnt es schrittweise neue Ansichten. Sein Verstandeshorizont wird mehr und mehr erweitert mit dem Resultat, dass es die eine Sache, die es zunächst nicht mochte, nun mag und schätzt. Ein weiteres Beispiel: Wenn einer ruft, fürchtet sich das Kind davor, zu ihm zu gehen, weil es ihn nicht kennt. Es hat jedoch keine Bedenken, zu seinen eigenen Leuten zu gehen, die ihm gut vertraut sind. Das hat mit der Beschränktheit seines Intellekts zu tun. Es kann den Menschen, der es ruft, nicht kennen und einschätzen. Sein Intellekt ist nicht hinreichend entwickelt, um den Menschen zu erkennen, mit dem es Freundschaft schließen sollte. So finden wir Mängel in unserem Intellekt wie auch in unserem Verstand. Um diese Unzulänglichkeiten zu beseitigen, sollten wir für genügend mentales und spirituelles Wachstum sorgen.

Wie wir uns entwickeln können, ist eine Frage, die sich uns immer stellt. Wie im Falle des oben genannten Kindes sollten wir in der Gesellschaft von Yogis oder entwickelten

Seelen leben, und indem wir ihre Vorträge hören, ihre Aussprüche und ihre Anweisungen entsprechend den heiligen Schriften können wir mit der Zeit unseren niedrigen mentalen Stand höher entwickeln. Mittels *shravana, manana* und so weiter, das heißt durch Hören und Erkenntnisdrang, können wir im Laufe der Zeit auch unsere intellektuelle Fähigkeit entwickeln. Um also zu einem voll entwickelten Wesen zu werden, benötigen wir verstandesmäßiges wie auch intellektuelles Wachstum; das eine ohne das andere ist nicht die Wahrheit. Beide sollten Seite an Seite wachsen. In der gegenwärtigen Welt finden wir zum Beispiel in einem gewissen Maß nur *intellektuelle Entwicklung,* während kein hohes moralisches Prinzip die Menschen leitet. Die Entwicklung des Verstandes wird leidlich übersehen. Um es noch deutlicher zu sagen: Die Funktion unseres Intellektes besteht darin, Licht zu machen. Für einen Beamten ist es der Intellekt, der die Pflichten und Funktionen seines Amtes festlegt und ihm eine Vorstellung davon gibt. Das bedeutet, der Intellekt in ihm begreift die Gesetze, Regeln und Bestimmung bezüglich seiner Pflichten als Beamter. Doch wenn sein Verstand nicht voll entwickelt ist und demzufolge keine moralischen Prinzipien beachtet werden, zögert er nicht, sich bestechen zu lassen. Sein Verstand hält der Versuchung nicht stand, und daher kann der Beamte seine Pflichten nicht zur Zufriedenheit erfüllen. Er erfüllt seine Pflichten dem Buchstaben, aber nicht dem Geiste nach. Intellektuelle Entwicklung allein kann sich also nicht ohne moralische Prinzipien oder hinreichende Verstandesentwicklung hervortun. Der Verstand ist derart schwach, dass er den schwächenden Einfluss niedriger mentaler Zustände oder der drei *guna* nicht abzuschütteln vermag. Ihre Namen sind *sattva, rajas* und *tamas,* während ihre Formen *ichchha, raga* und *dwesha* sind, das heißt Verlangen, Leidenschaft und Hass. Der Intellekt will, dass etwas getan wird, aber der Verstand tut unter dem Einfluss von Verlangen, Leidenschaft und Hass etwas ganz anderes. Hier liegt die Schwäche von uns Menschen. Wie überwindet man sie?

Was uns hier hilft, sind Heilige, Propheten und das Studium der heiligen Schriften. Indem wir mit ihnen verbunden leben und indem wir Werke der Nächstenliebe tun und tugendhaft handeln, gewinnen wir und wachsen. Ähnlich kann eine nur *verstandesmäßige oder moralische Entwicklung* ohne intellektuelle Ausbildung nicht voll zur Wirkung kommen. Sie sind so sehr miteinander verknüpft, dass die eine ohne die andere keine Schönheit entfaltet. Erst wenn beide dieser Entwicklungen stattgefunden haben, kann man sagen, dass die betreffende Person den rechten Weg eingeschlagen hat. Sie ist dann sehr glücklich. Ihre Seele findet die Freiheit, für ihr eigenes Wohlergehen zu sorgen, so wie eine Mutter die Freiheit findet, sich ganz ihrer täglichen Arbeit zu widmen, wenn ihre Kinder Reife erlangt haben und erwachsen genug sind, um selbst Verantwortung zu tragen. Die Seele ist von ihrer Bürde befreit und dadurch unbeschwert. Wir werden dann zu fähigen Seelen, die in der Lage sind, spirituellem Wachstum den Weg zu bahnen. So erklimmen wir dann mit verstandesmäßiger und intellektueller Entwicklung gleichzeitig Göttliche Höhen. In dem Maße, wie wir das niedere Leben meistern, öffnet sich uns auch das höhere Leben.«

Aus Manandhars Aufzeichnungen geht hervor, dass die Unterscheidung zwischen der Disziplin des Intellekts und der Disziplin des Verstandes, zwischen Pflicht und moralischer Vollkommenheit, sich allmählich im Laufe von zwanzig Jahren herausbildete, als mehr und mehr Menschen den Shivapuri Baba aufsuchten, um sich den rechten Lebensweg zeigen zu lassen. Das heißt nicht, dass seine Unterscheidung zwischen Körper und Verstand nicht schon immer da war; aber in seinen Erklärungen war zunächst die Ausbildung guter Eigenschaften mit der Disziplin der Pflicht verknüpft. Der folgende Auszug aus einem der frühesten Gespräche im Jahre 1937 zeigt, wie er zu jener Zeit seine Lehre darlegte.

S.B.: »Wenn sich in der Organisation der täglichen Aufgaben ein gewisser Rhythmus eingestellt hat, sollte man sich die guten Eigenschaften eine nach der anderen gesondert vornehmen und sie üben. Wenn dieser Rhythmus erreicht ist, ist der erste Teil des Kampfes vorüber und die Tugenden sind die nächsten Zwischenziele, die in gleicher Weise Schritt für Schritt erreicht werden. Widerstände oder Schwierigkeiten mögen auftreten, aber wir sollten niemals nachgeben, selbst wenn es unser eigenes Leben kostet.

Wir sollten mit unserem Verstand ein stetes Tauziehen betreiben. Wenn wir nicht nachgeben, ziehen wir den Verstand mit wachsender Kraft. Der aber wird nicht so bald einlenken. Nur allmählich, im Laufe der Zeit kann er bezwungen werden. Wir sollten einfach nur in unseren Pflichten fortfahren, dann ist es lediglich eine Frage der Zeit. Der Tag wird sicherlich kommen. Jetzt, in den frühen Stadien, sollten wir in unserer Routine Zuflucht suchen und um jeden Preis an ihr festhalten. Im Laufe der Zeit werden wir ein Stadium erreichen, in dem wir alle unerwünschten oder nutzlosen Tätigkeiten abwerfen können und uns verfeinern. Wir werden zu einer subtileren Weisheit gelangen, mit deren Hilfe wir weitere Zielpunkte erreichen werden. Unser Anfang ist daher ein systematischer oder wissenschaftlicher Prozess der Verfeinerung unserer Weisheit. Halte an deinen Prinzipien fest, ändere dein Prinzip das ganze Leben lang nicht.

Wir können Weisheit nicht direkt erlangen. Gute Eigenschaften sind die Trittsteine, die dahin führen. Was ist Tugend? Ein richtiges Funktionieren unserer täglichen Pflichtroutine – *nitya* [stetig] und *naimittika* [wirkend]. Wenn man strikt nach dem Gesetz lebt, das diese beiden vorgeben, so ist dies Tugend im eigentlichen Sinn, das heißt ein ernsthaftes und strebsames Festhalten an den Pflichten. Gegen das Gesetz zu verstoßen oder die Pflichten auf die leichte Schulter zu nehmen oder die tägliche Routine nicht einzuhalten, ist Laster.

Unsere Aktivitäten sollten echt sein. Denke nicht in Begriffen von gut und schlecht. Denke nur in Begriffen dessen, was echt oder wirklich ist. Eine wirkliche Handlung wird von zwei Kräften hervorgebracht; die eine ist die Befehlskraft, die andere die Beherrschungskraft. Die sogenannt großen Menschen der Welt verfügen über Befehlskraft in größerem oder geringerem Maß. Doch wenn man ihr Handeln kritisch analysiert, wird man erkennen, dass sie nicht die nötige Beherrschungskraft haben. Ihre Handlungen sind entweder gut oder schlecht. Aufgrund einer gewissen Selbstdisziplin haben sie die Befehlskraft in einem außergewöhnlichen Grad entwickelt, aber es ist ihnen völlig misslungen, diese Kraft zu kontrollieren, sodass sie im Leben nicht wirklich erfolgreich sind. Aufgrund ihrer Befehlskraft haben sie mehr als genügend

Mittel an der Hand, aber sie sind nicht in der Lage, diese Mittel den Erfordernissen angemessen zu gebrauchen. Die eigene Befehlskraft im notwendigen Maß zu konzentrieren und sie gleichzeitig zu nutzen, ist eine Fähigkeit, die nur sehr wenige und ungewöhnliche Menschen besitzen. Um Wirklichkeit zu erlangen, sollte man den eigenen Lebensumständen entsprechend sowohl Beherrschungs- als auch Befehlskraft entwickeln.

In unserem speziellen Fall müssen wir unsere inneren Kräfte fest im Griff haben und sie kontrollieren, wenn wir unsere bestimmten Aktivitäten unternehmen. Wenn wir unsere tägliche Routine einhalten mit festen Pflichten, festen Zeiten und festen Prinzipien, bedeutet dies, dass wir diese Befehlskraft erwerben. Aber damit allein erlangen wir nicht den wirklichen Erfolg. Wir benötigen und gebrauchen diese Kraft nur in dem für unsere Zielvorstellungen notwendigen Grad. Wenn wir einmal in der Lage sind, unsere Kräfte gemäß festen Pflichten, festen Zeiten und festen Prinzipien zu befehlen, werden wir sie auch beherrschen müssen. Die Anwendung der sechsundzwanzig Eigenschaften, die unsere höhere Natur ausmachen, zielt darauf ab, diese Kräfte zu kontrollieren.«

Es sollte nicht vergessen werden, dass der Verstand der Diener des Selbsts und nicht sein Meister sein muss. Er erlangt die Fähigkeit zum unabhängigen Handeln teilweise als Ergebnis unserer eigenen Natur und teilweise aufgrund unserer Unwissenheit und unserer schlechten Gedanken. Wenn unser Verstand in diesem Zustand ist, trachtet das *ahamkara* [Ego], das eigentlich nach dem Selbst suchen sollte, nur nach Befriedigung. Dies ist der Zustand des Egoismus, von dem der Verstand um jeden Preis zu befreien und zu reinigen ist. Daher spricht der Shivapuri Baba vom »Bezwingen« des Verstandes:

»Ein Mensch, der dem Einfluss seines Verstandes unterliegt, ist eine sehr schwache Seele. Wenn er seinen Verstand bezwingt, ist Gott ihm sehr nahe. Lass nicht zu, dass irgendeine äußere Sache dich von deinen Pflichten abhält oder abbringt.

Wenn Krankheit im Körper ist, verlieren wir unsere Lebensfreude, haben keinen Geschmack mehr und so weiter.

Ebenso ist unser *purusha* unglücklich, wenn Unwissenheit besteht. Mache Heu, solange die Sonne scheint! Wir sollten unsere Bestimmung vor Anbruch der Nacht erreichen. Also beeile dich, spute dich! Wirf Trägheit, Trödelei und ähnliche Schwächen ab. Du hast dich entschlossen, gewiss, aber dein Verstand ist noch immer unwillig. Diesen Unwillen solltest du langsam ausmerzen, Schritt für Schritt, denn diese Art Mentalität kann man nur schwer auf einen Schlag austreiben. Nur wenn wir die guten Eigenschaften hereinlassen, wird sie langsam vergehen. Du sitzt jetzt an diesem Platz und daher kann ihn kein anderer Körper einnehmen, ohne dass du ihn verlässt. Auf eine ähnliche Weise hat dich diese – deine frühere Mentalität – im Griff. Durch die Übung von Nächstenliebe und von guten Eigenschaften wird diese Mentalität langsam vergehen. Wie dein Kind, ist diese Mentalität momentan in Entwicklung begriffen, und im Augenblick musst du dich ihrem Starrsinn irgendwie beugen. Wenn sie aber einmal erwachsen ist, wirst du sie sogar hart behandeln, das heißt, ihr deine Unterstützung verweigern müssen.«

Die dritte Disziplin – spirituell

Wir kommen nun zur höchsten Aufgabe, deren Erfüllung der eigentliche Zweck des menschlichen Lebens ist und worauf alle anderen nur vorbereiten. Der Shivapuri Baba beschreibt dies in mannigfacher Weise als Gotteserkenntnis, Erkenntnis der Wahrheit, Wissen über Gottes, Sinn des Lebens und das Erreichen Gottes. Hier helfen uns weder Intelligenz noch Verstand; nur der Glaube zählt. Der Mensch kann Gott niemals finden, aber wie in der Geschichte des jungen Dhruva kann er Gott zu sich bringen, wenn er die erforderlichen Verstandeseigenschaften besitzt. Obgleich also Verstand und Intelligenz Gott nicht finden können, müssen sie im richtigen Zustand sein, wenn Gott erkannt werden soll.

In meinen eigenen Gesprächen mit dem Shivapuri Baba war ich besonders beeindruckt von der Wichtigkeit, die er der Autonomie der drei Disziplinen beimaß. Jede bezieht sich auf einen eigenen Bereich und hat ein eigenes Ziel. Mittels des Intellekts erobern wir diese Welt und erlangen irdisches Glück, *sukha.* Durch den Verstand bezwingen wir uns selbst und erlangen Heiterkeit, *santosh,* und die Zusicherung ewiger Freude. Durch Glauben lassen wir uns von Gott erobern und verlieren alles, um alles zu finden – das ist *shanti* [innerer Frieden]. Welterkenntnis, Seelenerkenntnis und Gotteserkenntnis sind drei klar voneinander unterschiedene Endpunkte dreier deutlich unterschiedlicher Prozesse. Ein Mensch kann sich einem einzelnen oder allen von diesen widmen, aber es ist zwecklos, direkt Gotteserkenntnis anzustreben, wenn er einen trägen Intellekt und einen schwachen Verstand hat. Wenn er sich der Welterkenntnis widmet, wird er ein glückliches und erfolgreiches Leben haben, aber der Tod wird allem ein Ende setzen. Wenn er sich der Seelenerkenntnis widmet, wird er ewige Glückseligkeit erlangen, aber diese wird durch das Dasein bedingt bleiben. Wenn die Welten vergehen, wird seine Glückseligkeit enden und er wird einsehen, dass er nirgendwo hingelangt ist. Daher ist als Erfüllung und Ziel des Daseins nur die Gotteserkenntnis objektiv und absolut richtig.

Jemand mag seinen Intellekt zum höchsten menschenmöglichen Grad entwickeln; das bedeutet nicht nur das Denkvermögen, sondern alle Funktionen und Kräfte, die mit dem irdischen Leben verknüpft sind. Er wird in der Lage sein, alle Arten von existierenden Dingen und Wesen zu beherrschen, und vermag, wirklich glücklich zu werden. Aber dies alleine wird ihm nicht automatisch einen starken und reinen Verstand geben. Er mag zwar alle Kräfte haben und kann doch moralisch verloren sein und daher verdammt zu elenden Daseinszuständen nach dem Tod. Vielleicht ist er moralisch nicht verdorben, aber er wird nicht jenes starke Gefäß besitzen, das nach dem Tod seinen Inhalt bewahren kann.

Wenn sein Zustand daher auch nicht elend sein mag, so ist dieser doch substanzlos wie der eines Gespenstes. Sein *jiva* [seine Seele] wird sich ein anderes Gefäß suchen müssen, um seinen Weg fortzusetzen.

Der Zustand eines Menschen mit einem starken Verstand, der durch Disziplin und die Praxis guter Eigenschaften geformt ist, ist sehr viel günstiger. Wenn es ihm aber an Intelligenz mangelt, wird er nicht in der Lage sein, mit den Problemen des Lebens fertigzuwerden, und er wird von seinem wahren Ziel, Gott zu finden, abgelenkt. Er mag nicht einmal in der Lage sein, den Unterschied zwischen *nirvikalpa samadhi,* das heißt einfacher Glückseligkeit, und Gotteserkenntnis zu begreifen. Daher kann er leicht irregeführt werden.

Selbst die Kombination einer wachen Intelligenz und eines starken Verstandes wird nicht genügen, um uns zu Gott zu führen. Dafür muss ein dritter und ganz anderer Prozess in Gang gesetzt werden. Dieser Prozess wird allgemein »Meditation« genannt.

Die bereits zitierte Antwort, die er den Schwestern gab, die ihn fragten, wie man Gotteserkenntnis erlangt, fasst die gesamte Lehre des Shivapuri Baba zusammen: »Denken Sie nur an Gott allein, beseitigen Sie alle anderen Gedanken aus ihrem Verstand. Wenn alles andere verschwindet, werden Sie Gott schauen. Im Nu.«

Da nur wenige Sterbliche die Verstandeskraft besitzen, diese Anweisung gleich von Anfang an wortwörtlich zu befolgen, müssen wir stufenweise vorgehen. Es gibt drei solcher Stufen, die im Sanskrit vereinfachend beschrieben werden als *dharana, dhyana* und *samadhi,* oder Stetigkeit, Meditation und tiefe Kontemplation. In der Antwort auf die Frage eines Hindu-Schülers – einen Teil davon haben wir bereits oben zitiert – wurde Folgendes gesagt:

> *Frage:* »Könnten Sie mir einige Hinweise zur Meditation geben?«
>
> *S.B.:* »Meditation hat drei Stufen, nämlich *samadhi, dhyana* und *dharana. Samadhi* ist Konzentration auf die Wahrheit; *dhyana* ist Denken an irgendeinen bestimmten Gegenstand für lange Zeit; *dharana* ist Nachdenken über die historische Wahrheit. In einem anderen Sinn ist Meditation tiefgründiges Nachdenken. Sie verbessert unsere Gesundheit, gibt sehr hilfreiche Ideen und ist sehr wichtig für unseren spirituellen Fortschritt. Meditation ist etwas für ›Verrückte‹. Daher ist es am besten, wenn man einen besonderen Raum dafür hat. Er sollte sauber und ordentlich sein. Man kann künstlerische Bilder von Rama, Krishna und anderen verwirklichten Seelen zum Zwecke der Inspiration aufstellen. Man kann auch Weihrauchstäbchen und Opferfeuer anzünden, denn sie reinigen den Verstand und die Atmosphäre.«
>
> *F.:* »Welches ist die beste Zeit für Meditation?«
>
> *S.B.:* »Früh am Morgen. Nach den natürlichen Verrichtungen und dem Bad sollte man einfache *pranayama* (Atemkontrolle) zwei oder dreimal üben (aber nicht mehr als zehnmal täglich). Dann sollte man eine bequeme Haltung einnehmen, wobei der Körper ganz aufrecht bleibt, und die Meditation beginnen.«

F.: »Sind Meditation und Konzentration dasselbe?«

S.B.: »Ja, denn beide bedeuten zielgerichtetes Bewusstsein. Und nein, denn in der Meditation herrscht Bewusstsein sowohl der äußeren als auch der inneren Welt, während bei der Konzentration nur Bewusstsein der inneren Welt gegeben ist.«

F.: »Wie denken Sie über Sittlichkeit?«

S.B.: »Die Vorstellungen von Sittlichkeit variieren je nach Zeit und Ort. Um das Rechte Leben zu bewahren, können wir jede Regel der Sittennorm brechen. Universale Moralität bedeutet, ohne Entledigung oder Unterlassung zu handeln. Wir dürfen bezüglich anderer Formen der Sittlichkeit nicht dogmatisch sein. Gesellschaftliche Stabilität sollte selbst entgegen den Sittengesetzen bewahrt werden.«

F.: »Wo sind die Lehren über das Rechte Leben am besten dargestellt?«

S.B.: »In den vier Veden und auch im Ramayana, der Bhagavad Gita und dem Mahabharata. Aber denke stets daran, dass die Lehren, die man in Büchern findet, nur einen allgemeinen Charakter haben. Individuelle Sucher benötigen die Anleitung eines Lehrers, der eine verwirklichte Seele ist.«

Rechtes Leben und Meditation sind ein Pfad, der das Leben nicht leugnet, sondern es ermöglicht. Indem wir Ja sagen zum Leben und es auf dem rechten Pfad führen, sind wir in der Lage, uns darin einzurichten und uns zu befähigen, die Wahrheit durch Meditation zu erkennen. Wenn man die Probleme des Lebens lösen will, kann man dem Leben [als solchem] nicht entsagen, denn man muss die von Gott verfügten dreifachen Pflichten erfüllen. Entsagung würde bedeuten, dass man vom Leben davonläuft und daher von seinen Problemen. Die tiefere Bedeutung des Lebens geht durch die sogenannte Entsagung verloren. Wir sollten hier jedoch anmerken, dass jemand, der feierlich geschworen hat, Gott oder den Tod zu finden, durchaus dem *weltlichen* Leben entsagen mag und zur Meditation in den Wald gehen kann. Meditation ist aber genauso möglich, während man mit diesem [weltlichen] Leben beschäftigt ist. Man kann meditieren bei der Ausübung seiner Pflichten [in der Welt] oder in einem Wald. Aber selbst indem man ein Leben im Wald führt, muss man die dreifachen Pflichten erfüllen. Ein Leben im Wald ist nicht ein Leben der Buße oder der *yogavyas* [Yogaformen]. Auch wer die Wahrheit in einem Wald sucht, muss das Rechte Leben üben und direkte Meditation über Gott praktizieren.

Der Pfad des Rechten Lebens ist schwierig und leichter zu beschreiben als zu befolgen. Jede Tätigkeit der äußeren Sinne muss richtig bemessen sein und man sollte sich keiner entledigen und keine unterlassen. So wie wir einen Mantel abmessen und schneidern, so sollten wir auch unser Leben bemessen und gestalten. Das Maß sollte weder länger noch kürzer als notwendig sein. Nur wenn unser Leben genau reguliert ist, werden wir die erforderliche Zeit und Energie für die Meditation haben. Rechte Meditation kann nicht auf einem ungeordneten Leben begründet werden.

Erste Stufe: dharana

Dies bedeutet wörtlich das Halten oder Fassen im Verstand und auch das Erinnern sowie die Sammlung des Verstandes. Das Wort *dharana* ist sehr alt. Die Weisen, die den Rigveda vor Tausenden von Jahren zusammenstellten, gebrauchten es im selben Sinne wie der Shivapuri Baba. Tatsächlich ist es die weltweit gekannte Praxis der Andachtsübungen. Indem er sich an mich persönlich als Katholiken wandte, empfahl der Shivapuri Baba besonders den häufigen Gebrauch des Rosenkranzes, die Kontemplation über die Leben der Heiligen, die Lektüre der Bibel und das verbale Gebet. Tarzie Vittachi wurde geraten, die Bergpredigt zu studieren, obgleich er als Buddhist aufgewachsen war.

Es ist nicht notwendig, weitere Beispiele anzuführen, da *dharana* ein Teil allen spirituellen Lebens aller Zeiten und Religionen ist. Sein Zweck ist es, dem Verstand eine Orientierung zu geben, die das Erreichen der nächsten Stufe erleichtert.

Zweite Stufe: dhyana

Dies ist die Form der Meditation mithilfe einer Vorstellung oder der Gestaltung eines mentalen Bildes. Das entsprechende Wort in der Sufi-Terminologie lautet *ta'ammul,* was dasselbe bedeutet und dasselbe Ziel hat. Der Verstand ist auf ein bestimmtes Bild konzentriert, bis die Wirklichkeit hinter dem Bild offenbar wird. Dies ist die erste Öffnung des höheren Bewusstseins, das uns schließlich über das Bewusstsein selbst hinausführen wird. Nichts könnte dies besser illustrieren als ein herrlicher Abschnitt in einem der Gespräche des Shivapuri Baba, den ich im Folgenden zitiere:

»Der einzige Zweck dieses menschlichen Lebens ist allein die Erkenntnis Gottes. Meditieren Sie über Ihn mit so viel Ehrerbietung und Liebe, wie Sie aufbringen können. Beginnen Sie mit Seiner manifestierten Form. Stellen Sie sich vor, Er stünde direkt vor Ihnen und von Seiner Krone gehe ein Glanz aus, blendender als der der Sonne, Seine roten Augen leuchtend wie ein Lotos, Sein Hals bedeckt mit kostbaren Perlenketten, *kaustubha*-Ornamenten und *vanamala*-Girlanden. Seine vier Hände halten das Muschelhorn, die Chakra-Scheibe, die *kaumodaki gada* [Keule] und die Lotosblume. Er trägt das gelbe *pitambara*-Gewand. Sein Körper ist von lieblichem Blau, Sein Gesicht lächelt voller Erbarmen. Er ist von bezaubernd jugendlichem Alter und bereit, Seinen Anhängern Seinen Segen zu erteilen. Diese Form von Ihm bezeichnen wir als Vasudeva [Lichtgott aller Geschöpfe]. Meditieren Sie wiederholt über diese Form. Vergessen Sie alles außer Ihm. Sagen Sie zu Ihm: ›Oh Gott, segne mich.‹ Sprechen, rufen, lachen, tanzen Sie, tun Sie, was Ihnen in den Sinn kommt, lassen Sie Ihre Tränen der Ekstase fließen. Dies alles kommt von Ihm. Ohne Ihn ist nichts. Nehmen Sie eine Haltung ein, in der Ihr Verstand sich vollkommen auf diese Form konzentrieren kann. Falls Sie sich diese ganze Form nicht in einem Zug vorzustellen vermögen, stellen Sie sich Ihn in Teilen von Kopf bis Fuß vor. Üben Sie dies wiederholt. Widmen Sie dem so viel Zeit wie möglich. Bringen Sie Ihm Blumen und Weihrauch dar und beugen Sie sich nieder zu Seinen barmherzigen Füßen. Wenn Ihre Konzentration auf diese Form nicht gelingen will, kommen Sie herunter zur Stufe des *dharana* und lassen Sie Ihrer Vorstellung freien Lauf in Seinem verspielten *lila* [Göttlichen Spiel], in Gedanken, die einzig und allein Ihn betreffen. Dann unternehmen Sie einen erneuten Anlauf, sich ganz auf Ihn zu konzentrieren. Danach kommen Sie wiederum zu *dharana* herunter und nehmen dann erneut einen frischen Anlauf. Setzen Sie dies jahrelang fort. Stellen Sie sich vor, Er stünde nah bei Ihnen wie Ihr Schatten in all Ihren Gedanken und Taten. Dann wird eine Zeit kommen, da Sie Ihn tatsächlich vor sich stehen sehen. Ihre Freude wird grenzenlos sein. Ihre Unwissenheit, all dieser Schmerz und Genuss werden vergehen. Ihre ganze Lebensanschauung wird sich verwandelt haben.«

Zahllose solche Beschreibungen finden sich bei Ramakrishna und anderen indischen Heiligen. Auch zu diesem Thema sind weitere Beispiele nicht nötig.

Dritte Stufe: samadhi

Dies bedeutet, dass man in der Identität gefestigt ist, das heißt im Zustand der Einheit von Subjekt und Objekt, in diesem Fall: von individuellem *purusha* und höchster Wirklichkeit.

Wir müssen darauf achten, dass wir *dhyana* nicht mit *samadhi* verwechseln. In dem gerade zitierten Gespräch fuhr der Shivapuri Baba, nachdem er die herrliche Erfahrung direkter Wahrnehmung der Gegenwart des persönlichen Gottes gepriesen hatte, fort:

»Seien Sie auch hier auf der Hut. Bleiben Sie hier nicht stehen. Dies ist nicht alles. Als Nächstes kommt *samadhi:* die Frage, woher dieses Wesen kommt. Halten Sie hier inne und suchen Sie darüber hinaus – die unbekannte Quelle. Dieses Wesen ist nur die Form, die jene unbekannte Quelle angenommen hat. Machen Sie weiter und erkennen Sie jene. Dort erfolgt ein wirklicher Blick in die Leere. Dann ist alles vorüber. Das letztendliche Ziel ist erreicht.«

In einem anderen Gespräch unterstrich er die Hilflosigkeit des Menschen, wenn er zur dritten und letzten Stufe gelangt. Bis dahin muss er sich auf seine Intelligenz und sein Unterscheidungsvermögen stützen, um sein Leben zu ordnen, sowie auf seinen Glauben und sein Verlangen nach Gott, um sich in seiner Meditation zu stärken. Ganz gleich, wie stark diese drei auch sein mögen, sie werden ihn nicht zum Ziel führen.

»Diese Erkenntnis kann nur durch die Gnade Gottes verwirklicht werden. Nur ein Mensch, der dieser Richtung von *svadharma* folgt, das heißt diesen drei Prinzipien, und sich dabei dennoch nicht in den Genuss von deren Früchten verstricken lässt, sondern all dies Gott darbringt und den größten Teil seiner Zeit in tiefer Sehnsucht nach Gott verharrt, verdient diese Gnade.«

Wenn diese Selbsterkenntnis eintritt, ist für den Menschen alles vollbracht. Er wird allwissend. Allein durch die bloße Kraft seines Denkens kann er Dinge grobstofflicher Natur auf Anhieb erkennen. Zwischen seinem Denken und dem daraus Resultierenden besteht keine Trägheit oder scheinbare zeit-räumliche Ausdehnung mehr. Er braucht nicht einmal mehr irgendetwas in Beziehung zur äußeren Welt zu tun, um seine Gedanken zu erfüllen.

In *samadhi* selbst gibt es verschiedene Grade, und der Sucher der höchsten Wahrheit muss sich vor der Versuchung in Acht nehmen, auf einer Zwischenstufe stehen zu bleiben, die ihm aufgrund ihrer intensiven Wonne und des Gefühls der Befreiung von allen irdischen Fesseln schon als Ziel erscheinen mag. Durch eifriges Üben der drei Stufen von *dharana, dhyana* und *samadhi* mag es einem Menschen gelingen, sich vollständig von der Außenwelt abzukapseln. Der Rat des Shivapuri Baba erfolgt hier eher in Form eines Berichts darüber, was mit einem Menschen geschehen wird, dessen Verstand stark genug ist, um direkt bis zum Ziel zu gehen.

»Der Mensch, der sich in dieser Weise von der äußeren Schöpfung abgewandt hat, bleibt vorläufig in *samadhi,* welche in ihrer höchsten Ausprägung zur *nirvikalpa samadhi* [einfachen Glückseligkeit] wird. Dort genießt der Mensch äußerste Wonne, da es für ihn keine Schöpfung oder keinen Schöpfungsprozess mehr gibt. Er ist persönlich nicht länger darin verstrickt. Hier bleibt er stehen. Dies ist alles, denkt er, und genießt seine höchste Freude. Nach den [vedischen Lehren der] *sankhya* ist dies das letztliche Ziel. Sie besagen, die Sonne, der Mond und so weiter sowie das Universum seien nur Teile des universalen Gottes, nichts darüber hinaus. Dies ist alles, sagen sie, alle anderen Lehren führen hierhin. Sie halten dies für das Letztendliche. Aber hier täuscht sich der Mensch. Er gibt sich zufrieden mit diesem Zustand höchster Freude. Doch eines Tages löst dieser Zustand sich mit dem Ende der Welt auf. Also gibt es auch dort keine permanente Freude. Erst später wird ihm dies deutlich. Er ist nun in die Enge getrieben. Er hat die äußere Welt verlassen und unbekannte ›Gewässer‹ betreten. Er weiß, dass diese Rückkehr zum Leben wieder an denselben ungewollten Ort führt, den er bewusst zurückgewiesen hat, gleichzeitig aber fand er jenseits davon keinen festen Boden unter den Füßen. Er gerät dann in äußerste Verzweiflung und ruft um Hilfe. Das zeigt, dass er nun zum Glauben gelangt ist, es gebe eine unsichtbare helfende Hand: die Hand Gottes. Dort, in jener äußersten Hilflosigkeit, regt sich etwas in ihm. Wenn nicht, so bleibt er, während er sich in *nirvikalpa samadhi* befindet, in einem Zustand vollständiger Ruhe und genießt das höchste Glück. Diese innere Regung muss ihn, wenn er nicht zurückkehrt, in jener äußersten Verzweiflung notwendigerweise über seinen gegenwärtigen Zustand hinausführen. Als Folge davon erreicht die ausschließliche Konzentration ihren Höhepunkt und die blitzartige Erleuchtung erfolgt. Er erlangt die Schau. Er sieht sich selbst. Erst dann beginnt das wirkliche Leben des Menschen.«

Die nüchterne und praktische Wendung, die er jeder Frage gab – selbst wenn er von letzten Erkenntnisdingen sprach – wird in einer Botschaft deutlich, die er mir durch Thakur Lal sandte in Beantwortung eines Briefes über die Schwierigkeiten beim Festigen des Verstandes.

»Dies trifft im Anfangsstadium natürlich für jeden zu. Lassen Sie sich nicht entmutigen. Halten Sie fest an *dharana, dhyana* und *samadhi.* Was ist *dharana?* Denken Sie beispielsweise an Christus, an seine Lehren, seine Persönlichkeit, seine Aktivitäten im Leben und alles, was Sie über ihn wissen. Denken Sie auch an die Sonne, den Mond oder die Sterne oder die Flüsse, Berge, Seen und so weiter, welche die Schöpfung Gottes sind. Lesen Sie heilige Schriften und Ähnliches. Beten Sie. Beten Sie den Rosenkranz. Denken Sie auf diese oder andere Weisen so beständig an die Herrlichkeit Gottes, dass Sie Ihre Zeit ausschließlich mit Gott und nichts anderem verbringen. Dies ist *dharana,* in dem Sie sich gleichsam in einem größeren Kreis bewegen. Auch dies ist eine Form der Meditation. Denken Sie dann über den Sinn des Lebens nach. Dadurch versuchen Sie, in die Mysterien Gottes vorzudringen. Dies ist *dhyana,* in dem Ihre Konzentration zunimmt. Danach, wenn Sie sich Fragen stellen wie: ›Wer bin ich?‹, gelangen Sie (von den größeren Kreisen von *dhyana* und *dharana*) zur Konzentration auf einen Punkt. Dieser Prozess von *dharana, dhyana* und *samadhi* ist zahllose Male zu wiederholen. Dadurch wird der Verstand gezwungenermaßen dazu gebracht, bei Gott zu verweilen; und im Verlaufe der Zeit, sagen wir in Monaten oder Jahren, muss Ihr Verstand gezähmt und stetig werden. Natürlich vermag der Verstand gegenwärtig nicht einmal für den Bruchteil einer Sekunde, in *samadhi* zu bleiben; erst im Laufe der Zeit wird es Ihnen gelingen. Widerwillen gegen das [weltliche] Leben und das beständige Üben der Meditation über Gott sind die einzig notwendigen Qualifikationen. Das Begehren des Verstandes ist zu zügeln. Äußere Pflichten sollten mit Bestimmtheit geplant und kritisch im Auge behalten werden. Meiden Sie jede Arbeit außer dieser. Führen Sie erfolgreich durch, was Sie geplant haben. Ohne Gotteserkenntnis ist nichts möglich. *Dies* sollte das einzige Ziel sein!«

In Dhruvasthali 1954

Kapitel fünf

Neues Licht auf alte Lehren

IN DIESEM KAPITEL MÖCHTE ICH EINE REIHE VON ÄUSSERUNgen des Shivapuri Baba zusammenstellen, die speziell auf indische Philosophie und Lebenspraxis Bezug nehmen. Diese wurden fast alle den mir von Thakur Lal Manandhar zur Verfügung gestellten Aufzeichnungen entnommen.

Bei den Diskussionen geht es um die beiden Hauptschulen, die den Lebensweg gemäß den Veden und den Brahmanas lehrten und noch heute lehren. Es handelt sich dabei um *sankhya,* das wahrscheinlich im sechsten Jahrhundert von Kapila gegründet wurde, und Yoga, gemeinhin mit dem Namen von Patanjali verknüpft, der einige Jahrhunderte später lebte. Es finden sich auch viele Hinweise auf die drei wichtigsten philosophischen Systeme. Das erste ist *dvaita* oder Dualismus, der erklärt, dass Gott und die Welt, Brahman und das materielle Universum, das höchste Wesen und die individuelle Seele, beide wirklich und voneinander verschieden sind. Das zweite System, verknüpft mit dem Namen des großen Weisen und Heiligen Shankara, der im achten Jahrhundert nach Christus lebte, ist *advaita* oder Nicht-Dualismus. Dieses stellt die bereits zitierte Formel auf: Brahman allein ist wirklich; die Welt ist Schein; die individuelle Seele (*atma*) ist identisch mit dem Höchsten (Brahman). Das dritte System ist das des Ramanuja, der im zehnten Jahrhundert lebte. Es ist bekannt unter dem Namen *visisthadvaita* oder fortgeschrittener Nicht-Dualismus, insofern es erklärt, dass Brahman, das absolute Wesen, und *prakriti,* das Universum, beide wirklich, jedoch identisch sind. Man kann dies den absoluten Pantheismus nennen.

Der Shivapuri Baba beruft sich auf die Bhagavad Gita und erhebt sogar den Anspruch, seine Lehre sei die der Bhagavad Gita, aber auf den neuesten Stand gebracht und den Bedingungen des modernen Lebens angepasst. In seinen Kommentaren zieht er oft Argumente heran, die auf der Autorität der Bhagavad Gita basie-

Mit Thakur Lal Manandhar 1955 in Benares

ren. Das folgende Beispiel ist einem seiner früheren Gespräche mit Manandhar entnommen:

»*Advaita:* Wenn das angestrebte Ziel [nämlich die Verstandesruhe] das erforderliche Maß richtig erreicht, wird die Religion oder das Leben automatisch integriert. Daher muss nur das Ziel, also die Verstandesruhe, angestrebt werden. Nur diese Schule des Denkens misst diesem Ziel derart viel Bedeutung bei.

Dvaita: Religion oder Leben ist die wichtigste Sache, weil ohne sie das angestrebte Ziel nicht erlangt werden kann.

Visisthadvaita: Beide sind gleich wichtig. Mit einem von beiden allein wird das andere nicht notwendigerweise erfüllt.

Für den Weisen jedoch sind die Theorien aller drei Schulen unkorrekt. Wenn nur das Ziel im Auge behalten wird, wird unsere Entfaltung übersehen und das Ziel kann nicht auf dem notwendigen Niveau gehalten werden. Andererseits mag das Ziel nicht erfüllt werden, wenn man entweder nur die Religion oder nur seine Entfaltung im Auge behält. Wenn hingegen beiden, selbst bis zu unserer Genugtuung Beachtung geschenkt wird, so kann dies noch immer ein Versagen sein, weil die fünf Ursachen dazwischenkommen, nämlich: Schicksal (Gott), Zeit, Ort, Umstände und die zuständige Gottheit.«

Dies ist ein Hinweis auf den achtzehnten und letzten Gesang der Bhagavad Gita, der die Lektionen aller Systeme auf das praktische Problem anwendet, dem sich Arjuna gegenübersieht. Der Shivapuri Baba illustriert das Thema durch das einfache Beispiel des Blumenkaufs für ihn, das wir in Kapitel zwei beschrieben haben.

Um unsere Verstandesruhe oder unser inneres Gleichgewicht zu bewahren, müssen wir ein bestimmtes Lebensgesetz akzeptieren, das wir »Religion« nennen. Indem er dieses Beispiel der Blumen anführte, sagte er:

»Die Qualität des Blumenstraußes ist das angestrebte Ziel; und unser Umgang damit, das heißt unsere Aktivität, eine bestimmte Summe Geldes auszugeben, also eine bestimmte Anstrengung, die in einer bestimmten Zeit unternommen wird, ist die Religion. Das Werk als Ganzes ist das Leben, das erfolgreich sein mag oder ein Fehlschlag.

Man muss zu Gott beten, weil das Schicksal oder Gott einem nicht immer günstig gestimmt sein mag. Was die Zeit angeht: Außerhalb ihrer Blütezeit bekommen wir eine bestimmte Blume möglicherweise nicht in der gewünschten Menge, und dann gelingt es uns nicht, unser Ziel einzuhalten, ebendiese Sorte Blumen zu besorgen. In Indien bekommt man zu dieser Jahreszeit vielleicht nicht diese spezielle Art. Auch könnten die Umstände ungünstig sein und es uns vielleicht unmöglich machen, die Besorgung und Pflege der Blumen weiterzuführen.«

Ganz im Einklang mit dem charakteristischen indischen Grundsatz, dass es das Ziel allen Daseins ist, zur absoluten Quelle zurückzukehren, behandelt der Shivapuri Baba die Situation, so wie sie sich uns allen, dem Heiligen wie dem Sünder in gleicher Weise stellt, vollkommen praktisch. Ob die Welt nun wirklich ist oder nicht, wir müssen uns mit ihr auseinandersetzen. Der folgende Vortrag ist herrlich in seiner Kombination von faktischem Realismus und Akzeptanz des transzendenten Charakters des Ziels.

»Es besteht ein großer Unterschied zwischen dem Wissen über ein Ding und dessen Besitz. Das Wissen einer Sache ist nicht notwendigerweise deren Erkenntnis. Zum Beispiel wissen wir, dass es ein Land namens England gibt, das so und so ist. Aber dieses Wissen an sich ist nicht Erkenntnis. Ähnlich kann für einen wirklichen Sucher der Wahrheit das schlichte Wissen von ihr, das er sich erworben hat, keinen Nutzen bringen. Ein solches Wissen können wir von den Schriften der großen Denker der Welt erlangen, von den Veden und den Upanischaden. Nehmen wir einmal an, wir sind sie alle durchgegangen und haben Wissen über die Wahrheit erlangt – bedeutet dies, dass wir sie erkannt haben? Sicher, wir haben getan, was uns möglich war, um zu diesem Wissen zu gelangen. Aber dies allein stellt uns nicht zufrieden. Wir können immer noch davon ausgehen, dass es etwas jenseits davon gibt, und danach besteht eine Sehnsucht. Aber wie erlangt man es? Führer verschiedener Denkrichtungen gibt es viele, und jeder predigt seine eigenen Systeme und Verfahren. Wem soll man glauben? Wir wissen nicht, welches der nächste Schritt ist, den wir tun sollen. Die Anhänger des *advaita* sagen: ›Lass ab von dieser Liebe zum Leben und suche jenseits davon‹, und sie unterstreichen so die Notwendigkeit vollständiger Entsagung von der äußeren Welt. Wenn nicht, was ist dann all dies? Unser Leben erfordert in jedem Augenblick dieses oder jenes vonseiten der Außenwelt. Hunger, Durst und so weiter werden uns immer von außen her stören. Diese Lebensweise hat etwas Unangenehmes an sich. Alles in allem ist diese Theorie hinsichtlich ihrer praktischen Anwendbarkeit keineswegs intelligent.

Die Anhänger des *dvaita* wiederum raten uns zum genauen Gegenteil. Dies ist alles, sagen sie, dieses Leben und seine Freuden in der materiellen Welt. ›Lebe und genieße‹ ist ihr Motto. Gut, nehmen wir einmal an, wir folgen diesem Weg und leben und genießen dieses Leben. Aber stellt uns dies zufrieden? Unsere Genussobjekte sind nicht immer da; sie kommen und gehen. Manchmal genießen wir, zu anderen Zeiten erleiden wir heftigen Schmerz. Dabei können wir auch keine Verstandesruhe finden. Wie können wir ständig weiter dieser Lebensweise folgen? Diese Art von Leben ist, so entdecken wir, ist in keiner Weise vernünftig.

Kurz gesagt: *Advaita* befürwortet *jnana* oder Nichtverhaftetsein [im Erkennen] (spirituelle Disziplin), *visisthadvaita* propagiert *bhakti* oder rechtes Verhalten (moralische Disziplin), und *dvaita* empfiehlt Karma (physische Disziplin). So gibt es viele Denkschulen oder Vernunftlehren. Jede von ihnen beschreibt die Wahrheit nach ihrem eigenen Modell.

Die einzige vernünftige Darlegung der Wahrheit oder Erkenntnis, so wie sie ist, ist jene in den Veden, da diese versuchen, uns so klar wie möglich Erkenntnis oder Verständnis dessen zu vermitteln, was wir in dieser Welt sehen und hören. Am meisten zu bewundern ist, dass sie uns nicht irgendein Bekenntnis oder eine Doktrin aufzwingen und uns auch nicht dazu raten, ein Bekenntnis anzunehmen. Sie stellen ganz einfach Wissen dar und erlauben uns, unseren eigenen Weg zu gehen, wie es uns beliebt. Hier in dieser vedischen Lehre finden wir hinreichend Vernunft insofern, als wir jeden Weg einschlagen können, der unserem persönlichen Fall entspricht. Aber als Anfänger oder unreife Menschen können wir lediglich das in ihnen dargestellte Wissen erhalten und werden doch ratlos bleiben. Nur unser spiritueller Ratgeber oder Guru kann uns die wirkliche Bedeutung jener Lehren offenbaren.

Daher ist ein Leben gemäß *yajna* [Opfer], *dana* [Mildtätigkeit] und *tapas* [Selbstkontrolle], die zusammen *svadharma* oder Rechtes Leben ausmachen, das beste und auch das vernünftigste. Unser äußeres Leben wird wohlgeordnet sein, und folglich wird es auch keine Störungen vom Leben her geben. Wir haben dann die Freiheit, an das Jenseits, unser höchstes Ziel, zu denken.

Ein Stück Eisen wird zum Magneten hingezogen. Diese Welt mit allen Objekten ist etwas Äußeres, verführt uns wie mit einem Magneten, und wenn wir nachgeben, ist dies unser Verhängnis. Wenn man aber etwas Orangensaft oder Ähnliches über den Magneten gießt, wird seine Wirkung abgeschwächt. So sind auch *yajna, dana* und *tapas* Dinge, die den Effekt dieser weltlichen Versuchung neutralisieren werden.«

Der Shivapuri sprach auch von den notwendigen Vorbedingungen, die erfüllt sein müssen, um dieses Rechte Leben zu praktizieren. Die erste Voraussetzung ist Unabhängigkeit der Handlung. Die zweite ist Unabhängigkeit von der eigenen Unwissenheit. Die dritte ist die Unabhängigkeit, nach Gotteserkenntnis zu streben. Die Unabhängigkeit der Handlung ist durch schiere grobe Kraft zu vollbringen, und die anderen beiden durch die Praxis von Tugenden und Mildtätigkeit.

Er übte die folgende Kritik an der *sankhya*-Theorie der *maya* und der Art der Befreiung des *purusha* [des wahren Selbsts].

»Das *purusha* spielt mit *maya,* was eine Kombination seiner [des Menschen] Kraft und Intelligenz ist. Dies schafft Bewusstsein, welches *adrishta* (ungesehen, unerkannt) oder *avyakta* (vage, verborgen) ist. Dies wiederum ruft *vyakta* hervor, das heißt eine eigenständige deutlich gefasste Idee mit Namen und Form. Dann kommen Erkenntnis, Intellekt und alles Übrige. Wenn das *purusha* nicht mit *maya* spielt, wird kein *avyakta* oder kein Bewusstsein geformt, und folglich entsteht keine Verstrickung seiner [des Menschen] in den Prozess der vierundzwanzig Prinzipien [*tattva*]. Das Resultat davon ist ein vollständiges Stillstehen, und daher erfährt das *purusha* höchste Freude.

Dieser Seinszustand ist für das *purusha* ganz unnatürlich, obgleich kein Zweifel an dessen Möglichkeit besteht, weil es sich ganz in Übereinstimmung mit der Welt befindet, deren Natur ebenfalls vollkommene Freude ist. Es geht sozusagen in diesem Weltwesen auf. Wenn also die Welt eines Tages ihr Ende nimmt, was unweigerlich geschehen muss, wird auch das *purusha* verschwinden müssen. Folglich ist erwiesen, dass er [der Mensch] nicht seine Identifizierung mit dem Selbst oder mit Gott erlangen kann. Aus diesem Grund ist diese Theorie von der Bhagavad Gita und dem Brahma Sutra zurückgewiesen worden.«

Widerlegung

»Diese *samadhi,* oder die höchste Freude der oben genannten Theorie, wird eines Tages enden. Der Mensch findet sich dann nirgendwo. Selbsterkenntnis oder Gotteserkenntnis wird nicht erlangt. Wir brauchen also das ›Spielen mit *maya*‹, wie es genannt wird, das heißt die Anwendung der Kraft und Intelligenz, die wir in uns haben, nicht zurückzuweisen, insofern es der Bewahrung oder Erhaltung unseres Körpers dient, was unter *svadharma* fällt. Der ständige Gedanke an Gott, Der hinter uns steht, wird aufrechterhalten; und indem wir unsere Kraft und Intelligenz gebrauchen, wird eine rein defensive Einstellung bewahrt, und erst dann können wir uns in der Gewissheit wiegen, dass wir nicht in die Funktion der vierundzwanzig Prinzipien verstrickt sind.

Wir fassen zusammen. Die *sankhya*-Theorie der *maya:* Nur das volle Glück in *samadhi* bringt die persönliche Auflösung zusammen mit der Auflösung der Welt. Dessen Widerlegung durch die Bhagavad Gita: Das Spielen mit *maya* ist gestattet in *svadharma* – aber sei auf der Hut! Wende dich nur Gott zu, nicht dem Glücksgefühl (*anasakti*-Yoga gemäß der Bhagavad Gita).«

Der dreizehnte Gesang der Bhagavad Gita enthält eine Zusammenfassung der detaillierten Kosmologie, die von den Veden abgeleitet und in den Upanischaden und im Brahma Sutra weiterentwickelt ist. Der Zweck besteht darin, zwischen dem objektiven Element der Erfahrung (*kshetra*) und dem subjektiven Element (*purusha*) zu unterscheiden. *Kshetra* ist in seiner einfachen Bedeutung der menschliche Körper mit seinen Funktionen und Kräften; gleichzeitig ist es aber auch *prakriti,* der Körper des Universums. Der dreizehnte Gesang ist voller schöner Ausdrücke für die Naturen des Objekts, des Subjekts und der Erkenntnis selbst, aber er setzt sie nicht in irgendeine einleuchtende Beziehung zum Ziel der Gotteserkenntnis. Der Shivapuri Baba fasst das Material neu in Form von Antworten auf die drei ewigen Fragen: Warum? Wie? Was?

Warum? Um Wonne zu erlangen: *ananda.* Diese hat drei Formen. Die eine ist Genuss, *sukha,* der zum Körper, *kshetra,* gehört. Die zweite ist *santosh,* Heiterkeit des Verstandes [oder Gemütsruhe]. Die dritte ist *shanti* oder Frieden des inneren Selbsts, das heißt des *purusha.* Das Warum aller Tätigkeit besteht in der Erlangung einer der drei Formen von Wonne.

Wie? Durch gereinigte Bewusstheit: *chitta.* Diese hat ebenfalls drei Formen: physische Disziplin, die Genuss bringt, moralische Disziplin, die Heiterkeit bringt, und spirituelle Disziplin, die Frieden bringt.

Was? Das, was ist: *sat.* Dieses hat drei Kategorien. (1) Das Transzendente: Gott, *purusha* und *maya.* (2) Die Seinsweisen: Das Unmanifestierte (*avyakta*), das Manifestierte (*vyakta*) und der Verstand (*manas*). (3) [Die Seinsfaktoren:] Der Intellekt und die übrigen vierundzwanzig Prinzipien [*tattva*] wie: Intelligenz, Ich-Gefühl, die fünf inneren Sinne, die fünf äußeren Sinne, die fünf Sinnesobjekte und die fünf großen Elemente.*

Die drei der ersten Kategorie werden die *suddha tattva* genannt, die zur Erkenntnis Gottes führen, das heißt zu *samadhi.* Die drei der zweiten Kategorie sind die *madhyama tattva,* die Macht bringen, das heißt *siddhi.* Die dritte Kategorie sind die *adhama tattva,* die *gaddi* oder Königsherrschaft bringen.

Wichtig ist, dass die drei Kategorien sich auf die drei Disziplinen beziehen und die Ziele angeben, die jeweils ins Auge gefasst werden. Wenn wir über die Frage »Was?« reflektieren, entdecken

* Die *tattva* sind die grundlegenden Faktoren, aus denen nach der indischen Philosophie alles Sein aufgebaut ist. Ihre Anzahl variiert je nach System. Gemäß der *sankhya*-Lehre sind es fünfundzwanzig, nämlich: *purusha* (Seele), *prakriti* (Natur), *buddhi* (Intelligenz), *ahamkara* (Ich-Bewusstsein), *manas* (sinnbasiertes Denken), die fünf inneren Sinne (Hören, Spüren, Sehen, Schmecken, Riechen), die fünf äußeren Sinne (Sprechen, Greifen, Gehen, Ausscheidung, Fortpflanzung), die fünf Sinnesobjekte (Klang, Berührung, Form, Geschmack, Geruch) sowie die fünf großen Elemente (Äther, Luft, Feuer, Wasser, Erde) [A.d.Ü.].

wir, dass wir ebenso wenig in der Lage sind, sie auf dem Gebiet des Intellektes zu begreifen wie in den Bereichen des Verstandes und des Willens.

Der Shivapuri Baba zeigt aber, wie das ganze Schema uns helfen kann, uns in die rechte Richtung zu führen, wenn wir nur unsere Nachforschung mit Entschlossenheit betreiben. Er erklärt dies wie folgt:

»Alle Dinge, die wir in diesem Universum sehen, die Menschen und die Materie, die Natur und ihre verschiedenen Erscheinungen, sind ganz einfach verwirrend. Wir können nicht erfassen, was sie sind. Die Wirklichkeit hinter ihnen, das Geheimnis der Geheimnisse, ist unserem Blick ganz verborgen und gleichsam hermetisch versiegelt. Der ernsthafte Sucher wird zahllose Male von seinem Unterfangen zurückgehalten, in Verzweiflung und Sorge getrieben, da er nicht zu einer rechten Lösung all dieser verwirrenden Kompliziertheit gelangen kann.

Wenn wir uns nicht entmutigen lassen und geduldig unsere Suche fortsetzen, wird unser ernsthaftes Forschen ganz natürlich eine rechte Richtung einschlagen und wir finden einen wirklichen Guru mit Selbsterkenntnis. Wenn man sich diesem in rechter Weise zuwendet, gibt er eine befriedigende Antwort auf unsere Suche. Seine Analyse dieses Daseins und unserer selbst geschieht zunächst unter der [ersten] Kategorie der vierundzwanzig Prinzipien oder *tattva,* nämlich: Gott, *purusha* und *maya.* Dann kommen das ungesehene Schicksal (*avyakta*), das benannte Schicksal (*vyakta*) sowie der Verstand oder das Wissen, was der ungesehenen Kraft Form gibt und sie deutlich herausbildet. Als letzte [Kategorie] kommen der Intellekt und die fünf *tanmatra* sowie schließlich die fünf äußeren und die fünf inneren *indriya* [Sinne]. Die ersten drei sind die *suddha tattva* oder reinen Prinzipien, die nächsten drei die *madhyama tattva* und die restlichen die *adhama tattva.*

Gott ist wie eine unendliche Menge Wasser, während *purusha* eine endliche Menge desselben Wassers ist; so wie ein kleines Stück Zucker nur Teil einer unendlichen Masse von Zucker ist, während die Qualität in beiden Fällen dieselbe bleibt. Dieses *purusha* in uns, genannt *jivatman* [im Körper wohnendes wahres Selbst], ist eine Herabkunft Gottes oder von *paramatman* [dem höchsten Selbst, der Weltseele], das heißt ein Teil von Ihm, aber eine in sich vollkommene Ganzheit so wie Er. Und dieses *purusha* spielt, anders als die träge Materie, mit seiner Kraft und Intelligenz, welche zusammengenommen *maya* genannt werden. Dieses Spiel, oder die Anwendung seiner Kraft und Intelligenz, ist die Ursache der weiteren Wirkungen. Die Wirkungen sind die *madhyama tattva* und die *adhama tattva.* Wie? Dieses Spielen mit *maya* bewirkt eine Art Schicksal, welches anfänglich ungesehen bleibt, dann aber gesehen und benannt wird, bevor der Verstand und das Wissen es vollkommen klar oder deutlich sichtbar machen. Kurz gesagt: Diesem *avyakta* wird ein Name und eine Form gegeben. Dann beschließt der Intellekt, diese Art von Wissen zu materialisieren. Er plant und gibt den fünf *tanmatra* und den *indriya* die Befehle. Auf diese Art bildete sich dieses Dasein, und was wir um uns herum sehen, ist das Spiel des *purusha* mit *maya* und die entsprechenden Eindrücke auf der ›Leinwand‹.

Natürlich stellen wir uns dann die Frage: Warum das alles? Hinter all diesem Geschehen muss ein Zweck liegen. Die Antwort, die wir bekommen, lautet, dass alles zum Vergnügen des *purusha* geschieht – zu seiner eigenen Freude sozusagen. Diese vollkommene Freude besteht aus *sukha, santosh* und *shanti,* das heißt Genuss, Heiterkeit und Frieden. Fehlt irgendetwas davon, können wir unsere Freude nicht ›vollkommen‹ nennen. Wie können wir das erreichen und immer höchste Glückseligkeit genießen, welche unsere wahre Natur ist? Genau diese Frage müssen wir uns immer wieder stellen.«

In einem anderen Gespräch redete er wieder über die *tattva* oder Elemente, die in unsere Gesamterfahrung eintreten. Wir können uns der transzendenten Elemente nicht direkt bewusst sein, bis uns der Augenblick der höchsten Schau gewährt wird. Dann sehen wir Gott als Gott, uns selbst als *purusha* und das ganze Universum als *prakriti.* Diese dreifache Schau ist eine einzige Schau, weil wir die Eine Wirklichkeit in ihren drei Aspekten sehen, die durch diese drei Wörter bezeichnet werden. Bis dahin muss unser Ausgangspunkt die Erfahrung sein, die uns in unserem gegenwärtigen Zustand gegeben wird.

Zu den *adhama tattva* gehören die inneren und die äußeren Sinne sowie deren Objekte. Sie konstituieren den Apparat, mit dem der Verstand ausgestattet ist, sodass er sein Werk tun kann. Sie sind vom Inhalt des Verstandes zu unterscheiden, welches die sechsundzwanzig Tugenden und die entsprechenden Laster sind.

Dieser Sinnesapparat besteht also aus den zehn *indriya* [Sinnen]. Deren Objekte sind die *bhuta.* Ihre Rolle bei der Funktion des Verstandes beschreibt der Shivapuri Baba folgendermaßen:

> »Der Verstand ist der zuständige Vorgesetzte der zehn *indriya,* während der Intellekt den zehn *bhuta* vorsteht. Die *indriya* kommen in Kontakt mit den *bhuta,* und wenn der Verstand sie nicht unter Kontrolle hält, spielen sie ganz nach Belieben. Falls der Verstand nicht stark genug ist, um sich gegen die Einflüsse von *raga* [Leidenschaft] und *dwesha* [Hass] abzuschirmen, werden die *indriya* fortfahren, mit den *bhuta* zu spielen, so wie es ihnen gefällt oder missfällt. Dies sollte nicht zugelassen werden. Der Verstand sollte das Gebaren der *indriya* unter Kontrolle halten. Dieser Umgang der *indriya* mit den *bhuta* wird vom Intellekt betrieben. Der Verstand sollte das Verhalten festlegen, und das vorgeschriebene Verhalten sollte vom Intellekt umgesetzt werden. Was man sprechen und nicht sprechen sollte, was man tun und nicht tun sollte, was man denken und nicht denken sollte – dies müssen wir festlegen. Wenn man diese Regel einhält, funktionieren unser Verstand und unser Intellekt beide perfekt. So ist zum Beispiel dieser bestimmte Ton vom Ohr zu hören, und dieser bestimmte Raum ist zu benutzen und nicht mehr. In dieser Weise sind sowohl die grobstofflichen *bhuta* [Äther, Luft, Feuer, Wasser, Erde] als auch die feinstofflichen *bhuta* [Klang, Berührung, Form, Geschmack, Geruch] für den Gebrauch durch die *indriya* vorzuschreiben. Für uns sind das Einschränkungen, die der Funktion des Intellekts auferlegt werden. Wenn der Verstand *raga* und *dwesha* gestattet, sich einzumischen, wird diese vorgeschriebene Funktion des Intellekts nicht möglich sein. Die *bhuta* sind dreifacher Art.* Von ihnen sind nur die sattvaischen als Material zu benutzen. Die drei Arten müssen gut gekannt und erkannt werden. Bei

* Möglicherweise ist hier gemeint: geistig-astral, feinstofflich und grobstofflich [A.d.Ü.].

dieser Funktion muss der Egoismus sich fernhalten und darf sich nicht einmischen.«

Hier taucht wieder die Unterscheidung zwischen Intellekt und Verstand auf. Der Intellekt ist für die äußere Welt, der Verstand für innere Kraft und Reinheit zuständig. Erkenntnis der Welt ist *tattva jnana.*

»Der Intellekt regiert über die zehn *bhuta,* der Verstand über die zehn *indriya.* Wenn die zehn *indriya* mit den zehn *bhuta* in Kontakt kommen, so nennen wir dies Karma oder Tätigkeit. Im Rechten Leben wird dieses Karma kontrolliert, indem man weder *akarma* [Nutzloses] noch *vikarma* [Schädliches] hereinlässt. Dies erfolgt, indem wir uns nur auf solches Handeln – das heißt so viel Karma – beschränken, dass es diesem Körper und dem, was zu ihm gehört, nicht schaden wird. Das Spiel der *indriya* mit den *bhuta* wird eingeschränkt. Was man sprechen soll und was nicht, was man tun soll und was nicht, was man denken soll und was nicht, ist der Sinn hinter einer solchen Lebensweise.

Wir sollten alle Ingredienzen der *bhuta* kennen, so wie wir alle Zutaten unserer Mahlzeit kennen. Wir sprechen, berühren, denken oder verstehen, nehmen Anteil und analysieren im Falle der feinstofflichen *bhuta.* In entsprechender Weise verhalten wir uns bei den grobstofflichen *bhuta.* Der Intellekt schränkt die *bhuta* ein und der Verstand kontrolliert die *indriya.* In gewissem Sinne sollte der Verstand *raga* oder *dwesha* nicht gestatten, den Intellekt zu beeinflussen.

Tatsächlich arbeiten wir mit dem Verstand und dem Intellekt und den fünf *indriya.* Und so wie alles Äußere aus den fünf Elementen besteht, haben wir in unserem Körper dieselben Elemente in Form dieser *indriya.* Unser Denken kann so Dinge aus unserem Inneren erschaffen. Daher sind Naturwissenschaftler zum Schluss gelangt, dass diese Welt ein kontinuierlicher Gedanke ist. Wir denken an die benötigte Sache und geben ihr damit eine Stimme. Dabei wird ganz natürlich ein Klang erzeugt. Dieser Klang wiederum muss notwendigerweise Luft oder Bewegung erzeugen. Diese Luft wiederum erzeugt eine bestimmte Strömung im Reich des Wassers, und dies wiederum erzeugt Feuer oder Eifer bei der Erfüllung, und schließlich kommt Erde oder eine bestimmte oder konkrete erfüllte Form.

Der folgende Ablauf illustriert den Schöpfungsprozess im Verstand:

- Der Gedanke entsteht: »Ich will nach Dhruvasthali gehen.«
- Die Vorstellung wird vage gehört. Dies ist Klang oder Äther.
- Die Bedeutung wird klar und nimmt Form an. Ich bin mit ihr in Kontakt. Dies ist Berührung oder Luft.
- Ich werde zur Handlung bewegt. Eine Entscheidung bildet sich in mir heran. Dies ist Form oder Feuer.
- Die Handlung beansprucht nun meine Aufmerksamkeit und mein Interesse. Ich bin damit beschäftigt. Dies ist Geschmack oder Wasser.
- Ich verwirkliche nun das Ziel. Ich befinde mich auf dem Weg. Dies ist Geruch oder Erde.
- Ich erreiche Dhruvasthali. Subjekt und Objekt werden eins. Die kreative Handlung ist ausgeführt.

Die *indriya* und die *bhuta* haben ihre unmittelbaren und letztlichen Quellen in den drei *guna* oder Eigenschaften der Natur:

1 *Sattva:* die Lebensquellen der *indriya* wie Sonne, Mond und so weiter;
2 *Rajas:* nämlich *chitta* [Bewusstheit], *manas* [Denken], *buddhi* [Intelligenz], *ahamkara* [Ich-Bewusstsein] und die zehn *indriya;*
3 *Tamas:* die fünf Elemente und die fünf Sinnesobjekte Äther, Himmel oder Klang (Gehör), Luft oder Berührung (Erkennen), Feuer, Licht oder Form (Sehen), Wasser oder Geschmack (Mögen) und Erde oder Geruch (Verwirklichung).«

Als ihm weitere Fragen über die *tattva* oder Elemente gestellt wurden, sagte er:

»Es gibt verschiedene Meinungen bezüglich der Anzahl der *tattva.* Aber für unseren Zweck ist Gott oder ›dieses Dasein‹ das einzige *tattva.* Dieses Dasein, das wir äußerlich und innerlich sehen, ist nichts anderes als Gott. Dieses ›Ich‹ sollte sich ständig die Frage stellen: ›Was ist dies?‹ Das ist Meditation oder Konzentration auf Gott. Dies ist *atma tattva* oder die Seele, derer wir uns selbst bewusst sind. Dieses Bewusstsein steht unter dem Einfluss der drei *guna.* Als Nächstes haben wir unsere Erfahrung des Daseins. Diese Erfahrung wird durch den Intellekt gewonnen. Geboten ist nun, dass dieser Intellekt und die resultierende Erfahrung limitiert, das heißt auf einen bestimmten Kanal eingegrenzt werden. Solange wir sie nicht eingrenzen, können wir nichts begreifen, weil diese Erfahrung selbst unendlich ist. Für einen Menschen, der Gott will, muss sie eingegrenzt sein. Wenn *akarma* und *vikarma* beseitigt werden und nur Karma bleibt, erfolgt rechte Erfahrung oder *sukha.* Da das Funktionieren des Intellektes kontrolliert wird, ist auch diese *sukha* gut kontrolliert, und folglich verlieren wir uns nicht in der unendlichen Ausdehnung von *sukha.*«

Bei einem anderen Anlass sprach er über die fünf feinstofflichen Elemente:

»Gott sehen wir nicht. Wir sehen nur dieses Dasein. Was meinen wir mit ›diesem Dasein‹? Es ist die Plattform, auf der wir stehen und versuchen, einen Blick auf Gott zu erhaschen, Der jenseits ist. Dies ist Problem Nummer eins. Es ist diesem Dasein entsprungen, welches null ist. Problem Nummer zwei ist Rechtes Leben, *svadharma,* welches uns helfen soll, die Lösung für Problem Nummer eins zu finden. Das dritte Problem besteht darin, die rechten Kanäle zu finden, durch die wir dieses *svadharma* abwickeln, ansonsten werden wir mit den äußeren Dingen in Konflikt geraten.

Wir gelangen also zu fünf Prinzipien:

1	Gott	∞	Unendlichkeit
2	Dasein	0	Null
3	Daseinsproblematik	1	Monade
4	*svadharma*	2	Dyade
5	Die rechten Kanäle, welches die drei Disziplinen sind: die physische, die moralische und die spirituelle	3	Triade

Dies sind die fünf *tattva* oder Elemente in ihrem subtilen Sinn.

Weiter gibt es noch das Element (6), welches Folgendes umfasst: Studium, Praktizieren der Tugenden und der Mildtätigkeit, Umgang mit Heiligen (*satsang*) und Dienst am Lehrer (*guruseva*). Alle diese fallen unter Nummer sechs. Durch diese verschiedenen Mittel leisten wir – sozusagen beiläufig – einen Beitrag, um uns für die Zulassung zur Gruppe der fünf zu qualifizieren. Obgleich sich dieses sechste Element außerhalb der Gruppe befindet, sollte es einen Platz erhalten.

Du erinnerst dich an die Geschichte der Ashvin.* In den Veden sind sie die Bringer von Gesundheit. Warum wollen wir die Ashvin? Wir wollen Gesundheit, nicht die Ashvin. Aber die Ashvin stehen für Heilung. Wenn wir noch nicht gesund sind, müssen wir geheilt werden, um uns für die Aufnahme unter die gesunden Menschen zu qualifizieren. In derselben Weise müssen wir, falls wir noch kein *svadharma* führen, Nummer sechs erfüllen, um uns für Rechtes Leben zu qualifizieren.

Was wir erlangen müssen, ist Gott. Das ist nur durch dieses vor uns liegende Dasein möglich. Wir brauchen daher nur Gott (Unendlichkeit) und dieses Dasein (null) für unseren Zweck. Was veranlasst uns, auf die Monade, die Dyade und die Triade zurückzugreifen?

Wenn dich jemand auffordert: ›Geh essen!‹, so ist das Essen die einzige Tätigkeit, die zu tun ist. Was veranlasst uns, Lebensmittel zu besorgen und uns ans Kochen zu machen? Wir können nicht essen, bevor die Nahrung zubereitet ist. Diese drei – Monade, Dyade und Triade; das heißt das Daseinsproblem, *svadharma* und die drei Disziplinen – dienen uns also offenbar als Hilfen, um zu Gott und zu null zu gelangen.

Der Versuch, auf die letzteren beiden allein zu bauen, wäre in etwa so, wie auf einer Nadelspitze zu stehen. Nicht jeder ist stark genug dafür, und daher benötigen wir eine Hilfe. Indem wir auf der Grundlage genau dieses Arguments physische, moralische und spirituelle Disziplin üben, halten wir

* Die Himmelssöhne, die morgens Pferdegespanne über den Himmel lenken und den Menschen Gesundheit bringen [A.d.Ü.].

unser *svadharma* intakt. Indem wir *svadharma* tun, sind wir wieder mit der Daseinsproblematik konfrontiert.

Wenn wir uns dem Problem des Rechten Lebens stellen, so bedeutet dies folglich, dass wir uns gut um diese Null, das heißt dieses Dasein, und um diese Unendlichkeit, das heißt Gott, kümmern.«

In dieser bemerkenswerten Aussage überbrückt der Heilige die Kluft zwischen indischer Spiritualität, der es ausschließlich um Gott geht, und westlichem Realitätssinn, der sich einzig um die Erfordernisse dieser Welt kümmert. *Svadharma* oder Rechtes Leben ist mehr als ein *pis-aller,* ein Notbehelf oder Kompromiss, mit der menschlichen Schwäche: Es wird zu einem der fünf feinstofflichen Elemente, aus denen die Wirklichkeit zu schmieden ist. Das sechste Element, welches alle guten Praktiken und spirituellen Übungen umfasst, liegt außerhalb der grundlegenden Pentade, aber ihm sollte gleichsam eine Freikarte für das Bankett gegeben werden in seiner Eigenschaft als Koch, der die Nahrung zubereitet hat. Die Aussage, das Rechte Leben sei das Bindeglied zwischen der Null, also dem Dasein, und der Unendlichkeit, also Gott, ist eine Formel, die für jeden Gläubigen jedweden Bekenntnisses akzeptabel sein dürfte und ebenso für alle, die der Philosophia perennis auf der Suche nach Wahrheit folgen.

Die Begriffe »Monade«, »Dyade« und »Triade« für das Daseinsproblem, das Rechte Leben und die drei Disziplinen habe ich eigenständig eingefügt. Studenten der Systematik* werden die diesbezüglich bemerkenswerte Eignung der Beschreibungen des Shivapuri Baba erkennen. Wer sich in der Systematik nicht auskennt und dazu Weiteres erfahren möchte, findet eine knappe Darstellung in der Einführung zu Band zwei meines Werks *The Dramatic Universe.* Der Shivapuri Baba selbst gebrauchte einfach nur die Zahlen Eins, Zwei und Drei, die aber offensichtlich auf ein-, zwei- und dreigliedrige Systeme Bezug nehmen.

* Eine von John G. Bennett in den 1950er- und 60er-Jahren unter dem Namen *Systematics* entwickelte Methode zur Analyse und Deutung von Multi-Term-Systemen, die gleichermaßen brauchbar ist für unternehmerische Organisationen wie für das philosophische Verständnis von Qualitäten und Prozessen, die sich nicht mit quantitativen mathematischen Analysen erklären lassen [A.d.Ü.].

Sankhya und Yoga

Die folgenden Auszüge aus Gesprächen, die von Manandhar aufgezeichnet wurden, handeln von den beiden Schulen praktischer Spiritualität, die [in Indien] am weitesten verbreitet sind. Dies sind die beiden Pfade des Rückzuges und des Kampfes, das immer gegenwärtige Dilemma Hamlets, »obs edler im Gemüt [*mind*], die Pfeile und Schleudern des wütenden Geschicks zu erdulden oder, sich waffnend gegen eine See von Plagen, durch Widerstand sie zu enden.« Die »See von Plagen« ist hier das Samsara, und die »Pfeile und Schleudern« sind die *adhama tattva* oder grobstofflichen Elemente unserer Sinneserfahrung und die unaufhörliche Tätigkeit im Verstand.

Die folgenden Aussagen des Shivapuri Baba sind genau gemäß Manandhars Aufzeichnungen wiedergegeben.

»Die moderne Naturwissenschaft sieht sich nun, bei all ihren Errungenschaften, ratlos größeren Problemen in der Natur gegenüber. Zum Beispiel spricht sie nun von ›kosmischer Strahlung‹, die sie zu erklären sucht, was ihr aber nicht gelingt, insofern als sie nur davon spricht, *wie* sie sind und nicht beschreiben kann, *was* sie sind. Die Wissenschaft erfuhr hier in ihrem Streben nach Wirklichkeit sozusagen eine Wende vom differenzierten Bewusstsein zum undifferenzierten Bewusstsein. Alle anderen Strahlen, wie die Sonnenstrahlen und jene anderer Sterne und Planeten, sind in Begriffen des Bewusstseins differenziert, während die kosmische Strahlung undifferenziert ist. Die Naturwissenschaft hat daher die Transzendenz von *maya* zu *mahamaya* [großes *maya*] vollbracht. Wenn die Wissenschaftler erklären, was die kosmische Strahlung ist, so sagen sie, dass sie extraterrestrisch und daher für den wissenschaftlichen Verstand nicht fassbar ist. Sie können nicht erklären, was sie ist.

Im alten Indien hatten wir zwei Hauptsysteme der Philosophie: die *sankhya*-Theorie des Kapila und das Yoga-System des Patanjali. Die erstere weist uns in ihren theoretischen Ausführungen an, *maya* oder das differenzierte Bewusstsein zu ignorieren und in *mahamaya* oder dem undifferenzierten Bewusstsein zu verweilen. Wer dieser *sankhya*-Theorie in der

Praxis folgt, gelangt daher zu einer Stufe, wo er gegenüber dem differenzierten Bewusstsein immun ist und wo vollständiger Frieden und Harmonie herrschen.

Yoga, auf der anderen Seite, folgt in seiner Theorie einem anderen Pfad. Er fordert uns auf, diesem differenzierten Bewusstsein in der Natur zu widerstehen, indem wir mit Hilfe der verschiedenen *yoga sadhana* [Yogapraktiken] Macht oder *siddhi* erlangen und so über Frieden und Glück verfügen. Indem diese beiden Systeme also versuchen, dem Übel und dem Leiden in der Welt Abhilfe zu schaffen, führen sie uns beide zu einem Zustand des Friedens und des Glück im undifferenzierten Bewusstsein. Die Bhagavad Gita und das Brahma Sutra lehnen daher diese beiden philosophischen Systeme aus dem einfachen Grund ab, weil sie die Menschheit nur bis zu einem bestimmten Punkt führen können. Frieden und Harmonie, welche durch den *sankhya*-Weg erlangt werden, brechen zu dem Zeitpunkt zusammen, wenn Tod und Auflösung über den Menschen kommen; und genauso geschieht es mit der Freude und dem Glück, die durch die Yoga-Theorie erlangt werden.

Was die Bhagavad Gita und das Brahma Sutra anstreben, ist Gotteserkenntnis, durch deren Erlangung wir Freiheit von der Unwissenheit erreichen. Gott, Der jenseits sowohl des differenzierten als auch des undifferenzierten Bewusstseins ist, kann allein eine letztliche Lösung aller Probleme herbeiführen, mit denen wir konfrontiert werden. Nach dieser Theorie können wir unsere direkte innere Beziehung zu Gott von Anfang bis Ende herstellen. Dies ist das einzig Rechte Leben, in dem das Problem aller Probleme gelöst wird.

Während wir diese innere Beziehung und Zwiesprache mit Gott herstellen, benötigen wir in den frühen Stadien ein freundschaftliches Abkommen mit dem differenzierten wie auch dem undifferenzierten Bewusstsein. Im Gegensatz zur *sankhya*- befürwortet die Doktrin von *svadharma* (Rechtem Leben) nur den Gedanken einer Zähmung des Verstandes, weil der Sucher, solange dies ignoriert wird, ständiger Spannung unterliegt und ihr bisweilen zum Opfer fallen kann. Im anderen System, das heißt im Yoga, finden wir wieder denselben Mangel an Weisheit und Vorausschau, denn selbst wenn wir einen Menschen durch *yoga sadhana* höchste

Macht erlangen lassen, bleibt er im Angesicht der Gegenwart einer höheren Macht doch wie ein Liliputaner.

Widerstand gegenüber der Natur ist die Idee des Yogi, aber auf lange Sicht schwindet dieser vor einer weit überlegenen Kraft. So haben diese beiden Systeme in ihrem Versuch, Gott oder letztliche Befreiung zu erlangen, nur Mittel und Wege ersonnen, um den Kräften entgegenzuwirken, welche die Natur auf unser Wesens ausübt. Sie tun dies auf ihre eigene Weise und verlieren sich so auf dem Weg, ohne das letztliche Ziel zu erreichen, so wie ein Fluss, der aus der Wüste kommt, und in derselben Wüste wieder verschwindet.

Die Theorie des Rechten Lebens, so wie sie von der Bhagavad Gita dargestellt wird, ist wie ein Fluss, der zu einem großen Meer der Gotteserkenntnis fließt. Aber da diese beiden Systeme trotz ihrer Defekte einem Menschen des Rechten Lebens helfen können, seinen Verstand und seine Intelligenz zu zähmen, und da sie einen Teil seiner Ausbildung darstellen, manchmal durch Ignorieren und manchmal durch Widerstehen, ist ihnen im Lehrplan von *svadharma* oder Rechtem Leben ein Platz eingeräumt worden.«

Die Kritik des Shivapuri Baba am Yoga, nämlich dass es versuche, den Strom des Samsara abzuwenden und die Natur zu überwinden, beeindruckte mich sehr. Als ich das erste Mal das *yoga shastra* [Yogalehrbuch] des Patanjali studierte und den bekannten zweiten Vers las: *yogash chitta vritti nirodha,* »Yoga ist Kontrolle über die Fluktuationen des Verstandesstoffes«, war ich zunächst überzeugt, dies sei der rechte Weg. Er schien mit Gurdjieffs Formel übereinzustimmen: Ringe erbarmungslos mit deinen negativen Prinzipien, und du wirst Erlösung finden.

Später gelangte ich zu der Erkenntnis, dass ein großer Unterschied besteht zwischen dem Versuch, die ganze Arbeit selbst zu tun, und der Eingrenzung des ›Kampfes‹ auf die Zurückweisung von Impulsen, die von unserem ›negativen Prinzip‹ herstammen. Als ich den Shivapuri Baba das erste Mal traf und er sagte, der einzige Weg, einen starken Verstand zu erlangen, bestehe darin, sich die Disziplin aufzuerlegen, den Impulsen der höheren Natur zu folgen und jene zurückzuweisen, die von der niederen Natur kämen, sah ich, dass seine Lehre hier exakt mit der Gurdjieffs übereinstimmt und in der Tat mit dem, was jeder spirituelle Lehrer einem Christen auf der Suche nach dem inneren Leben raten würde. Meine Überzeugung, dass seine Lehre mit dem identisch ist, was in christlicher Spiritualität gelehrt wird, wurde durch seine Warnung bestätigt, dass moralische Disziplin allein uns nicht zu Gott führen werde. Bei diesem letzten Schritt werden nur Glauben, Unterwerfung unter Seinen Willen, Geduld und Warten auf die Gnade Gottes weiterhelfen.

Als ich den Shivapuri Baba fragte, ob man seine Lehre als ein Yoga oder eine Kombination von Yogawegen (*yoga marga*) betrachten könne, sagte er, sie sei jenseits des Yoga. Der folgende Auszug von Manandhar wird deutlich machen, was er damit sagen wollte.

> »Alle Religionen und Lehren weisen einstimmig auf eine höchste Wahrheit oder Gott hin. Dieses Leben, in dem wir uns befinden, ist voller Unzulänglichkeiten und gänzlich unvollkommen. Aber wenn wir darüber hinausgehen, können wir ein vollkommenes Leben haben. Bezüglich dieser Erfüllung stimmen alle Religionen, wie Christentum, Buddhismus und so weiter, und alle Schulen und Glaubensrichtungen, wie die Pashupatas, der Vishnuismus und so fort, überein. Und um jene Vollkommenheit zu erlangen, weisen sie uns an, etwas *zu tun* oder uns in einer bestimmten Weise *zu verhalten* oder etwas *zu erkennen.* In diesem niederen Aspekt, der ein Hilfsmittel für die höhere Erfüllung ist, machen sie also unterschiedliche Aussagen, und all diese verschiedenen Meinungen werden in den heiligen Schriften unter drei Hauptrubriken zusammengefasst und klassifiziert, nämlich Karma [physische Disziplin], *bhakti* [moralische Disziplin] und *jnana* [Nichtverhaftetsein].
>
> Unglücklicherweise ist uns das originale Brahma Sutra verloren gegangen. Die heutige Version des Brahma Sutra weist all diese verschiedenen Aussagen zurück. Es bietet eine Übersicht über alle unterschiedlichen Lehren oder ihre speziellen Lehrmeinungen, analysiert sie und klassifiziert sie unter diese drei Hauptkategorien, nämlich Karma, *bhakti* und *jnana,* weist diese jedoch mit den folgenden Argumenten zurück:
>
> 1 Indem man etwas tut (das heißt durch Karma), erlangt man nur körperliches Wohlergehen. Obschon diese Me-

thode erklärt, zu höherer Erfüllung zu führen, kann sie tatsächlich nur äußeres Glück oder Freude (*sukha*) bringen.

2 Indem man sich in einer bestimmten Weise verhält (das heißt durch *bhakti*), erlangt man nur geistige Ausgeglichenheit (oder *santosh*).

3 Indem man etwas erkennt (das heißt durch *jnana marga*), erlangt man nur Nichtverhaftetsein und als Resultat davon bloß Frieden oder *shanti.* Gotteserkenntnis ist noch weit davon entfernt.

So hat sich erwiesen, dass jede dieser Lehren ungenügend ist und zu etwas anderem tendiert als zu Gott; daher werden eine nach der anderen widerlegt. Worin sollen wir dann Zuflucht suchen, was führt uns zu Gott? Hier meldet sich die Bhagavad Gita und bezeichnet alle drei als ehrenhaft. Jede wird voll genutzt, und uns wird der Rat erteilt, sie alle zu beherzigen. Alle drei zusammen erzeugen einen Faktor, der zu dem einen Ziel hinführt, auf das sich alle zuvor geeinigt haben. Wenn man bei diesen drei Vorgängen oder Methoden Gott anstrebt, fallen die verschiedenen Resultate, die jeweils speziell mit ihnen verbunden sind, beiseite und verlieren an Bedeutung. Dann werden alle so genutzt und in ihrer Kombination so fruchtbar gemacht, dass wir zu Gott gelangen. *Sarva karma phala tyaga* (Entsagung von den Früchte *aller* Handlungen [Bhagavad Gita 18.2]), das heißt: Wir dürfen uns nie in den Genuss der verschiedenen Resultate verwickeln lassen, bevor wir unser Ziel oder unsere Verwirklichung erreichen.«

Nirvikalpa samadhi

Der Kerngedanke hier ist, dass jede neue Position, die wir uns erarbeitet haben, zu einem Gefängnis wird, wenn wir sie länger als für den Augenblick, in dem sie erreicht wird, zu genießen suchen. Das, was in einem Augenblick noch wie ein unerreichbares Ziel erschien, wo all unsere Hoffnungen erfüllt werden, ist endlich erreicht und verschafft uns die erhoffte Freude. Oder aber es gibt uns das Wissen oder die Macht, nach der wir uns gesehnt haben. Daraus erwächst für uns gleichzeitig die Versuchung stehenzubleiben. Um weiter voranzukommen, müssen wir der Freude oder dem Wissen oder sogar der Macht entsagen, die gewonnen wurden. Man könnte sogar sagen, dass wir endlich zum Leben erwacht sind und nun aufgefordert werden, diesem Leben gegenüber, das so hart errungen wurde, zu sterben. Ohne Tod kann es keine Wiederauferstehung geben. Tausende von Aspiranten für die höchste Wahrheit sind dadurch vom Weg abgekommen, dass sie einen Meilenstein bereits für das Ziel hielten.

Die Gefahren werden größer, nicht geringer, wenn wir auf dem Pfad voranschreiten. In den frühen Stadien beginnen unsere Errungenschaften, wie aufregend und permanent auch immer sie auf den ersten Blick erscheinen mögen, bald zu verblassen. Sie werden dem Test der Einflüsse der äußeren Welt und unserer eigenen Natur nicht standhalten, und wir können uns kaum selbst betrügen. Später beginnen wir, uns stark zu fühlen, und verwechseln dann vielleicht Stärke mit Freiheit. Weiter auf dem Weg kommt die Öffnung höherer Erfahrungsbereiche jenseits der Reichweite des gewöhnlichen Bewusstseins. Wenn wir in diesen Bereich eintreten, hilft uns kein objektiver Test der äußeren Einflüsse mehr, weil wir wirklich von ihnen frei sind und uns in dieser Hinsicht nicht selbst täuschen. Hier liegt die Gefahr darin, dass wir uns einbilden, schon »angekommen« zu sein. Die höchste Freude, die wir erfahren, scheint die vollkommene Gotteserkenntnis zu sein, und wir haben keinen Wunsch mehr und glauben, es sei nicht nötig weiterzugehen. Ich kann mit Gewissheit darüber sprechen, denn ich habe diese Versuchung selbst erlebt. Aber nie sah ich so deutlich, wie man sie zu erkennen und zu überwinden hat, bis ich den Shivapuri Baba davon sprechen hörte. Leider habe ich keine Aufzeichnungen von meinem eigenen Gespräch mit ihm über dieses Thema, aber der folgende Auszug von Manandhar ist für uns alle relevant.

> »Karma, *akarma* und *vikarma* sind die drei Kategorien unserer Aktivitäten. Nur Karma oder nützliche Aktivitäten sind zu pflegen. *Akarma* oder nutzlose und *vikarma* oder schädliche Aktivitäten müssen aufgegeben werden. Wenn man dies zu schwierig findet, kann man die Arbeit der Eliminierung dieser beiden Tätigkeiten schrittweise durchführen in dem

Maße, wie unsere Kraft des *tyaga* (oder Entsagungsgeistes) es erlaubt. Indem wir nur Karma tun, was eine tägliche Wiederholung fast desselben Arbeitsprogrammes impliziert, erwerben wir auf lange Sicht ganz natürlich eine geschickte Hand. Unsere Beziehung zur Außenwelt, das heißt unsere physische oder intellektuelle Ordnung, wird ein sehr gutes Fundament haben. Wir werden dann keine Klagen gegenüber der Außenwelt haben, da wir in diesem Stadium hinsichtlich unserer Lebensanforderungen harmonisiert sind. Wir werden dann die Freiheit haben, über die absolute Wahrheit, die jenseits liegt, nachzudenken oder zu kontemplieren.

›Wer bin ich?‹, ist unsere Frage. ›Oh Gott, offenbare mir das Geheimnis.‹ So betend setzen wir unsere Bemühungen fort und verbringen die uns verbleibende Zeit. Wir verbeugen uns vor Ihm und bitten um Seine Gnade, und solange Seine Gnade nicht auf uns herabkommt, lassen wir in unserer Anstrengung nicht nach. Das ist eine recht ermüdende Sache. Aber dennoch müssen wir weitermachen, da es keinen anderen Weg gibt, den wir einschlagen könnten. Um mit der Monotonie Versteck zu spielen, müssen wir ständig mit *dharana* [Konzentration] oder *dhyana* [Andacht] weiterspielen.

Doch aufgepasst: Wenn wir unsere Fähigkeit verbessern, für längere Zeiträume bei diesem absoluten Gedanken zu verweilen, können wir nach langer Übung eine Art Freude oder Wonne erfahren. Das nennen wir *nirvikalpa samadhi,* und hier können wir uns festfahren. Wir können glauben, dass dies unser Ziel sei, was ein Irrtum ist. Das geschieht nur, wenn wir der Lethargie nachgeben. Stattdessen müssen wir an unserer ursprünglichen Frage festhalten: ›Wer bin ich?‹ Solange diese Wahrheit aller Wahrheiten uns nicht offenbart wird, dürfen wir nicht stehen bleiben, sonst bedeutet dies unser Verhängnis. Denn eines Tages nimmt diese Welt freudiger Erfahrung ein Ende. Wir nennen dies die ›spirituelle Ordnung‹. So wie ein Fluss ständig in einem bestimmten Lauf auf sein Ziel zufließt, so fließen wir gleichsam ständig mit dieser Anstrengung, Gott zu schauen.

Zwischen diesen beiden Ordnungen gibt es ein Funktionsprinzip, welches sozusagen unser Verstand ist. Dieser Verstand pflegt nun Umgang mit den drei *guna* [Eigenschaften der Natur], nämlich *sattva, rajas* und *tamas.* Sein gegenwärtiger Umgang mit ihnen ist (gemessen am Standard dieser unserer moralischen Ordnung) recht illegitim. Grob gesagt können *ichchha* (Begehren), *raga* (Leidenschaft) und *dwesha* (Hass) am besten mit einer sattvaischen, rajasischen beziehungsweise tamasischen Verstandesverfassung identifiziert werden. Auch ein Verstand jenseits dieser drei Zustände kann eine Art Begehren haben. Aber da er dann nicht mit irgendeinem anderen Motiv vermischt ist außer unserer Anstrengung, die Wahrheit aller Wahrheiten offenbart zu bekommen, so wie sie sich in unserer höheren Tätigkeit ausdrückt, und da er nicht an der Vorstellung niederer Tätigkeiten (in unserer Beziehung zur Außenwelt) über das für die Erhaltung unseres äußeren Lebens erforderliche Maß festhält, ist diese Art von Begehren frei von Unreinheiten, die unseren Verstand beeinträchtigen. Wenn *raga,* oder Mögen, und *dwesha,* oder Nichtmögen, im niederen Bereich unserer Tätigkeit vorhanden sind, kann es geschehen, dass wir uns mehr oder weniger genehmigen als nötig. Bei einer Überschreitung werden wir unseren Energievorrat nutzlos verlieren, und bei einer Unterschreitung werden die Forderungen des Lebens uns stören. In jedem Fall werden wir uns nur Problemen von oben und unten gegenübersehen und nicht in der Lage sein, unser Gleichgewicht in beiden Richtungen zu halten. Aus diesem Grund ist auch dieses dritte Prinzip, das heißt die moralische Ordnung, ein sehr wichtiger Faktor, den wir nie übersehen dürfen.

Diese drei genannten Prinzipien oder Ordnungen sollten Seite an Seite fortgeführt werden. Man sollte nicht zulassen, dass andere Lehren, ganz gleich wie brillant sie auch sein mögen, uns von diesem unserem festgelegten Lebenskodex abbringen. Vielmehr sollte es so sein, dass sie unseren eigenen Pfad fördern.

Das beschriebene moralische Prinzip dient uns als Maßstab und überprüft wie ein Inspektor vorzüglich unsere anderen beiden Tätigkeiten.«

Die Rolle des Intellekts

Eine andere Art und Weise, den ganzen Vorgang zu betrachten, wäre, dass er in der Befreiung des Menschen, des wahren Selbsts, des *purusha* im Inneren, von der Beherrschung durch die Instrumente besteht, die ihm für sein Leben und für seine Suche nach Gott gegeben wurden. Wir hängen von unseren Instrumenten ab, aber wir brauchen nicht und dürfen nicht ihre Sklaven sein. Auch müssen wir wissen, wofür jedes von ihnen da ist, und dürfen von keinem Instrument etwas erwarten, was es nicht leisten kann. In seinen Gesprächen mit uns machte der Shivapuri Baba zum Beispiel eine sehr wichtige Unterscheidung zwischen *buddhi,* dem natürlichen Verstehen, und *bodha,* dem spirituellen Verstehen. *Bodha* bedeutet *intellectus* in dem Sinne, wie der heilige Thomas von Aquin diesen Begriff gebraucht, das heißt ein Mittel, durch das der natürliche Mensch übernatürliches Wissen anstreben kann.

Ich habe in meinen Aufzeichnungen eine Stelle zu diesem Thema gefunden und gebe sie mit einigen sprachlichen Korrekturen wieder. Es findet sich darin ein Hinweis auf die *gayatri,* die Anrufung, die jeder Brahmane von dem Tag an, an dem er die heilige Schnur anlegt, bis zu seinem Tod abends und morgens wiederholen muss. Dieser Vers, der dem Rigveda (3.62.10) entnommen ist, lautet: »Lasst uns über das strahlende Licht Savitris [des Schöpfers] meditieren. Möge es unseren Intellekt erleuchten.« Der Shivapuri Baba sagte:

»Alles, was wir in dieser Welt tun, geschieht durch den Intellekt. Er ist ein Instrument. Wir werden allein von ihm geführt. Wenn wir seiner Führung blind folgen und er sich irrt, wird er uns Probleme bescheren. Aus diesem Grund entstand die Notwenigkeit, jeden Tag die *gayatri* zu verrichten, damit meine ich, zu diesem Intellekt zu beten, uns nicht irrezuführen. Er ist eine gesonderte Einheit wie der Verstand und die verschiedenen *indriya* in uns. Er ist daher wie ein Gott anzubeten. So wie ein Friseur täglich sein Rasiermesser schärft, damit es gut funktioniert und keine Probleme verursacht, so ist auch eine Art Schärfen oder Bereitmachen dieses Intellekts eine tägliche Notwendigkeit für jemanden, der Probleme vermeiden möchte.

Dieser Intellekt, von dem wir nun sprechen, wird *buddhi* genannt und ist nicht vollkommen. Wir geraten immer in Schwierigkeiten, wenn wir seiner Führung folgen. Es gibt nur eine höchste Weisheit, die wir *bodha* nennen. Dies ist die rechte Weisheit und sie befreit uns von Problemen. Diese *bodha* sollte zu unserem Führer gemacht werden. Ihre Erlangung hängt davon ab, wie weit wir unseren Intellekt im Licht der drei Disziplinen gereinigt haben.

Unser Intellekt sollte sich im Einklang befinden mit der Moralität, mit dem Wissen über das Umgehen des Einflusses der drei *guna* sowie mit dem sorgsamen Vermeiden von *akarma* und *vikarma*. Zum Beispiel haben Sie von jemandem dessen Uhr abgekauft. Später kommt Ihnen zu Ohren, dass sie gestohlen war. Der ursprüngliche Besitzer macht seinen Anspruch auf die Uhr geltend. Dies ist das Problem, das entstanden ist. Wir wollen nun die Sache analysieren. Wir haben das Werk verrichtet, diese Uhr zu kaufen. Wer hat uns all diese Probleme eingebrockt? Offenbar ist es dieser Intellekt, durch den wir das Werk taten. Wir wollen prüfen, inwiefern dies im Licht der drei Prinzipien falsch war. Die Aktivität an sich war korrekt, da sie als Karma unternommen wurde (das heißt, sie war weder nutzlos noch schädlich). Das Wissen war ebenfalls in Ordnung, denn wir bekamen eine Uhr der gewünschten Qualität. Doch im letzten Punkt, dem moralischen Aspekt, finden wir den Defekt. Wir waren nicht in der Lage, die rechte Moral beim Kauf einer Uhr zu bewahren. Wir hätten sie von einem zuverlässigen Händler oder Geschäft kaufen sollen. Darauf waren wir vorher nicht gekommen. Wenn eines der drei Prinzipien nicht stimmt, ist die Tatsache, dass die beiden anderen korrekt sind, keine Entschuldigung. Das Problem ist schon da. Das heißt, die beiden anderen sind auch in Mitleidenschaft gezogen und erscheinen nun falsch.«

In Kapitel eins habe ich aus dem Reisetagebuch von Hugh Ripman zitiert. Die folgenden Auszüge sind eine Fortsetzung daraus. Er schreibt an dieser Stelle über die Bhagavad Gita, und daher sind die Antworten des Shivapuri Baba, wenngleich von sehr allgemeinem Interesse, hier speziell relevant.

> Ich fragte ihn, wie man lernen könne, so zu leben, wie es in den ersten Gesängen der Bhagavad Gita gelehrt wird. Er sprach davon, den Tag in zwei Hälften zu unterteilen: in einen Teil, um notwendige Pflichten zu erfüllen, und einen anderen Teil, um Gott anzubeten. Hinsichtlich der notwendigen Pflichten erklärte er, man solle versuchen, nicht-notwendige Dinge nicht zu tun, und das, was notwendig ist, allein wegen dieser Notwendigkeit zu tun, nicht um der Befriedigung von Wünschen willen. Was zum Beispiel das Essen betrifft, solle man genug essen, um dem Körper die notwendige Energie zuzuführen, aber nicht mehr und nicht

deshalb, weil man vom Geschmack der Nahrung verleitet wird. Ganz gleich, was man tut, essen, gehen, sitzen, schreiben, lesen, denken – alles sollte auf diese Weise getan werden, und es sollte bewusst getan werden (dies hob er hervor). Er sagte mit einem Lächeln, zunächst sei dies »ein wenig schwer« und erfordere viel Übung, aber mit Übung werde es dann leichter.

Ich bat ihn, über die drei *guna* oder Kräfte zu sprechen. Er sagte: »Wir sind jetzt ganz in der Gewalt der drei *guna.* Sie handeln durch uns, und wir sind ihre passiven Spielzeuge. Wir müssen sie zu unseren Dienern machen.«

Er gab ein Beispiel und sprach dabei genau wie Gurdjieff – »sich innerlich nicht identifizieren und im Äußeren seine Rolle bewusst spielen« –, obgleich er nicht diese Worte benutzte. Er sprach davon, sich ärgerlich zu geben, ohne dabei im Inneren irgendein Gefühl des Ärgers zu hegen, wobei der Verstand sozusagen die Kontrolle ausübt und unberührt bleibt.

Ich befragte ihn, mit Hinblick auf eine Äußerung von ihm, zu Energie. Wieder sprach er genau im Einklang mit Gurdjieffs Lehre: »Jede Funktion erfordert ihre eigene Qualität von Energie, und was für eine Funktion nicht gebraucht wird, kann für eine höhere Funktion zu einer höheren Qualität umgewandelt werden.«

Er sprach auch davon, die Energie durch den Atem in sich aufzunehmen, und sagte, dass die Aufnahmekapazität davon abhänge, wie man atme und wie man im Inneren sei. Er empfahl die Praxis, nach jedem Einatmen und jedem Ausatmen etwa so lange zu pausieren, wie das Einatmen dauert (er sagte: drei bis sechs Sekunden). Er erklärte, dies sei erforderlich für die Gesundheit, und dass jemand, der sich diese Atmung aneigne, normalerweise mindestens hundert Jahre alt werde. Ich sagte, ich hätte von Mönchen gehört, die zweihundert und mehr Jahre lebten. Er erwiderte, dies sei durchaus möglich und ein Mensch könnte mit Hilfe sehr spezieller Atemübungen, bei denen die Luft sehr lang angehalten wird, selbst tausend Jahre leben. Er sagte, es bestehe ein enger Zusammenhang zwischen der Atemweise und der Lebensspanne.

Während er sprach, strahlte er die ganze Zeit Schlichtheit und Güte und Liebe aus. Gleichzeitig hatte alles, was er sagte, exakt jene Qualität der Gewissheit, nicht des Theoretisierens, sondern des Redens von erwiesenen Tatsachen, die mir so besonders aufgefallen war, als ich Ouspensky zum ersten Mal sprechen hörte.

Der Shivapuri Baba machte sehr interessante Ausführungen dazu, wie man durch das Zusammenleben mit einem Guru oder Lehrer lernen könne. Er sagte, es gehe keinesfalls darum, eine Theorie zu lernen; es sei ganz und gar praktisch. Wenn man etwas falsch mache, sage einem der Guru: »Dies ist die falsche Art«, und innerhalb weniger Jahre könne man so lernen, richtig zu handeln.

Als letzten Beitrag zum Thema »neues Licht auf alte Lehren« werde ich zitieren, was er über Eindrücke sagte, das heißt über alles, was in unser Bewusstsein eintritt, ob von innen oder von außen.

S.B.: »Unsere Eindrücke aus dem Hintergrund des Unendlichen sind dreifacher Art: sattvaisch, rajasisch und tamasisch, [beziehungsweise] *advaita, visisthadvaita* und *dvaita,* [beziehungsweise] Seele, Verstand (oder Erkenntnis) und Intellekt (oder Tätigkeit). Wenn wir einen Baum sehen, ist da sein Eindruck. Sein Dasein allein ist ein Eindruck. Seine Natur, wie etwa die Vorstellung, dass er Früchte bildet, dass er wächst, dass er Unterschlupf bietet und so weiter, kann ebenfalls ein Eindruck sein. Auch sein Nutzen oder die Wirkung, die er hervorruft, etwa dass er zu Möbeln verarbeitet wird, als Feuerholz dient und so weiter, ist auch ein Eindruck. Daran sehen wir, dass wir in dreifacher Weise einen Eindruck von einer Sache haben können. Anhänger des *advaita* reden von und bleiben bei der ersten Art von Eindruck, Anhänger des *visisthadvaita* bei der zweiten Art und Anhänger des *dvaita* bei der dritten Art. Wir bezeichnen diese verschiedenen Eindrücke als *maya,* und von einem dieser Standpunkte aus versuchen wir, über das Dahinterliegende nachzudenken. Dies sind die drei Plattformen, von denen aus Shankara, Ramanuja und Madhvacharya über das Dahinterliegende sprachen.«

Frage: »Warum benötigen wir die Disziplin?«

S.B.: »Weil wir bei unserem Versuch, diese Plattformen zu besteigen, vor Missverständnissen auf der Hut sein müssen. Wenn wir denken: ›Jetzt bin ich in der Lage zu sehen‹, rufen wir unseren Ego-Sinn, *ahamkara,* wach. Dieser ist wie Schlamm. Er ist wie Schlamm, der vom fließenden Wasser im Rinnstein abgesetzt wird.

Er kommt ganz natürlich mit dem Leben. Um die davon zugedeckte Oberfläche der Rinne zu sehen, sollte der Schlamm täglich entfernt werden. Um die Wirkung dieses Egos auf die wahre Natur unseres inneren Selbsts zu neutralisieren, sollten wir daher *yajna* [Opfer], *dana* [Mildtätigkeit] und *tapas* [Selbstkontrolle] praktizieren. Aufgrund dieses Egos, das wie die Schlammdecke ist, wird die wahre Natur unseres inneren Selbsts verschleiert. Unsere Bemühungen, dieses Ego zu beseitigen, was bedeutet, seiner Beziehung zu unserem Leben entgegenzuwirken, sind *yajna, dana* und *tapas.* Wenn wir ein Stück Eisen der Witterung aussetzen, rostet es ganz natürlich. Wir sollten dies durch eine gewisse Weisheit verhindern.

Wenn wir in der Lage sind, die Situation ohne Einmischung unseres Ego-Sinns zu betrachten, können wir zu gesunden Urteilen gelangen. Das Ego hat kein eigenes Urteilsvermögen, sondern hängt von dem ab, was es von anderen gesehen und gehört hat. Menschen, die von ihrem Ego-Sinn beherrscht werden, rennen daher von einer Schule zur anderen und glauben alles, was sie hören. Der Narr akzeptiert die Dinge, ohne sie selbst zu prüfen, und endet in Verwirrung. Folgendes sagen die drei Schulen:

Advaita: Zu Anfang war der Mensch vollkommen. Er kam herab und fand Geschmack am Leben. Und mit dem Leben erlangte er natürlich sein Ego. Dies ließ ihn bezüglich seiner wahren Natur im Dunkel. Er sollte mittels *yajna, dana* und *tapas* strebsam sein, und am Ende wird er wieder Vollkommenheit erlangen.

Visisthadvaita: Der Mensch war unvollkommen zu Beginn, so wie er es gegenwärtig ist. Durch *yajna, dana* und *tapas* wird er Vollkommenheit erlangen.

Dvaita: In seinem absoluten Zustand war der Mensch vollkommen, aber als er auf die relative Ebene herabkam, wurde er unvollkommen. Am Ende kehrt er mittels *yajna, dana* und *tapas* wieder zu absoluter Vollkommenheit zurück.

Der kluge Mensch jedoch wird sich nicht in solch kontroverse Aussagen verwickeln lassen. Ihm geht es einzig um den Zustand vollständiger Freiheit und Freude, die jenseits dieser Vorstellung von Vollkommenheit und Unvollkommenheit liegen. Allein der gemeinsame Faktor, das heißt dieses Praktizieren von *yajna, dana* und *tapas,* wird seine Beachtung finden, während alle diese spekulativen Fragen zurückgewiesen werden. Damit hat er Recht, denn diese Theorien von Vollkommenheit und Unvollkommenheit sind unbegründet, da Vollkommenheit auf der relativen Ebene zu Unvollkommenheit im absoluten Sinn werden kann. Zum Beispiel sind unsere Augen vollkommen, solange sie gut funktionieren; aber verglichen mit der Sicht, dem Sehen, das heißt mit ihrem absoluten Sinn, sind sie unvollkommen. So ist dieselbe Sache gleichzeitig vollkommen und auch unvollkommen.«

All dies stellte der Shivapuri Baba fest, indem er erklärte, in der Vollkommenheit sei Unvollkommenheit und in der Unvollkommenheit sei Vollkommenheit. Keines von beiden kann für sich allein »die Wahrheit« genannt werden. Beide zusammen sind die Wahrheit. Wenn wir »Vollkommenheit« sagen, implizieren wir gleichzeitig auch Unvollkommenheit, und umgekehrt.

Vom Ego aus betrachtet ist alles Verwirrung. Wir sehen nur Widersprüche ohne Hoffnung auf Frieden oder Freude.

S.B.: »Wir verlassen die Dunkelheit (*avarana*) und gehen auf Formen zu, die von unserer eigenen Einbildung (*vikshepa*) geschaffen werden. Jenseits dieser Dunkelheit und dieser Formen liegt die Wahrheit, nach der wir suchen. Mit all dem dürfen wir nicht länger unsere Zeit vertun, sondern müssen in die Dunkelheit blicken, die unsere Patience unterbricht. Verstand und Intellekt ziehen uns zu dieser *vikshepa*-Seite hin, und wir geben nach. Daher sollten wir stets auch das eine oder andere für die Seelenseite tun. Bei der Mildtätigkeit zum Beispiel geben wir mehr, als wir für uns ausgeben. Dies zeigt, wie wir unserer Seele mehr Bedeutung beimessen als unserem Leben. Beim Schlaf deutet das Einhalten genauer Zeiten des Zubettgehens und des Aufstehens unsere Neigung zur Seele an. Auch bei den Mahlzeiten und so weiter tragen wir zur Seelenseite bei, wenn wir unsere festen Prinzipien einhalten. Auf ähnliche Weise können wir bei der Wahrnehmung aller Lebenspflichten immer einen gewissen Beitrag für unsere Seele leisten. Dieser Verstand und dieser Intellekt sind einfach wie ein Schalter, den wir ausknipsen, wenn wir schlafen. Wann immer es erforderlich ist, können wir ihn wieder einschalten. Verstand und Intellekt kümmern sich beide zusammen um unsere äußeren Lebensanforderungen. Wenn wir keine Pflichten haben, sollten wir sie abschalten und versuchen, in die Dunkelheit zu blicken. Dort haben wir weder Verstand noch Intellekt. Das Leben ist eine verdrießliche Angelegenheit; das wissen wir. Verstand und Intellekt versuchen, uns zum Leben herunterzuziehen. Indem wir diese *vikshepa* oder konkrete Lebenserfahrung verlassen, versuchen wir, in die *avarana* zu blicken. Das ist eine mühselige Sache. Wir müssen diese trübe Dunkelheit durchdringen. Gott mag in ihr sein oder jenseits davon. Im Rechten Leben können also Verstand und Intellekt nicht stören. Man macht nur dann von ihnen Gebrauch, wenn sie benötigt werden; zu anderen Zeiten bleiben sie still. Sie sind eingesperrt wie ein Löwe im Käfig, und wir werden sie nicht fürchten müssen. Anfangs ist es unser Versprechen oder eine äußere Kraft, die uns das Rechte Leben führen lässt.

Wir leben von unseren Eindrücken. Der Hintergrund ist Gott. Wenn wir auf der Erde gehen, befinden wir uns auf dem von unserem Fuß eingenommenen Platz. Wenn wir einen Schritt tun, wechseln wir unseren Standort. In ähnlicher Weise haben wir unsere Eindrücke von den verschiedenen Dingen, die wir in diesem Universum sehen. Wo sind wir? In Wirklichkeit sind und leben wir in einem Eindruck; und wenn wir von einem Eindruck zu einem anderen wechseln, verändern wir unseren Aufenthaltsort. Wenn wir sagen: ›Dies ist die Sonne‹, und an sie denken, dann sind wir darin, in unserem Eindruck von der Sonne. Wir bleiben nie allein. Wir gehen von einem solchen Eindruck zum nächsten. Das bedeutet, unser Aufenthaltsort bleibt nicht die Meditation über Gott, Der der absolute Hintergrund all dieser Eindrücke ist. Nun stellt sich die Frage, wie wir uns von solchen Eindrücken befreien können.

Wir sollten wissen, dass diese Eindrücke Bruchstücke des Verstehens sind, die auf Gott, dem absoluten Hintergrund, ruhen. Sie sind lediglich Teile des Ganzen. Hier sollten wir erkennen, dass Gott oder das Absolute jeden dieser, unserer Eindrücke durchdringt. Dann durchschauen wir diese Eindrücke und werden gewahr, dass alle diese bruchstückhaften Impressionen nichts anderes als eins sind. Wir finden die Einheit in der Mannigfaltigkeit. Wenn wir dies tun, gelangen wir von der *vikshepa shakti* [Einbildungskraft] der *maya* zur *avarana*-Seite. Von dort aus versuchen wir, die zugrundeliegende Einheit zu erkennen. Bei dieser Kontemplation, das heißt im Verlauf dieser Fragestellung, fallen wir aus unseren mannigfaltigen Eindrücken und hängen für eine Weile in einer gespannten Schwebe. Das heißt, wir bleiben in einem Zustand der Leere, ohne dass sich in unserem Verstand ein Bild formt. Dieser Zustand kann verglichen werden mit dem Moment in der Luft, nachdem wir von einem Baum gesprungen, aber noch nicht am Boden angekommen sind. So ist der Augenblick, wenn wir die Schau Gottes erlangen.«

Kapitel sechs

Die Zweifel ausräumen

EIN MENSCH, DER GOTT GESEHEN HAT, WEISS ALLES UND kann alles vollbringen. Weiter kann er nicht gehen, denn er hat das Unendliche erreicht. Es stellt sich dann die Frage, ob er nun noch irgendwelche Pflichten hat. Darauf antwortete der Shivapuri Baba:

»Nach der Gotteserkenntnis verlässt die Seele den Körper nicht sogleich. Die Seele muss so lange im Körper bleiben, wie es seinem *prarabdha* [Daseinspotenzial] gefällt. Während dieser Zeit sollte die Seele innere Zwiesprache mit dem Absoluten halten. Wenn das *prarabdha* ausgeschöpft ist, wird sie automatisch zum Absoluten zurückkehren. Jede Bemühung, diesen Vorgang abzukürzen – das heißt, das Leben früher abzuschließen – würde zu einer weiteren Geburt führen. Die Seele muss die angewiesene Zeit durchstehen.

Da man den Körper unterhalten muss, hat auch derjenige, der Erkenntnis erlangt hat, einige Pflichten zu erfüllen. Nachdem er seine drei Pflichten ordentlich geregelt hat, gibt er der Welt das Wissen und die Weisheit, die er erlangt hat, und nimmt für seine Erklärungen, was ihm von Schülern und Anhängern dafür gegeben wird. Auf diese Weise bestreitet er seinen Lebensunterhalt.

Daher muss man die Harmonie zwischen dem Individuellen und dem Absoluten finden und die Wahrheit erkennen. Bußübungen, *yogavyas* [Yogaformen] und so weiter leugnen das Leben und werden daher dieser Harmonie gegenüber blind. Indem man Rechtes Leben und Meditation praktiziert, wird diese Harmonie gefunden und die tiefere Bedeutung des Lebens erkannt.«

Als wir ihn fragten, ob seine Gespräche mit uns eine notwendige Pflicht seien, sagte er, alle drei Pflichten seien bis zum Tod zu erfüllen. Mit den Menschen zu reden und ihre Zweifel auszuräumen, sei seine berufliche Pflicht. Indem er sie ausübe, könne er Gaben empfangen, mit denen er seinen Unterhalt und den der

Seite 165: In Benares im Jahr 1955
Seite 166: Im Jahr 1955

Familie, die sich um ihn kümmert, bestreiten könne. Auf diese Weise würden alle drei Pflichten erfüllt. Ferner, so sagte er, müsse das Leben auch weiterhin genau geregelt verlaufen. Aus diesem Grund treffe er die Leute und beantworte deren Fragen in der festgesetzten Zeit zwischen zehn Uhr morgens und vier Uhr nachmittags. Die restlichen sechzehn Stunden jeden Tages seien für Körperpflege und Meditation reserviert.

Die äußerst präzise Regelung der täglichen Aktivitäten, die er empfiehlt, wirft ein ernstes Problem auf für all jene von uns, die in der Welt leben – zumal in der westlichen Welt. Wie können wir die notwendige Ruhe in unseren modernen Lebensumständen finden? Diesbezüglich ist der Shivapuri Baba, wie immer, äußerst praktisch. Er sagt, all dies sei möglich durch Rechtes Leben, ohne dass man sich künstlichen Bedingungen unterwirft. Er spricht von den tantrischen Schulen Indiens mit ihren umfassenden Praktiken und Mitteln, um »die Welt zu überwinden«.

»Tantra besagt, die äußere Welt sei völlig gegen uns und daher sollten wir gegen sie ankämpfen und unser Ziel, also Gott, erreichen. Dies ist der Geist des Tantra. Die Bhagavad Gita hingegen rät uns, wir sollten uns mit der äußeren Welt einfach gemäß Zeit, Ort und Umständen arrangieren. Diese Lehre überlässt es uns selbst, unser Unterscheidungsvermögen zu gebrauchen, soweit wir dazu fähig sind.

Drei Wege stehen uns offen, um das Problem zu bewältigen, unser Leben auf der Erde mit der Gottsuche zu vereinbaren. Der eine ist *svadharma* und besagt: ›Gott in größerem Maße, und das Leben sehr wenig.‹ Im *svadharma* ist Effizienz im Leben nicht erforderlich und wird daher ignoriert; oder wenn man ihr Beachtung schenkt, dann nur sehr wenig.

Der zweite Weg ist durch die Gesetzte der Religion gegeben, die in Indien den *varnashrama dharma* begründen: die vier Kasten und die vier Lebensstadien. Die Regel lautet hier: ›Gott und Leben in gleichem Maße.‹ Im *varnashrama dharma* – das heißt der Lebensregel nach Kaste, Sitte, und Alter des Menschen – wird der Effizienz im Leben die gleiche Bedeutung beigemessen.«

Dann gibt es verschiedene Yogaformen, die den Menschen Abkürzungen versprechen. Es gibt das Karma-Yoga oder Geschick im Handeln, *jnana*-Yoga oder den Weg der Erkenntnis und *bhakti*-Yoga oder den Weg der Hingabe. Alle diese geben, nach Aussage des Shivapuri Baba, »Gott sehr wenig und dem Leben mehr.« Im

Karma, *jnana* und *bhakti* wird zuallererst Effizienz im Leben angestrebt, und erst danach kommt Gott.

»Dies heißt nicht, dass wir im äußeren Leben nachlässig oder wirkungslos sein müssen. Nur ist das Ziel nicht Erfolg, sondern Verstandeskraft und Gelassenheit. Das Geheimnis besteht darin, dass man die Fähigkeit aufmerksamer Beobachtung entwickelt, sodass wir in allen Dingen unterscheiden können, was notwendig ist und was wir vermeiden sollen.«

Der folgende Auszug zeigt, wie der Shivapuri Baba Manandhar half, zu *svadharma* zu gelangen.

> »Wir müssen uns unweigerlich mit den äußeren Lebensanforderungen beschäftigen. Wir alle haben unsere Bedürfnisse. Zum Beispiel musste ich mir einen Baumwollumhang machen lassen. In jeder Situation müssen wir uns den erforderlichen Einzelheiten widmen. Wenn du dir alle Mitglieder deines Haushalts vorzustellen versuchst, kannst du sie nicht alle auf einen Blick sehen. Einige mögen fehlen. So müssen wir für jede Situation Seele, Verstand und Intellekt in alle notwendigen Einzelheiten einbringen. Einige davon fehlen vielleicht.
>
> Als du es zum Beispiel unternommen hast, das Bildnis von Shiva Nataraja zu rahmen, hast du unverantwortlich gehandelt. Du hast vorher keinen detaillierten Plan im Licht der drei Prinzipen gemacht und dadurch das Gefühl für dessen Heiligkeit aus den Augen verloren.
>
> Wenn wir ›Intellekt‹ sagen, müssen wir auf einen Blick seine verschiedenen Elemente erfassen: das heißt die *indriya* [Sinne] und jeden von ihnen mit seinen acht Millionen vierhunderttausend Abwandlungen. Bei solchen beiläufigen Arbeiten musst du versuchen zu lernen. Dieses Mal war es ein kompletter Fehlschlag: keine Intelligenz, kein Verstand, keine Moral. Nach so vielen Vorträgen scheint dein Wissen ansehnlich genug zu sein, aber das sieht nur so aus. In Wirklichkeit gehst du rückwärts. Was erkannt ist, wird nicht in die Tat umgesetzt.«

Einige frühere, sehr praktische Ratschläge, die er Manandhar gab, zeigen, wie man Situationen studieren und Handlungen planen muss. Hier folgen einige Kommentare des Shivapuri Baba zu einem Bericht über verschiedene Erfolge und Fehlschläge:

»Wenn man nicht zur festgesetzten Zeit aufzustehen vermag, so ist dies nicht auf den Einfluss der *guna* zurückzuführen. Die Entschlossenheit, zu jener Zeit aufzustehen, war gegeben; darauf haben die *guna* keinen Einfluss. Es geschieht nur, weil die Gewohnheit noch nicht herangebildet ist, zur gesetzten Zeit aufzustehen. Nach ein paar Tagen der Übung wird dies in Ordnung kommen.

Wenn dich jemand besuchen möchte, lege eine geeignete Zeit für die Begegnung fest. Für solche Treffen solltest du eine feste Zeit nach der Meditation reservieren. Nur wenn es sehr dringend ist, können wir unseren Zeitplan unterbrechen und uns der Sache widmen. Andernfalls sollte es nur zur festgesetzten Zeit geschehen.

Wenn wir einen Zeitplan aufstellen, sollten wir schon vorher wissen, welche besonderen Situationen entstehen könnten, und unsere Routine dementsprechend festlegen. Du hast die Person zu einem Besuch eingeladen. Also weißt du vorher, dass sie erwartet wird. Auch kannst du schon im Vornherein wissen, dass deine Frau zum *puja*-Ritual das Haus verlässt, und du kannst deine Routine dementsprechend festlegen.

Lege auch fest, wieviel du am Tag rauchst, und selbst wenn ich dir dann eine Zigarette anbiete, brauchst du nicht mehr zu rauchen, als festgelegt wurde.

Versuche, im Rechten Leben fest Fuß zu fassen, bevor dein Leben zu Ende geht.

Entledigung und Unterlassung sind ein Defekt des Verstandes und auf Vorlieben und Abneigungen zurückzuführen.

Entschlossenheit ist *gunatita* (über den *guna* stehend). Falls sie überhaupt ein *guna* ist, so ist sie sattvaisch.

Zu den Mahlzeiten: Finde heraus, was gut für deinen Körper ist. Reis, Dal und Gemüse in verminderter Quantität sind das Ideal. Wenn es dir aber liegt, wandle eine der Mahlzeiten dementsprechend ab. Das schadet nichts. Man sollte für ein Rechtes Leben rechte Mahlzeiten haben.«

Noch detailliertere Erläuterung gab der Shivapuri Baba bezüglich der Pflege des Körpers. Diese Antwort nannte er *shaucham,* was Reinheit bedeutet:

»Die Räumlichkeiten sollten ordentlich und sauber sein, und alle sechs Monate getüncht werden. Die Bettdecken und Kissen müssen wöchentlich oder zweimal im Monat in der Sonne getrocknet werden. Die Bettbezüge sollten mindestens zweimal in der Woche gewaschen werden. Die Kleider müssen wenigstens zweimal wöchentlich gewechselt werden. Ein Mantel kann zum Beispiel zwei oder drei Tage getragen werden und sollte dann ebenso lange auslüften und abkühlen, bevor er erneut angezogen wird. Die Unterwäsche sollten wir täglich waschen, um sie von unserer Transpiration zu reinigen. Wir sollten kein Tuch länger als einen Tag tragen; wenn wir es nicht waschen können, sollten wir es zumindest einen Tag auslüften, bevor wir es wieder für einen Tag anziehen. Wenn wir von der Latrine kommen, sollten wir unsere Hände mit Seife oder Erde waschen, nach dem Urinieren mit einfachem Wasser. Bade täglich in den Morgenstunden. Einmal wöchentlich sollte ein gründliches Seifenbad in der Sonne genommen werden. Zu anderen Zeiten sollten unsere Hände keinen Teil unseres Körpers berühren.

Auf dieselbe Weise müssen wir unsere Aufmerksamkeit auf die verschiedenen Tätigkeiten des Tages richten. Auch wenn es sich dabei um Kleinigkeiten handelt, müssen wir ihnen gebührend Zeit und Raum widmen. Zusammengenommen sind sie sehr wichtig, insofern sie uns beschäftigt halten und keine Unterbrechung im vierzundzwanzigstündigen Tagesablauf entstehen lassen. Unterbrechungen sind wie Lecks, und durch sie verfallen wir ins Spekulieren, was nichts anderes ist als eine Verschwendung unserer Energie.

Es ist nicht schwer zu verstehen, wie diese strickte Tagesordnung an die Lebensbedingungen in gemäßigteren oder nördlichen Breiten angepasst werden kann.«

Eine weitere Erläuterung gab der Shivapuri zu einem sehr viel späteren Datum nach einer Autofahrt:

»Wir haben eine Fahrt unternommen. Haben wir sie genossen? Aber nein! Stattdessen haben wir gelitten. So ist das Leben. Wir möchten genießen und suchen Freude, aber tatsächlich erfahren wir dann Schmerz. Jetzt, nach der Fahrt, wissen wir, wieviel Schmutz und Staub sie uns eingebracht hat. Wir fuhren aus, um Freude zu genießen, mussten dafür aber die ganze Zeit über eine ebenso große Bürde von Schmerz und Leiden ertragen. Der Gedanke der Freude, die wir genossen, ist nur die Schöpfung dieses Verstandes, und wir versuchen, diese Freude um jeden Preis zu erhalten. So ist die Welt und ihr Wesen. Wir haben uns mit dem Gedanken angefreundet und uns ihm während der Fahrt hingegeben. Wirklich glücklich fühlen wir uns erst dann, wenn wir wieder an unseren Ursprungsort zurückkehren. Nur mit dem Bewusstsein unseres Ursprungsortes können wir uns mit dem Gedanken eine Zeit lang anfreunden, denn in dem Fall können wir wieder zum Ursprungsort zurückkehren. Andernfalls werden wir immer hinter dem Gedanken her sein und damit allen Schmerz und alle Probleme erleiden und sie fälschlich für Vergnügen halten. Diese Welt und ihre derartige Erfahrung sind lediglich das Werk des Verstandes. Wir schaffen Vorstellung, und damit haben wir diese Welt. Sonst gäbe es keine Welt. Die Wissenschaft hat es bewiesen. Ursprünglich ist das Leben des Menschen vollkommen, nicht aber seine ›Ich-heit‹. Nachdem wir zahlreiche Schmerzen und Rückschläge erlitten haben, werden wir sensibel und können den Verstand zur Ruhe bringen. Unfälle zum Beispiel, wie ein Arm- oder ein Beinbruch, halten den Menschen von zukünftigen Zügellosigkeiten ab. Oder wenn er den ganzen Tag ohne Pause im Auto fährt, ist er hinterher erschöpft und möchte das nicht noch einmal machen.

Der eine liegt zerstört am Boden und sinkt in den tiefsten Abgrund, der andere kann bis zur höchsten Höhe aufsteigen. Im ersten Fall besteht das Leben größtenteils aus Leid, im anderen Fall meistens aus Genuss. Beide Arten von Menschen werden nie wieder in den Kerker dieser Welt zurückkehren. Das rechte Funktionieren der Intelligenz ist dreiphasig: Sie muss die Situation so einschätzen, wie sie sich darstellt; wir müssen sie so vollständig wie möglich sehen und penibel sicherstellen, dass wir kein Element von Bedeutung übersehen. Dann müssen wir unterscheiden, um zu erkennen, was relevant und was irrelevant, was zu tun und was zu unterlassen ist. Drittens müssen wir unser Handeln so planen, dass jegliche unnötige Aktivität vermieden wird.«

Im folgenden Auszug bezieht sich der Shivapuri Baba verschiedentlich auf die Bhagavad Gita. Krishna spielt darin eine zweifache Rolle. In einem Aspekt ist er der Maharischi, der Große Lehrer, oder vielmehr die Quelle, von der alle Götter und alle Lehrer herrühren (BG 10.2). In einem anderen Aspekt ist er das Göttliche Prinzip in Arjuna selbst: sein *purushartha* (BG 8.4). Die Frage wendet sich der Rolle unserer Aufmerksamkeitskraft zu, hier »Bewusstsein« genannt. Wenn ihr einzig wahres Objekt Gott ist, warum müssen wir unsere Aufmerksamkeit dann auf die Welt richten?

»Das Rechte Leben hat drei Phasen: die einfache Beobachtung, die Entlarvung und das Ausschalten.

Die einfache Beobachtung ist das ABC der Sache, der mühseligste Teil davon. Wenn wir ihn bewältigen, werden die anderen beiden Teile sehr leicht werden. Sieh, was wir täglich tun: Karma, *vikarma* oder *akarma*. Das ist alles. Indem wir dies tun, behalten wir unser Bewusstsein immer bei uns, was die allerwichtigste Vorbereitung für die anderen Phasen ist. Gegenwärtig ist unser Bewusstsein wie das Licht eines Glühwürmchens (aufflackernd und erlöschend). Es sollte beständig wie das Sonnenlicht sein; wie können wir sonst unser Ideal (das Rechte Leben) erfüllen? Momentan ist es sehr, sehr glitschig, wie ein Fisch im Wasser. Durch die fortwährende Übung ständiger Beobachtung kann man dieses Bewusstsein in den Griff bekommen.

Dieses Bewusstsein sollten wir stets bewahren in unserem Ideal oder Rechten Leben, welches zweifacher Art ist: das niedere Leben (die Lebenserhaltung) und das höhere Leben (das Gottgedenken).

Einige Menschen sagen, dass sie ihr Bewusstsein zwar nicht die ganze Zeit auf Gott richten, aber auf das niedere Leben. Aber nein, es verhält sich nicht ganz so. In ihrem Fall ist ihr Bewusstsein außerhalb von beiden. Es ist vom Leben aufgesaugt aufgrund irgendwelcher Interessen. Man sollte das Bewusstsein dazu bringen, dass es uns führt und gleichzeitig mit uns in all unseren Aktivitäten zusammenarbeitet. Wissen und Energie sollten Hand in Hand gehen.

Einerseits sollte das Bewusstsein über den Dingen stehen und unseren *purushartha* (Verdiensterwerb) leiten, und gleichzeitig sollte es bei diesem *purushartha* mit uns zusammenarbeiten. Vergleiche Krishna mit dem leitenden Bewusstsein und Arjuna mit dem *purushartha.* Krishna ist ständig in Arjuna gegenwärtig, während dieser *purushartha* tut; und gleichzeitig ist Krishna das Leitprinzip, das über ihm steht. *Karma phala tyaga* – das Aufgeben der Früchte der Handlungen – erfolgt dann, wenn das Bewusstsein uns führt, während es teilweise über uns steht und teilweise mit uns arbeitet. Im entgegengesetzten Fall verbleibt es teilweise im Tun der Arbeit, teilweise im Resultat derselben. Zum Beispiel schreiben wir etwas mit Hilfe eines Lichtes; wenn dieses ausgeschaltet wird, können wir nicht weiterschreiben. Vergleichen wir dieses Licht mit unserem Bewusstsein, mit dessen Hilfe wir arbeiten. Es strahlt von seinem eigenen Standort Licht aus und, weil wir in diesem Licht arbeiten, arbeitet es gleichsam mit uns zusammen wie jemand, der einen Blinden führt. Was wir auf den oben genannten zwei Ebenen [dem niederen und dem höheren Leben] mit diesem Bewusstsein erlangen, ist echt und wird nie wieder verloren gehen, sondern wird es dem Prozess ermöglichen, das herbeizuführen, was benötigt wird.«

Er erläuterte dann den Sinn seiner Ausführungen durch den Hinweis auf eine bekannte Geschichte im Mahabharata über das Abbrennen des Khandava-Waldes.

»Zwei Leben wurden gerettet: einmal das des *krauncha*-Vogels [Reihers], zum anderen das des Mayabin. Das *tapasya* [asketische Leben] des Ugrabahu resultierte im Leben des *krauncha.* Eine gute Tat wird zur Wirklichkeit oder Echtheit, und ihr wird nie ein Ende gesetzt. Mayabin ist der Baumeister der *rakshasa* [Formen der Dämonen], was bedeutet, dass sie sich außerhalb des wirklichen Lebens befinden. Er steht für die Vorstellungskraft, die alles und jedes bauen kann und die auch ein Mensch des Rechten Lebens benötigt. Sie befähigt ihn, sein Leben nach seinem eigenen *dharma* zu gestalten, und sein Leben wird dadurch erhalten. Wenn Krishna und Arjuna kommen, wird der Wald abgebrannt. Wenn Bewusstsein und *purushartha* in rechter Ordnung arbeiten, wird alles *akarma* und *vikarma* eliminiert. Lediglich Karma verbleibt, was wiederum nur bei rechter Absicht und guter Vorstellungskraft möglich ist. Diese beiden benötigen wir noch, um das Karma weiterlaufen zu lassen.«

Bei einem anderen Anlass sagte er:

»Alle unsere Gedanken drehen sich um unser Heim. Frieden und Glück im Haus sind unsere Hauptinteressen. Die Erhaltung unseres Körpers und aller Dinge, die zu ihm gehören, beansprucht gegenwärtig unsere Aufmerksamkeit. Wir fühlen die Notwendigkeit, unser Leben zu erhalten; und daher kommen alle diese Einzelheiten in der Bewegung unserer Gedanken und Impulse, die so gerichtet sind, dass sie in vollem Maße zum Wohle unserer körperlichen Existenz beitragen. Das beweist, dass unser Körper das Heim ist, um das sich unsere Gedanken und Aktivitäten drehen.

Aber infolge unserer Suche bis in die inneren Tiefen unseres irdischen Daseins erkennen wir, dass der Körper nicht das Selbst ist. Die feineren Elemente jenseits dieses Körperbewusstseins, das, was wir ›Seele‹ nennen, bilden unser wahres Selbst. Diese Seele muss für eine bessere Selbsterkenntnis verwirklicht werden.

Die Frage: ›Wer bin ich?‹ sollte unser Hauptanliegen sein. Dies wird uns stufenweise zu unserer ewigen Wahrheit oder Heimat führen, wo wir allen Frieden und alles Glück finden werden. Freiheit von Unwissenheit und höchste Glückseligkeit werden die Resultate sein.

Um also diese Seelenforschung möglich zu machen und dadurch das gewünschte Ziel zu erreichen, müssen wir unsere Aufmerksamkeit richtig lenken. Intelligenz und Moralität sind zu beachten. Genau wie unsere oben beschriebenen Lebensaktivitäten zur Erhaltung unseres Körpers, werden diese Intelligenz und Moralität unsere Seelenforschung möglich machen. Unser spirituelles Bedürfnis wird am besten gewährleistet, indem wir eine rechte Moralität im Auge behalten und rechten Gebrauch von unserer Intelligenz machen in derselben Weise, wie unsere Lebensaktivitäten für unsere körperlichen Erfordernisse sorgen. Das Problem der Seele ist das Zentrum, um das sich unsere Moralität und Intelligenz drehen, genau in derselben Weise, wie das Problem unserer Körpererhaltung gegenwärtig zum Zentrum all unserer Tätigkeiten wird.«

In den vorangehenden Kapiteln habe ich mehrere Beispiele von Ratschlägen des Shivapuri Baba im Zusammenhang mit *svadharma* gegeben. Nun möchte ich aufzeigen, wie er verschiedene andere Fragen beantwortete, die ihm gestellt wurden.

Thakur Lal Manandhar: »Wenn Leute mich bitten zu erklären, warum wir unsere Lebensaktivitäten disziplinieren sollten, was soll ich ihnen antworten?«

S.B.: »Wahrheit ist hart und Gerechtigkeit kompromisslos. Du solltest ihnen erklären, dass wir zum einen *siddhanta* [etabliertes Wissen] und zum anderen *vedanta* [endgültiges Wissen] haben. Die rechte Erfüllung all unserer Pflichten in aller Strenge und unter Vermeidung jeglicher Nichtpflichten (oder Entledigungen und Unterlassungen) ist *siddhanta* oder das Prinzipielle. Hingegen ist *vedanta* dazu da, das Prinzipielle zu beleuchten hinsichtlich der Frage, wann wir von den festen Prinzipien des *siddhanta* abweichen können. Das heißt also, *vedanta* spricht von einigen Zugeständnissen unter gewissen Umständen. Es gibt kein Gesetz, das nicht eine Flexibilität gemäß Zeit, Ort und Umständen zulässt. Es spricht sich für eine Art Unterscheidungsvermögen beim Umgang mit dem festgelegten Kodex oder den Prinzipien aus. Wenn die Abweichung durch Begehren oder Versuchung motiviert ist, kann man sie nicht mit vedantischen Argumenten verteidigen, und auch nicht, wenn sie durch Furcht motiviert ist. Versuchung und Furcht sind die beiden Ursachen für eine falsche Abweichung. Gottesliebe (der Gedanke, dass wir die höchste Freude oder Glückseligkeit haben können, die alle anderen Sinnesfreuden übersteigt) bewahrt uns vor der Versuchung, und Widerwillen gegen das Leben (der Gedanke, dass der Tod unvermeidlich ist und dass der Tod im Verlaufe unserer Bemühung kommen mag) bringt Furchtlosigkeit. *Vairagya* [Wunschlosigkeit, Nichtverhaftetsein] ist Liebe zu Gott plus der Kraft von *tyaga* [Entsagungsgeist]. Wenn du zum Beispiel Pilze isst, so wie gestern, und dies durch Begehren motiviert ist, so ist es falsch, weil du der Versuchung unterliegst; aber wenn es sich einfach so fügt (und auch hier: nur die halbe Portion entsprechend *rajas,* ein Viertel entsprechend *sattva* und die volle entsprechend *tamas*), so machen wir ein Zugeständnis, weil wir in diesem Fall nicht von der Versuchung verleitet werden. Hier kommt *vedanta;* aber gemäß *siddhanta* muss man aller Versuchung widerstehen, und daher ist strikte Disziplin zu bewahren. *Siddhanta* ist *veda* [Göttliches Wissen], und nach *veda* kommt *vedanta.*

Der Geist des Erforschens, woher dieses Sein kommt, ist die Hauptsache, die im Zentrum unseres Interesses stehen sollte, wenn wir nicht mit unseren Lebensaktivitäten beschäftigt sind. Das ist *nirguna upasana* [formlose Verehrung oder Meditation]. *Saguna upasana* [formenhafter Verehrung oder Meditation] sollten wir uns zuwenden, wenn der Verstand keinen Gefallen mehr an *nirguna upasana* finden kann und deren müde ist, nur zur Entspannung. Wenn wir dies wissenschaftlich erklären wollen, so ist es, wie wenn man die starke Kraft eines *guleli* (Katapultes) hat, um einen Steinbrocken zu schleudern. *Saguna upasana* ist unser Spielen mit der Vorstellungskraft, was insofern hilft, als es ein Rastplatz für einen Reisenden ist, der nach kurzer Entspannung seine Wanderung wieder fortsetzen muss. Sich Gott aufgrund von irgendwelchen vorgefertigten Konzepten vorzustellen, ist falsch. Doch ist es gelegentlich hilfreich, einfach um sich eine Weile zu entspannen und unsere Gottsuche mit frischer Kraft neu zu beginnen. Es ist genauso eine Hilfe wie das Minensuchboot in einem Meer voller Minen. Es klärt unseren weiteren Weg von allen vorgefassten Eindrücken im Verstand, sodass wir freie Fahrt für unsere weitere Reise, das heißt unsere Suche haben.

Saguna upasana in *dhyana* [Meditation] und *dharana* [Konzentration]: Wir können über Naturphänomene wie Flüsse, Berge, Meere und so weiter anstelle eines persönlichen Gottes meditieren, aber nicht über künstliche Dinge.

Entledigungen und Unterlassungen: Deren Beseitigung und die erfolgreiche Erfüllung der Pflichten machen das Leben reich und leicht. Dies hat nichts mit unserer Seelenforschung zu tun. Aber wenn alles glatt geht im Leben, müssen wir uns nicht mit Sorgen plagen und können daher frei von Lebensproblemen meditieren. Um eine Handlung erfolgreich durchführen zu können, müssen wir deren Technik erlernen; *asuric sampad* [etwa: Paktieren mit Dämonen] und der Einfluss der *guna* müssen vermieden werden, und entsprechende Erfahrung wird helfen.«

Als Nächstes folgt eine Reihe von schriftlich gestellten Fragen zu Themen wie: die Wirklichkeit der Welt, das Leben nach dem Tod, Transzendenz und Immanenz von Gott. Die vom Shivapuri Baba diktierten Kommentare dazu lauten wie folgt:

»Alle Fragen, die Sie gestellt haben, sind kluge Fragen. Seit Anbeginn der Welt haben wissbegierige Menschen wie Sie diese Dinge diskutiert, und die Diskussionen dauern bis auf den heutigen Tag an. Aber keine zwei Personen haben dieselbe Antwort gegeben. Jede Nachforschung endete in schlichter Rede. Wenn wir nun auch darüber zu reden beginnen, können wir nicht zu einem Schluss gelangen.

Es gibt diese Welt, und das Leben sollte hier möglich sein. Für diese Möglichkeit des Lebens haben uns all diese Menschen dieselbe Antwort gegeben, nämlich das, was ich Ihnen über die Disziplinen gesagt habe. Die Antworten auf die Fragen, die Sie gestellt haben, werden Sie wissen, wenn Sie Gott schauen. Die drei Disziplinen, über die ich zu Ihnen gesprochen habe, werden Sie, wenn sie praktiziert werden, dahin führen. Diese ausdiskutierten Dinge können Sie bis zu einem gewissen Grad erfahren, wenn Sie das Yoga-Vasistha und das Bhishma Parva [das sechste Buch] des Mahabharata lesen. Studieren Sie diese beiden nun gründlich, und dann formulieren Sie Ihre Fragen von Neuem.

Erkenntnis ist zweifacher Art. Die eine beschäftigt sich mit dem Was und die andere mit dem Wie. Alle Fragen, die Sie gestellt haben, fallen unter dieses Was. Damit können wir warten bis wir Gott schauen. Aber die Frage ›Wie?‹ sollte heute gelöst werden. Wir können nicht warten, bis Gott kommt. Daher seien Sie bei diesem Wie sehr strikt und achtsam. Dieses allein kann das andere offenbaren. Wenn Sie nun meine Meinung zu Ihren Fragen wissen möchten, so gebe ich einige im Folgenden:

Ist das Leben wirklich? Ob es wirklich oder unwirklich ist, können wir nicht wissen. Im relativen Sinn ist es wirklich, weil wir Hunger, Durst und verschiedenen anderen praktischen Dingen unterworfen sind. Hier müssen wir etwas zu unserer Erleichterung unternehmen. Daher die Disziplin, die ich Ihnen gab.

Gibt es ein Leben nach dem Tod? Wenn sich jemand schlafen legt, so ist er tot, und am nächsten Tag steht er wieder auf und das Leben läuft weiter wie zuvor. So gelangen wir auch nach dem Tod in einer anderen Weise ins Leben. Daher gibt es keinen Tod, sondern nur das Leben. Der Tod ist nichts anderes als ein Umziehen von alten Kleidern in neue, das heißt von einem Körper zum anderen. Tod ist nichts anderes als ein Schlaf, so wie wir heute Nacht schlafen und am nächsten Morgen aufstehen. Wir sind, was wir gestern waren. So werden wir auch in Zukunft sein, was wir heute gewesen sind. Gestalten Sie daher Ihr Leben heute, und morgen werden Sie ein gutes Leben haben. Das gegenwärtige Leben ist armselig und von niedrigem Status, weil wir es zuvor nicht richtig gelebt haben mit rechter Anwendung von Moralität, Erkenntnis und Intellekt.

In dem Maße, wie wir im Licht dieser Prinzipien vorangekommen waren, ist unser gegenwärtiges Leben gediehen. Wer darüber ernsthaft nachgedacht hat, muss Gelegenheit erhalten, in dieser Richtung zu arbeiten.

Moralität ist dasjenige, was ihn in den Stand setzt, sozusagen bei dieser rechten Erkenntnis und diesem rechten Intellekt zu bleiben, sein Geist der Selbsthingabe. Nachdenken über Gott ist gleichbedeutend mit Nachdenken über dieses *svadharma.* Wenn jemand sein Wort gegeben hat oder den Entschluss gefasst hat, sein Leben nach diesen Prinzipien von *svadharma* zu leben, so sagen wir, dass er es von innen her gelebt hat, obgleich es äußerlich einige Zeit dauern mag, bis er entsprechend lebt.

Gott ist alles in allem, und Gott ist nirgendwo. Wie kann das sein? Du beschäftigst eine Menge Leute, die unter dir arbeiten. Du bist der Meister von ihnen allen. Du gibst ihnen Kleidung, Mahlzeiten, alles. Das heißt: Du bist für sie überall, aber in einem anderen Sinn bist du nirgendwo. Diese Leute tun ihre Arbeit und sie bekommen ihren Lohn. In diesem Sinn hat Gott dieses Universum geschaffen und uns alle. So ist Er alles in allem für uns. Aber wir müssen unsere Lebensaktivitäten selbst erledigen und unser eigenes Leben leben. Hier ist Gott nirgendwo, und so weiter und so fort.

Ich habe hier nur ein oder zwei Ihrer Fragen beantwortet. Für den Rest lesen Sie diese beiden Bücher: das Yoga-Vasistha und das Bhishma Parva. Dann werden Sie eine spekulative Antwort auf all diese Fragen bekommen. Ich beschäftige mich im Detail nur mit diesen Disziplinen, weil sie von unmittelbarem Wert sind.

In den *purana*[-Schriften] gibt es die folgende Geschichte. Jemand wurde von einem Pfeil getroffen. Sogleich jammerte er, der Pfeil solle aus seinem Körper entfernt werden. Er stellte keine Nachforschungen an, woher jener Pfeil kam, ob er aus Stahl oder Bambus war. Sein einziges Anliegen war, den Pfeil zu entfernen und seinen Schmerz loszuwerden. Erst danach prüfte er den Pfeil und fragte nach dem Schützen. Aus dieser Geschichte lernen wir, dass das unmittelbare Notwendige darin besteht, sich vom Problem zu befreien, und dann erst Fragen zu stellen. Wenn du erst Fragen stellst, wird der Schmerz fortdauern, und das ist reine Dummheit.

Daher fordere ich Sie auf, die drei Disziplinen zu üben und sich von den unmittelbaren Schwierigkeiten zu befreien. Wenn Sie diese Disziplinen üben, sollten Sie – ganz gleich welche Schwierigkeiten und Missverständnisse auftreten – Fragen formulieren und sie mir senden, damit sie gelöst werden, und Sie weitermachen können.«

Ich werde nun Fragen und Antworten wiedergeben, die der Shivapuri Baba mit verschiedenen Leuten zu verschiedenen Zeiten austauschte. Diese bilden keine systematische Darstellung seiner Lehre, sondern das »Ausräumen von Zweifeln«.

Frage: »Warum gibt es heute so viel Unglück in der Welt?«

S.B.: »Das ist nicht nur heutzutage so. Das dreifache Leiden, oder *trividha tap,* findet sich immer bei der Menschheit. Es sind Schmerz, Sorge und Furcht. Wenn wir im Reich eines Königs leben, müssen wir ganz natürlich Steuern zahlen und uns an die Gesetze halten, die er zum Wohle des Landes erlassen hat. Wenn wir uns weigern, Steuern zu zahlen, wird uns sein wohlwollender Schutz unseres Lebens und Besitzes versagt bleiben; und wenn wir uns nicht an die Gesetze des Landes halten, werden wir von ihm bestraft werden.

Genauso müssen wir uns das Königreich Gottes vorstellen. Wir müssen Ihm Abgaben oder Steuern zahlen, und nicht nur das: Wir müssen uns an die Gesetze halten, die Er uns gegeben hat. Was sind denn Seine Steuern? Er hat uns diesen physischen Körper gegeben, den wir schützen müssen. Und all die Pflichten, die wir täglich zur Erhaltung dieses Körpers erfüllen müssen, sind die Steuern, die Er von uns erhebt. Dazu gehört der Schutz dieses Körpers, unserer Familie und unserer Verwandten sowie andere

Pflichten, die einen direkten oder indirekten Bezug zu unserem physischen Körper haben. Sie sind als Karma zu verstehen und ohne Vernachlässigung zu erfüllen. Jene Handlungen, die nichts mit der Erhaltung unseres physischen Körpers zu tun haben, sollten wir als *akarma* und *vikarma* kennen. Indem wir uns also um den Schutz unseres Körpers kümmern, zahlen wir dem König und Kaiser des Universums die notwendigen Steuern. Er wird uns dann als aufrichtige Bürger anerkennen, die Seine Obhut und Seinen Schutz verdienen. Dieser Tätigkeitsbereich wird von unserem Intellekt beherrscht, denn es ist der Intellekt, der dabei die führende Rolle spielt. Unser Erfolg hängt ab von einem scharfen Intellekt und geschicktem Handeln. An nächster Stelle kommt unser Gehorsam gegenüber Gottes Gesetz, was wir ›Moralität‹ nennen. Was ist Gesetz, und wie können wir ›rechtschaffen‹ genannt werden? Dieser Teil der Angelegenheit bedarf unseres Verstandes. Er ist immer mit *ichchha* (Begehren), *raga* (Verhaftetsein) und *dwesha* (Hass) konfrontiert. Wenn wir unseren Verstand von deren Einflüssen frei halten, bedeutet dies, dass wir moralisch handeln. Wann immer wir unser Karma tun, sollten wir es tun, ohne von Begehren, Verhaftetsein oder Hass getrieben zu werden. Bei der Erfüllung unserer Pflichten sollten wir frei von Vorliebe und Abneigung sein. Als Gegenleistung werden wir dann von Gott von jeglicher Bestrafung befreit.

Der erste Faktor, das Zahlen von Steuern, wird für unser physisches Wohlergehen sorgen, während der zweite, das Bewahren der Moralität, unsere geistige Gesundheit und daher unsere Sorgenfreiheit sicherstellt. Wenn wir drittens die übrige Zeit darauf verwenden, eifrig nach Gott zu suchen, werden wir frei von Furcht sein. So vermeiden wir ein Verfallen in die drei Leiden, oder die *trividha tap,* wie wir sie nennen, und bewahren unsere Glückseligkeit. Wir müssen nur unsere Aufmerksamkeit auf diese drei Kanäle richten und weiter nichts.«

Frage: »Sie raten uns, nur sattvaische Handlungen auszuführen. Was ist sattvaisch?«

S.B.: »Die Weisheit, mit der ein Mensch die eine grundlegende Einheit in der ganzen Schöpfung sieht, das heißt, mit deren Hilfe er zum Wesen der Dinge gelangt, ist sattvaisch. Wenn jemand eine solche ausgeglichene Verstandesverfassung hat, sagt man, er habe ein sattvaisches Temperament. Sattvaisch zu handeln, heißt, seinen festen Pflichten regelmäßig ohne Fehl und strikt nach dem entsprechenden Gesetz nachzukommen ohne Verhaftetsein oder Hass und ohne jedes Begehren oder Interesse an der Frucht des eigenen Handelns. Wer ohne jegliche Verhaftung an etwas ist, keinerlei Stolz bei seiner Arbeit empfindet, seine Absicht unerschütterlich verfolgt und nicht im Geringsten von Erfolg oder Versagen berührt wird, ist eine sattvaische Person. Er hat eine klare Schau der Dinge oder rechtes Unterscheidungsvermögen und hat sich selbst fest im Griff. So sollte man also mit sattvaischem Temperament, sattvaischer Weisheit und sattvaischem Handeln seine Pflichten im Leben erfüllen. Ganz natürlich wird ein solcher Mensch sowohl die Befehlskraft als auch die Beherrschungskraft kultivieren und erwerben, die derart notwendig sind. Es wird dann immer leichter für ihn, sein Leben zu meistern, indem er sich mehr und mehr daran gewöhnt. Er wird dann ein voll entwickeltes Wesen sein, das die Fähigkeit besitzt, das Leben, die Wahrheit oder Gott von Angesicht zu Angesicht zu schauen.«

Frage: »Warum folgte eine Persönlichkeit wie Ramakrishna nicht Ihren drei Disziplinen des Rechten Lebens? Sie sagen, diese seien für alle notwendig. Aber die großen Heiligen wie Ramakrishna und Ramana Maharshi lebten doch nicht danach, oder doch?«

S.B.: »Der Grund ist, dass sie einen sehr starken Verstand besaßen. Für sie waren die beiden ersten Disziplinen nicht notwendig. Zum Beispiel übte Ramakrishna nur wenig *yajna* [Opfer], *dana* [Mildtätigkeit] und *tapas* [Selbstkontrolle] – nur zum Schutz des Lebens, nur als Verteidigung; alle drei wurden nur soweit geübt, als sie notwendig waren, um nicht das Leben zu verlieren. Gewöhnliche Menschen üben alle drei, um zu gewinnen; und daher entwickeln sie einen anstößigen Charakter. Ein geringeres Maß genügt völlig für unseren Zweck. Dabei werden auch die drei Reinigungen mitberücksichtigt, aber nur soweit sie notwendig sind, um nicht das Leben zu verlieren. Ramakrishna besaß genügend Geschick, sich der Tätigkeit im Tempel und dem Familienleben zu widmen, sodass sein Körper geschützt war. Auch Buddha besaß genügend Klugheit, Nahrung entgegenzunehmen, nach der er nicht verlangt hatte. Wenn man die eine Sache über alles andere stellt, das heißt, wenn man um jeden Preis nur Gott will, so erfolgen die drei Reinigungen automatisch (sogar ohne einen Guru), um dieses Übergeordnete möglich zu machen. Eifriges Verlangen nach Gott zieht unweigerlich die erforderlichen Reinigungen in einem gewissen Maß nach sich, ohne dass wir selbst es wissen, und dies genügt für unseren Zweck.«

Frage: »Welches ist Ihre Einstellung zur Gesellschaft? Welche sozialen Verpflichtungen sollten wir erfüllen?«

S.B.: »Man sollte die sozialen Verpflichtungen gemäß den herrschenden gesellschaftlichen Gesetzen erfüllen. Wenn irgendein Gesetz als unpassend empfunden wird, kann das Individuum die Meinung der Älteren einholen und versuchen, es zu ändern. Die *manu samhita* [Sammlung von Gesetzestexten] wurde von Zeit zu Zeit geändert, und es gibt zwölf *samhita,* was die Tatsache belegt, dass gesellschaftliche Gesetze nicht permanent oder unwandelbar sind. Aber man sollte nicht aufgrund persönlicher Launen Disharmonie in die Gesellschaft bringen. Jene, die die Gesetze der Gesellschaft ändern wollen, müssen zuerst ihr eigenes Leben auf der Basis Rechten Lebens begründen und sollten erst danach andere überzeugen, die Mängel im Gesellschaftsrecht zu ändern.

Wer sein Leben der *Wahrheitssuche* gewidmet hat, braucht seine Energien nicht auf Fragen über die Gesetze der Gesellschaft zu verschwenden. Da seine Hauptaufgabe in der Reise zum Absoluten liegt, wird die Wahrnehmung gesellschaftlicher Verpflichtungen für ihn zum geringsten Problem. Und weil er keinem Dogma oder sogenannten religiösen Übungen folgen muss, wird er persönlich nicht mit gesellschaftlichen Angelegenheiten in Konflikt geraten.«

Frage: »Welches ist die Stellung der Frauen? Können sie Ihrem *svadharma* in derselben Weise folgen wie Männer? Besteht ein grundsätzlicher Unterschied?«

S.B.: »Abgesehen von den physiologischen und psychologischen Unterschieden gibt es keine grundlegende Verschiedenheit von Mann und Frau. Eine Frau kann ebenso wie ein Mann die Wahrheit verwirklichen, wenn sie dem Pfad des Rechten Lebens und der Meditation folgt. Jedoch hat eine Frau einige spezielle Pflichten zu erfüllen.«

Frage: »Sie sagen, dass man für *svadharma* eine wache Intelligenz und einen starken Verstand haben muss. Bedeutet dies, dass es nur für Menschen hochrangiger spiritueller Entwicklung ist, für hohe Seelen sozusagen?«

S.B.: »Es gibt nichts Hohes oder Niedriges, Großes oder Kleines. Jedes Individuum kann das höchste Ziel im Leben erlangen, wenn es dem Rechten Leben folgt und meditiert.

Man muss Disziplin in sein Leben bringen – verstandesmäßige, intellektuelle und moralische Disziplin. Man sollte auch sein Unterscheidungsvermögen gebrauchen und lernen, rechte und falsche Handlung, Wünschenswertes und Unerwünschtes auseinanderzuhalten.

Im persönlichen Leben muss man gut auf seine eigenen Handlungen achten. Man sollte nicht eine einzige unnötige Handlung ausführen. Wir sollten nicht sehen, was nicht für uns bestimmt ist; wir sollten nicht hören, was uns nicht betrifft; wir sollten nichts sagen, was nicht erforderlich ist, nicht mehr essen, als unser Körper braucht, nicht berühren, was wir nicht benötigen. Man sollte all seine Sinne zügeln und keinen von ihnen verschwenden. Im eigenen Leben muss man rein in der Handlung und im Verstand sein.«

Frage: »Was ist Ihre Ansicht zur modernen Naturwissenschaft? Einige Leute sagen, sie habe die Religion in der Welt zerstört. Glauben Sie, dass die Religion sich erneuern wird?«

S.B.: »Es sollte keinen Konflikt zwischen Naturwissenschaft und Religion geben. Sie sind komplementär. Die Naturwissenschaft hat die Religion als Feind angesehen, was sie nicht tun sollte. Die Übung des Rechten Lebens ist eine Art Wissenschaft. Es schadet nichts, wenn die Wissenschaft dem Einzelnen und der Gesellschaft Komfort bringt. Aber die Wissenschaft sollte nicht versuchen, sich über Göttliche Gesetze hinwegzusetzen, noch sollte man sie gebrauchen, um materiellen Reichtum auf Kosten gesellschaftlicher Harmonie zu erlangen.

Jede Religion ist eingeschränkt durch Theorien, Argumente, blinden Glauben, unnötige und bisweilen unerwünschte Praktiken. Religion mag bisweilen eine Atmosphäre für gutes Leben schaffen, aber sie kann nicht die von Gott verfügten Aufgaben erfüllen, noch kann sie aus sich selbst zu Gott oder Erkenntnis führen.

Nur Meditation in Verbindung mit Rechtem Leben kann Erkenntnis bringen. Diese Methode lässt keine Religion, keine Sekte, kein Dogma, keine Theorie zu. Dies nennen wir *svadharma.* In der Neuzeit haben einige Hindu-*shastrakar* [Lehrbücher] *svadharma* in der Bedeutung des Festhaltens an *varnashrama,* der Kastentheorie, interpretiert. *Svadharma* bedeutet ganz einfach, seine eigenen Pflichten zu erfüllen. Die Erfüllung der dreifachen Pflichten und Meditation sind Erfüllung von *svadharma.*«

Frage: »Welche Stellung nehmen *yogavyas* [Yogaübungen] im Rechten Leben ein?«

S.B.: »Für die Wahrheitssuche werden *yogavyas* nicht benötigt. Nur das Rechte Leben und Meditation werden zur Erkenntnis führen. *Yogavyas* können eine gewisse Kraft geben, so wie Kenntnisse der Medizin oder Technologie dem Menschen Macht verleihen. Aber die Ausübung von Macht, die durch *yogavyas* erlangt wurde, ist sündig und schafft weitere Illusionen.«

Ich möchte hier innehalten und die Aufmerksamkeit der Leserinnen und Leser auf diese Antwort richten. Als ich mit dem Heiligen über den Wert verschiedener Kräfte sprach, die durch spirituelle Entwicklung erlangt werden, sagte er: »Kräfte, *siddhi,* werden kommen. Sie sind dem Menschen von Natur aus eigen; aber man soll sie nicht erstreben. Wenn sie kommen, soll man sie nicht gebrauchen, um Macht zu gewinnen, oder für irgendeinen anderen Zweck außer dem Rechten Leben.« Wir sprachen dann darüber, dass man die Gedanken einer anderen Person kennen kann. Ich sagte, dass jemand, der Gotteserkenntnis erlangt hat, in der Lage sein müsse – falls er es denn will – zu wissen, was im Verstand eines anderen Menschen vorgeht, und den Zustand von dessen Seele zu erkennen. Er erwiderte: »Ja, das kann er; aber es wäre eine Sünde, diese Kraft zu nutzen. Niemand hat das Recht, in den Verstand einer anderen Person zu schauen.« Dieser gesunde Rat, der sich voll im Einklang mit dem befindet, was alle großen Mystiker gesagt haben, wird bisweilen vergessen, und wir hören die Leute von »Kräften« als Zeichen spiritueller Entwicklung reden.

Ich habe bereits erwähnt, wie sehr ich meinem guten Freund Tarzie Vittachi zu Dank verpflichtet bin, der vor uns nach Kathmandu gefahren war, um sich zu vergewissern, ob der Shivapuri Baba noch lebte und uns empfangen würde. Tarzie Vittachi fuhr danach in eigener Sache ein zweites Mal zu ihm, gemeinsam mit seinem indischen Freund Bomon Behram, einem bekannten Zeitungsverleger aus Bombay. Ich werde im Folgenden seine Aufzeichnungen wiedergeben, die bisher noch nicht behandelte Themen erschließen.

Das Gespräch begann zunächst in der gewohnten Weise mit einer Beschreibung von *svadharma.*

S.B.: »Ein Leben mit Unterscheidungsvermögen ist wesentlich für die Entwicklung eines Menschen. Wenn wir planen, wieviel wir arbeiten, wieviel Nahrung und Getränke wir zu uns nehmen, wieviel Zeit wir unserem Beruf widmen wollen, beginnen wir das wirkliche Leben. Wir beginnen, klar zu denken, weil unser Verstand ruhiger wird, disziplinierter. Wir beginnen, das Wahre vom Falschen zu trennen, und schon nehmen die Probleme ab. Alle Probleme entstehen, weil unser Verstand mit Emotionen verknüpft ist. Wir sollten unseren Verstand mit der Vernunft verknüpfen, nicht mit Gefühlen. Unser Verstand wird stets dem folgen, was angenehm ist, selbst wenn es nicht vernünftig ist. Er wird das Unangenehme vermeiden, selbst wenn dies eindeutig vernünftiger ist. Genuss und Missfallen, Vorliebe und Abneigung sollten nicht Sache des Verstandes sein.

Wir müssen in einem Staat wohnen, daher müssen wir seinen Gesetzen gehorchen. Andernfalls gibt es Probleme. Wir müssen in unserem Verstand und unserem Körper leben, daher müssen wir den Gesetzen unseres Körpers und unseres Verstandes gehorchen – den Geboten. Dies sind die Disziplinen, die für den gewöhnlichen Menschen gegeben wurden.«

T.V.: »In welchem Verhältnis sollten Anstrengung und Hingabe zueinander stehen?«

S.B.: »Nehmen wir zum Beispiel die Nahrung. Wenn du nur das isst, was dein Körper benötigt, so ist dies Hingabe. Deinen Bauch vollzuschlagen, ist Anstrengung! Disziplin ist keine Anstrengung, sondern Hingabe. Disziplin gibt Kraft. Ein Vogel bezieht seine Kraft von der Luft, ein König von seiner Armee, ein Mensch von seinem Disziplingefühl. Disziplin gibt dem Leben eines Menschen Plan und Form. Schon wenn er nur einen Anfang macht, lassen bereits einige Probleme nach. Mit jedem Akt der Hingabe, der Disziplin, wird es leichter, die Tricks zu vereiteln, mit denen der Verstand dich von deinem wahren Zweck abzubringen versucht.

Ein Regierungsbeamter muss seine Pflichten erfüllen, wofür er bezahlt wird. Aber er lässt sich bestechen und ruiniert sich. Wenn du dein Unterscheidungsvermögen ausschaltest, wenn du dem Kodex nicht gehorchst, der, wie du sagst, für dich Gültigkeit besitzt, so ist dies, wie wenn du dich bestechen lässt. Um zusätzlicher Freuden willen verdirbst du die Möglichkeiten deines Lebens. Der Beamte sollte lernen, mit seinem Gehalt auszukommen – alles, was er begehrt, sollte innerhalb dieser Grenzen erfolgen. Das Leben eines Menschen muss innerhalb einer Disziplin gelebt werden – jeglicher Genuss, den er erlangt, muss innerhalb dieser Grenzen erlangt werden. Ohne Disziplin ist ein Mensch, ganz gleich ob König oder Yogi, nicht mehr als ein menschliches Tier.«

Tarzie Vittachi fragte ihn nach der Erziehung seiner Kinder.

S.B.: »Einem Kind muss man beibringen, tüchtig zu sein, verantwortungsbewusst, und sich der Fragen bewusst zu werden, warum wir leben, der Frage nach der Wahrheit und Gott. Tüchtigkeit ist sehr wesentlich. Selbst eine Tasse Tee zuzubereiten, muss durch Übung vervollkommnet werden. *Verantwortungsbewusstsein* muss man erwerben, weil dies zu Pflichtbewusstsein führt.

Interesse an spirituellen Dingen ist erforderlich, weil es unsere Pflicht *ist,* Wahrheit und Gott zu finden. Den Kindern sollte man tägliche Pflichten geben, einen Tagesplan für das Leben. Vereinfache ihnen ihr Leben.«

T.V.: »Wie?«

S.B.: »Indem du dein eigenes vereinfachst. Es ist möglich, deine Arbeit zu tun und dein eigenes Leben und ihres weniger kompliziert zu machen. Sie werden dein Leben nachahmen. Es ist mehr als Nachahmung, aber selbst Nachahmung genügt für den Anfang.«

T.V.: »Wie sollen wir unsere täglichen Pflichten organisieren?«

S.B.: »Bringe *jeden Tag* einige Zeit mit dem Gedanken zu, warum wir leben. Woher sind wir hergekommen? Wohin werden wir gehen? Wenn man einmal einen Anfang macht, so wird dies interessant wie die Lektüre eines Buches. Wenn es interessant wird, werden andere Gedanken schwächer und man denkt nur an das Buch. Eine andere Analogie: Suche nach der weißen Filmleinwand hinter den sich bewegenden, flackernden Bildern. Reduziere deine Tätigkeit auf ein Minimum und erfülle deine Pflichten.«

T. V.: »Haben Sie irgendeinen Rat zur Ernährung?«

S.B.: »Fülle deinen Magen nur zur Hälfte mit Nahrung, ein Viertel mit Wasser, und ein Viertel des Magens halte leer.«

T.V.: »Welche Haltung sollten wir gegenüber Freude und Schmerz einnehmen?«

S.B.: »Unsere Probleme entstehen dadurch, dass uns gelehrt wurde, Glück zu begehren. Das ist Unsinn, *maya.* Der Winter kommt und der Sommer kommt. Beide durchleben wir. Freude und Schmerz sind auch so. Man sollte sein Leben nicht damit zubringen, das eine zu suchen und das andere zu vermeiden.«

T.V.: »Aber hat uns Gott nicht eine solche Fülle und so viele angenehme Dinge gegeben, damit wir sie nutzen?«

S.B.: »Sie wurden gegeben, um uns an die Erde zu binden. Gewöhnliche Menschen wollen an die Erde gebunden bleiben. Einige wollen die Dunkelheit durchdringen.«

T.V.: »Ist diese Erde nicht unsere wahre Heimat?«

S.B.: »Unsere Ursprünge liegen weit jenseits des Raumes. Von dort kamen wir und dorthin kehren wir zurück, wenn wir unsere Pflicht getan haben.«

T.V.: »Babaji sagt, die sogenannten ›guten Dinge des Lebens‹ seien uns gegeben worden, um uns zu knechten. Warum wollte Gott uns in die Falle locken?«

S.B.: »Diese Frage lässt sich nicht beantworten. Wenn man seine Pflicht erfüllt hat und am Ende die Sache durchdrungen hat, wird die Antwort deutlich. Man kann darüber etwas sagen in Begriffen von Karma, aber das ist nicht die Wahrheit. Es ist nur eine Teilwahrheit.«

T.V.: »Babaji spricht über die Erleuchtung, als wenn sie leichter wäre, als man normalerweise annimmt.«

S.B.: »Aber sie *ist* leichter, als man normalerweise annimmt. Glaubst du, Jesus, Buddha, Mohammed und andere hätten uns aufgefordert, Geboten zu folgen, denen nur *sie* folgen konnten? Siehst du nicht, dass gewisse Leute daran Interesse haben, es schwieriger erscheinen zu lassen, als es tatsächlich ist? Es *ist* möglich, Erleuchtung in der dir verbleibenden Lebensspanne zu finden. Lass gestern gestern sein und vergiss es. Beginne heute. Jetzt. Das ist der einzige Weg. Diese Welt ist ein schmerzerfüllter Ort. Was nützt einem Genuss, wenn er durch Schmerz abgelöst wird? Dies ist eine sehr gefährliche Welt. Wir müssen die Wahrheit in der uns verbleibenden Zeit finden.«

In Benares im Jahr 1955

Das Ende eines Zeitalters

T.V.: »Ist es so, dass die Welt periodisch wächst und wieder degeneriert? Warum bauen die Menschen erst und zerstören dann, was sie erbaut haben – sogar Zivilisationen?«

S.B.: »Alles, was wir bauen, muss aufgegeben und neu errichtet werden. Dies ist ein periodischer Ablauf. Alle hundert Jahre finden Wandlungen statt, alle tausend Jahre ein großer Wandel, alle zweitausend Jahre das Ende eines Zeitalters, alle sechstausend Jahre eine größere Katastrophe für die Zivilisation, alle zwölftausend Jahre ein vollständiger Umsturz. Wir befinden uns jetzt am Ende eines Zyklus von sechstausend Jahren.«

T.V.: »Wird die von Ihnen vorausgesehene Zerstörung lokal begrenzt sein?«

S.B.: »Nein. Sie wird überall erfolgen. In Städten und Dörfern. Etwas wird übrigbleiben, um diese Welt weiterzuführen mit jenen Menschen, die die Resultate materieller Lebensweise gesehen und erfahren haben.«

T.V.: »Wie bereitet man sich darauf vor? Wie sollen wir uns auf diese Sache, der wir nicht entrinnen können, vorbereiten?«

S.B.: »Es gibt nur einen Weg. Beginne jetzt, deine Pflicht zu tun. Und meditiere über den Sinn deines Lebens.«

T.V.: »Pak Subuh sagte, das Unheil würde ausbrechen ›wie ein Fehler‹.«

S.B.: »Ja. Es wird wie ein Fehler aussehen.«

T.V.: »Was ist die Stellung des Menschen im Universum?«

S.B.: »In diesem Sonnensystem findet sich ›menschliches‹ Leben nur auf dieser Erde. Aber es gibt etwas Ähnliches auf Planeten in anderen Sonnensystemen. Die Wesen auf Jupiter sind von einer anderen Struktur als wir. Eine verwirklichte Seele mit *bodhi* [höchster Erkenntnis] geht direkt zu ihrem Ursprung jenseits des Raumes zurück. Andere gehen zu anderen Planeten – ›Himmeln‹ und ›Höllen‹ – oder mögen auf diese Erde zurückkehren – ins ›Fegefeuer‹.«

1957 in Dhruvasthali im Alter von 133 Jahren

Dann stellten Tarzie Vittachi und Bomon Behram Fragen über Subud und die Große Lebenskraft. Der Shivapuri Baba sagte, diese werde im Hinduismus *shakti* genannt.

B.B.: »Ist *shakti* das, was wir durch spirituelle Übung und Meditation erlangen?«

S.B.: »*Shakti* ist unsere eigene Kraft. Wir sind ihr Meister.«

B.B.: »Wer ist ›ich‹? Was ist ›ich‹?«

S.B.: »Ich, das ICH, muss der Meister der *shakti* sein.«

T.V.: »Beim Latihan des Subud habe ich das Gefühl einer Kraft in mir erfahren, die mir verschiedene Dinge bewusst macht, die in mir, um mich herum und mit mir geschehen. Ich bewege mich, spreche, singe, lache oder weine, aber ich bin mir dieser Handlungen bewusst und kann sie einstellen, wenn ich will.«

S.B.: »Daher ist das ICH bewusst. Das ICH hat die Kontrolle über *shakti,* diese Kraft. Bei diesem Latihan genießt du die Erfahrung dieser Kraft, nicht wahr?«

T.V.: »Ja.«

S.B.: »Das ist falsch. Das ist nicht das Ziel. Der Genuss, den es vermittelt, das feine befreiende Gefühl, das es gibt, ist nicht der Zweck. Der Zweck besteht darin, die Wahrheit zu finden. Diese Kraft, diese *shakti,* die in dir erweckt wurde, soll dir helfen, die Wahrheit zu finden.

Diese Kraft ist nicht Gott. Sie wurde erschaffen, daher ist sie nicht der Schöpfer. So verhält es sich. Der König gibt Geld heraus, um dir die Macht zu geben, ihm zu Diensten zu sein. Sein Porträt ist auf dem Geldschein und hat Macht. Aber das ist nicht der König selbst. Es ist etwas, was er geschaffen hat.

Dieses Latihan des Subud ist eine sehr gute Übung für dich. Es wird deinen Verstand zur Ruhe bringen und dir genügend Kraft geben, um dich in die Lage zu versetzen, der letztgültigen Lehre zu folgen, nämlich, deine Pflicht zu tun. Für den Buddhisten sind es die fünf *sila* [Übungsregeln], um Charakter zu entwickeln, der Achtfache Pfad, um den Körper zu disziplinieren, und Meditation, um zur letzten Wahrheit zu gelangen. Subud kann dich sehr weit führen – zu reinem Bewusstsein – und dich daher befähigen, selbst die Wahrheit zu finden. Aber vernachlässige nicht die Hauptlehre: die Gebote und die Kontemplation. Dies muss Hand in Hand gehen mit dem Latihan deines Subud.

Beim Subud hast du Freude durch das Latihan erfahren. Verweile nicht dabei. Das ist nicht der Zweck. Es blockiert deine Entwicklung, die Möglichkeit tieferen Verständnisses. Angenommen, du erlangst nicht diese Freude beim Latihan? Wirst du nicht besorgt darüber sein, dass du nichts erfahren hast? Diese Besorgnis ist wertvoller als die Freude. Es verhält sich folgendermaßen: Ein Kind stirbt, und seine Mutter ist untröstlich und kein Vorschlag einer Vergnügung oder Zerstreuung kann sie davon abbringen. Wir sollten wie diese Mutter sein, weil wir noch nicht *bodhi* erlangt haben.«

B.B.: »Muss man alles aufgeben, wie die Sannyasins, um die Wahrheit zu entdecken?«

S.B.: »Nein. Sannyasins befinden sich in vollständiger Revolte. *Grihastha* (Haushälter) befinden sich in vollständiger Knechtschaft. Beide sind degeneriert. Warum das Leben aufgeben? Akzeptiere das Leben. Warum das Leben verlassen? Lebe in ihm. Aber man muss es pflichtgemäß, verantwortungsvoll leben.«

T.V.: »Wie beginnt man das Rechte Leben?«

S.B.: »Kehre zu deinem Buch zurück, ganz gleich, was es ist. Du bist Buddhist. Lies immer wieder die Bergpredigt. Sie enthält die Essenz des Buddhismus.«

Dieses hochinteressante Gespräch demonstriert den Vorteil unbefangener Fragen. Die folgenden Fragen wurden von einer Gruppe meiner englischen Freunde gestellt, die keine Vorstellung davon hatten, was sie fragen durften. Die Fragen und die Antworten des Shivapuri Baba wurden auf Tonband aufgenommen und danach von einer der anwesenden Damen transkribiert. Hier haben wir also zumindest den Vorteil, seine originalen Aussagen und seine eigene Redeweise zu hören. Ich las die Fragen wie folgt vor:

J.G.B.: »Ich würde Ihnen gern einige Fragen stellen, die mir eine Gruppe von Freunden in England gesandt hat. Die erste stammt von einem älteren Herrn namens K. Er fragt: ›Welchen Wert hat Kunst im Vergleich zu Mildtätigkeit? Durch schöne Dinge wie Musik und Malerei fühlen wir uns zu Gott hingezogen. Ist Kunst also etwas, was für den Menschen von Wert ist? Oder welche Stellung nimmt sie in unserem Leben ein?‹«

S.B.: »Man wird nie durch Kunst und Musik zu Gott hingezogen. Wir werden nur zur Schönheit, zum Schönen hingezogen. Ja. Man wird nie zu Gott hingezogen.«

J.G.B.: »Kunst erhebt die Seele. Führt das nicht zu Gott hin?«

S.B.: »Nein. Sie wird dir nur die herausragende Schönheit Gottes vermitteln – nicht Gott selbst.«

J.G.B.: »Aber die Schönheit kommt doch auch von Gott?«

S.B.: »Aber nun sehen Sie sie aus der Ferne« (er streckte die Rose vor, die er in seiner Hand hielt). »Diese ist schön. Können Sie ihren Duft riechen?«

J.G.B.: »Nicht von hier.«

S.B.: »Die Schönheit Gottes kann man durch Kunst und Musik erkennen. Aber Gott kann man [dadurch] nicht erkennen.«

J.G.B.: »Zieht uns Schönheit nicht zu Gott hin?«

S.B.: »Aber Gott ist noch immer sehr weit weg.«

J.G.B.: »Würden Sie dann sagen, Babaji, dass vom Standpunkt der Gotteserkenntnis aus die Kunst für den Menschen nicht länger wertvoll ist?«

S.B.: »Nicht nur nicht wertvoll, sogar *schädlich!*«

Um seine emphatische Antwort richtig zu würdigen, müssten die Leserinnen und Leser hören können, mit welchen Schwingungen er das Wort »schädlich« (*harmful*) aussprach. Es vermittelte den Eindruck einer verächtlichen Warnung, nicht die Gefahr zu unterschätzen, durch die Liebe zum Schönen irregeführt zu werden.

S.B.: »Der Verstand wird nicht von all seinem Inhalt entleert. Ja! Je schöner, desto weiter entfernt von Gott. Ja! Hässlichkeit und Schönheit – beide müssen aus dem Verstand verschwinden.«

M.H.: »Aber gibt es nicht Arten von Kunst, die anderen weit überlegen sind, wie die Sphinx, der Taj Mahal oder die Elephanta-Höhlen mit dem großen Trimurti? Solche Kunst scheint eine andere Seite in uns anzusprechen.«

S.B.: »Aber in jenem Augenblick, in dem Sie sie sehen, vergessen Sie sich selbst und Sie vergessen Gott! Dann herrscht in Ihnen allein jene Schönheit vor, und die wesentlichen Dinge sind vergessen. Individualität ist vergessen. Gott ist vergessen. In dem Moment sind Sie allein von dieser Schönheit eingenommen. Welchen Vorteil hat das? Ich werde es Ihnen sagen: Alle Probleme der Welt sind dahin. Man ist hier sehr glücklich. Das ist alles. Das Unglück dieser Welt wird nicht empfunden.«

J.G.B.: »Manchmal aber ist das Gegenteil der Fall. Es gibt einige religiöse Motive – sie sind sehr verbreitet in der christlichen Kunst und auch in gewisser Musik, wie etwa in gregorianischen Passionsliedern –, die uns das Leiden der Welt lebhaft vor Augen führen. Hier vergisst man das Unglück nicht.«

S.B.: »Nein. Es ist nur Schönheit. Tatsächlich mag eine Beziehung bestehen, und doch ist es nur Schönheit, die den Verstand einnimmt.«

J.G.B.: »Wir müssen über das, was Sie gesagt haben, nachdenken. Ich kann sehen, dass es wichtig ist, zwischen Schönheit als manifestierter Form und Gott, Der jenseits von Form ist, zu unterscheiden. Offenbar dürfen wir uns von der Form nicht so sehr fesseln lassen, dass wir das, was jenseits davon ist, ausschließen.

Ich habe eine weitere Frage von einer Dame, Frau W. Sie findet es schwierig, die rechte Ausgeglichenheit zu finden zwischen der Sorge um die eigene Erlösung und der Sorge um die Leiden und Erfordernisse der Welt. Sie möchte Gotteserkenntnis erlangen, aber sie hält auch die Pflicht des Dienens in der Welt für notwendig. Die Welt leidet, sie erfordert großen Einsatz, was unser Mitgefühl wachruft. Was sollten wir tun?«

S.B.: »Lassen Sie jene Erfordernisse warten. Gelangen Sie erst zu Gott. Wenn man Gott schaut, kann man sich diesen Dingen zuwenden. Denken Sie daran: ›Suchet aber zuerst das Königreich Gottes, dann wird euch alles andere dazugegeben‹ [Matthäus 6.33]. Im Moment gilt: Wenn man sich nicht selbst helfen kann, welche Hilfe kann man dann anderen leisten? So verhält es sich.

Aber angenommen, Sie möchten dennoch etwas Hilfe leisten. Hier, bei diesen Pflichten, besteht eine Möglichkeit dazu. Bei der obligatorischen Pflicht gegenüber Heim und Gesellschaft kann man ein wenig geben, entsprechend der eigenen Fähigkeit.«

J.G.B.: »Man sollte also nicht versuchen, die Grenzen der obligatorischen Pflichten zu überschreiten?«

S.B.: »Ja, das ist alles. Wenn Sie Gutes tun wollen für die gesamte Menschheit, warten Sie, bis das Wissen und die Macht kommen.«

J.G.B.: »Meine nächste Frage kommt von einer Dame, die vor Kurzem ihren Mann verlor. Sie hatten eine tiefe Beziehung, und sie fühlt sich ohne ihn verloren. Sie hat nun das Gefühl, dass sie wissen muss, was nach dem Tod geschieht, denn ohne dieses Wissen kann sie keinen Frieden finden.«

S.B.: »Tod ist wie Schlaf. Wir wissen nicht, was kommen wird, wenn wir aufwachen. Bevor wir Gott schauen, kann man es nicht wissen. Ja.«

J.G.B.: »Aber wenn man keinen Frieden im Geist hat, wird Meditation unmöglich. Sie selbst, Babaji, haben uns das deutlich gemacht.«

S.B.: »Es ist kein geistiger Frieden da, weil die Tugenden nicht da sind. Wenn die Tugenden kommen, wird Frieden da sein.«

J.G.B.: »Dann könnten wir also Folgendes sagen: Von der moralischen Disziplin kommt die Reinigung des Verstandes, von dieser wiederum kommen die Tugenden und mit ihnen der geistige Frieden. Vom Frieden kommt die Fähigkeit zur Meditation und von daher gelangen wir zur Erkenntnis Gottes. Damit sind all diese Fragen beantwortet?«

S.B.: »Ja, so ist es.«

J.G.B.: »Die nächste Frage kommt von einem jungen Mann, J.B. Er schreibt: ›Ich habe von den drei Pflichten gehört und kann sehen, dass sie richtig und angemessen für den Menschen sind. Dann kommen Sie auf die moralische Disziplin zu sprechen und sagen, dies bedeute, man müsse von Vorliebe und Abneigung frei sein. Genau dies vermag ich nicht zu tun. Wenn ich versuche, jemandem gegenüber frei von Abneigung zu sein, geschieht nichts. Meine Abneigung gegen ihn bleibt, und ich bin nicht frei. Ich weiß, ich muss davon frei sein. Aber ich weiß nicht, wie man den Anfang macht. Kann der Shivapuri Baba mir zeigen, wie ich das bewerkstelligen kann?‹«

S.B.: »Zuerst müssen Sie erkennen, dass Vorliebe und Abneigung ein Defekt im Menschen sind. Sie müssen sie als Defekt erkennen und dürfen sie niemals rechtfertigen. Sie müssen verstehen, dass man Gott nicht schauen kann, wenn dieser Defekt nicht beseitigt wird. Dieses Verständnis muss sich heranbilden.«

J.G.B.: »Sie meinen, wir müssten es als ein Hindernis auf unserem Pfad betrachten und es komme von unserer niederen Natur, die uns von Gott wegzieht? Solange wir Vorliebe und Abneigung unterworfen sind, besonders gegenüber anderen Menschen, werden wir nie unser Ziel erreichen? Sagen Sie, dass schon allein durch ein solches Verständnis Vorliebe und Abneigung geringer werden?«

S.B.: »Ja. Er muss geduldig und beharrlich sein. Es wird kommen.«

J.G.B.: »Die nächste Frage betrifft den Glauben. Sie lautet folgendermaßen: ›Meditation muss kommen, bevor wir Gott schauen können. Doch Sie sagen uns, Meditation beruhe auf Glauben. Aber wie können wir zu diesem Glauben gelangen? Woher kommt dieser Glauben?‹«

S.B.: »Weil ich existiere, existieren Sie, existiert die Welt. Woher kamen all diese Dinge? Aufgrund dieses Daseins sollte man Glauben haben. Ja. Nur so. Es gibt dieses Dasein. Was ist es? Dahinter muss etwas stecken.«

J.G.B.: »Wenn wir eine Frage haben, muss es eine Antwort geben. Ist es das, was Sie meinen?«

S.B.: »So ist es.«

J.G.B.: »Wenn wir also die Frage stellen können: ›Warum existiere ich?‹, so muss es eine Antwort darauf geben. Es muss also einen Grund geben, warum ich existiere. Wenn ich das glaube – was ich ja glauben muss, sonst könnte ich nicht einmal die Frage stellen –, dann folgt daraus, dass ich glaube, dass es eine Quelle gibt, von dem es herkommt. Daher habe ich Glauben. Verstehe ich Sie damit richtig?«

S.B.: »Ja. Wir haben ein Ding, das wir sehen.« Er hielt eine Rose in seiner Hand. »Wir müssen den Glauben haben, dass es eine Rose in der Welt gibt. Wir sehen! Um nun Ihr Dasein zu beweisen, welchen Beweis kann man da geben? Weil ich Sie sehe – das ist der Beweis. Kein anderer Beweis ist möglich. Genau dieses Dasein: Was ist es? Es gibt einen Schöpfer all dieser Dinge. Oder, falls Sie das nicht sehen können, dann müssen Sie sagen: ›Es gibt eine Wahrheit jenseits dieses Daseins.‹ Man muss das glauben. Daraus wird alles Übrige folgen.«

J.G.B.: »Frau D.S. stellt eine Frage über das Beten. Sie betet um Hilfe – manchmal für sich selbst, manchmal für einen anderen, der in Not ist. Manchmal kommt Hilfe in wunderbarer Weise und sie hat das sichere Gefühl, dass ihr Gebet beantwortet wurde. Manchmal kommt keine Hilfe. ›Wenn wir aufrichtig um Hilfe bitten‹, schreibt sie, ›vielleicht für eine andere Person ohne jeden egoistischen Grund, und die Hilfe kommt nicht, geschieht dies dann, weil wir nicht genug Glauben haben? Oder weil man vom falschen inneren Ort her bittet? Oder vielleicht kam Hilfe und wir waren ganz einfach blind und konnten sie nicht wahrnehmen?‹«

S.B.: »Weil es vom falschen Ort herkommt. Oder es handelt sich um falsche Personen oder falsche Umstände. Aus einem dieser Gründe. Ja.«

J.G.B.: »Wir bitten in der falschen Situation?«

S.B.: »In der falschen Situation. Ja. Entweder sind es die Personen, die falsch sein mögen, oder das Ereignis.«

J.G.B.: »Frau A.T. fragt, woher es kommt, dass der Mensch – insbesondere der moderne westliche Mensch – nun so sehr von seinem Denken dominiert wird, dass sein Verstand schwach geworden ist. Der starke Verstand, der, wie Sie sagen, zur Meditation benötigt wird, ist einfach nicht da; er ist durch zu viel mentale Aktivität geschwächt. Wie sind wir in diese Situation geraten?«

S.B.: »Aufgrund der Gewohnheiten des Menschen. Nehmen wir einmal an, Sie sind es gewohnt, zu viel zu essen. Daraus entsteht automatisch Krankheit. Geben Sie nun diese Gewohnheit auf, zu viel zu essen, und die Krankheit wird weichen. Wenn man sehr im Leben verwickelt ist, wird es zu einer Gewohnheit. Man hängt übermäßig am Leben und misst ihm eine übermäßige Bedeutung bei. Das bedeutet, die Intelligenz muss für das Leben arbeiten und der Verstand wird vernachlässigt. Auf diese Weise geschieht es.«

J.G.B.: »Wenn wir unserer äußeren Tätigkeit nicht so viel Bedeutung beimessen würden, gäbe es nicht dieses Übermaß an Denen?«

S.B.: »Ja. Man hängt an den Dingen. Man wendet sich mehr dem Leben zu und weniger der moralischen Disziplin. Daher kann sich der Verstand nicht auf Gott ausrichten.«

J.G.B.: »Dies führt uns zu der nächsten Frage von Herrn H.S. Er hörte durch mich von den drei Disziplinen und war sehr positiv beeindruckt von der Schlichtheit und Objektivität Ihres Programms des Rechten Lebens. Aber er fügt hinzu: ›Sie kennen die gegenwärtigen Lebensbedingungen in der westlichen Welt. Es gibt so viel Druck vonseiten des Lebens und der Aktivitäten. Alle sind ständig mit irgendetwas beschäftigt. Können Sie den westlichen Menschen unter deren Lebensbedingungen irgendeinen Weg empfehlen, auf dem sie Ihren Disziplinen folgen können?‹«

S.B.: »Die Lebensbedingungen sind im Wesentlichen für alle dieselben. Er sollte sich den Disziplinen widmen. Er kann von seiner Intelligenz Gebrauch machen, um seine Pflichten zu planen und zu erfüllen. Er wird dann mehr Zeit für die Meditation haben. Er sollte sich den Tugenden widmen. Das wird seinen Verstand kräftigen. Diese Disziplinen an sich werden ihm eine Möglichkeit eröffnen.«

J.G.B.: »Aber geistiger Frieden ist nötig. In einem Dorf haben die Menschen einen größeren geistigen Frieden als in der Stadt.«

S.B.: »Aber auch dort gibt es Druck – selbst im Dorf.«

J.G.B.: »Also im Wald?«

S.B.: »Schauen Sie: Der Verstand ist immer erfüllt mit verschiedenen Gedanken und anderen Dingen. Entleeren Sie Ihren Verstand, dann ist man selbst im geschäftigsten Leben frei. Ja, der Verstand ist überfüllt.«

J.G.B.: »Bedeutet dies, dass die Erfüllung der drei Disziplinen dieselbe ist für alle Menschen jeglicher Art und unter allen Lebensbedingungen? Nun mag es in einer Familie zum Beispiel zwei Brüder geben; sie haben dieselben Eltern, wurden unter denselben Bedingungen großgezogen, erhielten dieselbe Erziehung und Ausbildung – und doch können ihre spirituellen Anlagen verschieden sein. Ich nehme an, die beiden Brüder sollten nicht demselben Weg folgen. Der eine ist recht für den einen, ein anderer für den zweiten.«

S.B.: »Ja. Das ist die Natur der Welt.«

J.G.B.: »Aber es gibt auch unsere eigene Natur. Was kann getan werden, wenn wir unsere eigene Natur nicht kennen?«

S.B.: »Ja. Die eigene Natur muss man kennen. Man muss sie studieren und verstehen und dann genau diese Natur verbessern.«

J.G.B.: »Zu diesen Naturen eine Frage von Frau M.K.: ›Wenn wir nicht schon in der Kindheit die moralischen Disziplinen entwickelt haben‹, schreibt sie, ›wird es später sehr schwer sein, zur Meditation zu finden.‹«

S.B.: »Die Eltern tragen diese Verantwortung. Sie müssen in ihren Kindern Unterscheidungsvermögen heranbilden. Dann werden diese leicht zu den drei Disziplinen gelangen.«

J.G.B.: »Darüber haben Sie mit meiner Frau gesprochen. Aber bedeutet dies, dass wenig Hoffnung besteht, wenn das Unterscheidungsvermögen nicht bereits in der Kindheit herangebildet wurde?«

S.B.: »Es bleibt dennoch möglich. Wenn Sie es heute wissen, dann versuchen Sie, es von heute an zu praktizieren. Es ist möglich.«

J.G.B.: »Dann ist es also nie zu spät? Wenn man den Wunsch hat, zu Gott zu gelangen, ist es noch nicht zu spät?«

S.B.: »Es ist nicht zu spät.«

J.G.B.: »Die beiden letzten Fragen stammen von zwei jungen Wissenschaftlern, die sagen, dass die Jugend überall sehr unter dem gegenwärtigen Zustand der Welt leidet. Sie wissen nicht, was die Zukunft bringen wird, der sie entgegengehen. Worauf haben sie sich vorzubereiten?«

S.B.: »Bereiten Sie sich auf heute vor. Das ist alles. Bereiten Sie sich auf heute vor.«

J.G.B.: »Aber wie steht es mit der Zukunft? Einige junge Menschen fragen sich, ob es sich lohnt, irgendetwas vorzubereiten, wenn die Welt ein unmöglicher Ort zu leben wird.«

S.B.: »Wenn die Zukunft kommt, können wir uns dementsprechend einrichten. Die Welt wird morgen niemals dieselbe sein wie heute, sondern völlig verschieden! Es gibt keine stetige Welt. In jeder Minute gibt es Wandel. Heute ist Ihr Körper so: Bereiten Sie einen Teil so darauf vor. Die Verhältnisse, die der Körper benötigt, werden sich morgen gewandelt haben. Dann können Sie weitersehen.«

J.G.B.: »Sie haben uns gesagt, es stünden große Wandlungen bevor.«

S.B.: »So ist es. Ein großer Umsturz wird nun kommen. Diese Zivilisation ist verbraucht. Sie kann den Menschen kein Glück mehr geben. Sie wird beseitigt werden.«

M.H.: »Wie können wir uns auf diese Veränderungen vorbereiten? Oder können wir uns nur auf den Tag vorbereiten?«

S.B.: »Es liegt jenseits unserer Kraft. Wir können diese drei Disziplinen annehmen – das wird helfen. Weitere Hilfe können wir nicht bekommen.«

Hier endete dieses Gespräch, das ich in voller Länge wiedergegeben habe abgesehen von ein oder zwei sehr persönlichen Fragen, die er angemessen beantwortete.

Bei meinem letzten Besuch sagte ich ihm, dass der Vortrag, den ich über ihn und seine Lehre gehalten hatte, großes Interesse erzeugt habe und dass viele Menschen etwas über die drei Disziplinen erfahren und sie in ihr Leben einbringen wollten. Er schien erfreut und entgegnete, ich solle ihm schreiben, wenn irgendjemand von diesen Leuten Zweifel und Schwierigkeiten hätte, und er würde darauf antworten.

Bei diesem Anlass fragte ich ihn, ob er die Arbeit in Gruppen billige. Ich sagte, ich wäre bereit, mein Bestes zu geben, seine Lehre weiterzugeben, falls einige Leute zusammenkämen und er mich auffordere, dies zu tun. Daraus ergab sich das folgende Gespräch:

S.B.: »Ja. Es ist gut für die Menschen, wenn sie zusammenkommen. Sie können meine Lehre leicht verstehen, weil sie keine Komplikationen aufweist. Sie müssen ihnen die Pflichten erklären. Bezüglich der moralischen Disziplin können sie den sechzehnten Gesang der Bhagavad Gita lesen. Dann können sie zusammenkommen. Jeder wird seine eigenen Zweifel haben. Viele werden zu antworten beginnen. Viele werden Wissen erlangen. Eine Gemeinschaft solcher Menschen wird sehr gut sein. Ja. Jeweils eine halbe Stunde oder eine Stunde Diskussion über unser eigenes Leben – in einer solchen Gruppe ist das hilfreich.«

J.G.B.: »Eine ganze Anzahl von Leuten haben mich gebeten, ihnen von Ihrer Lehre zu berichten. Einige sind ernsthaft interessiert. Aber ich meine, wenn sie nur aus Neugier fragen, so lohnt es sich nicht.«

S.B.: »Nein, dann lohnt es sich nicht. Man sollte beginnen, dieses Leben zu *leben*. Ansonsten ist es nur *jijnasu* [Wissensdurst], jemand, der nur wissen, aber nicht leben möchte. Ihm braucht man es nicht zu erklären. Es ist nur gut für jene, die es leben wollen und Wirklichkeit erlangen möchten.«

J.G.B.: »Und die andere Sache, die hier sichtbar wird: Diese Art, in dieses Leben von Disziplin und Meditation einzutreten, erfordert gewisse Vorkenntnisse. Es scheint, dass Ihre Worte nach dem Abschluss von gewöhnlicher Unterweisung kommen. Sie setzen ein klares Verstehen dessen voraus, was man vollbringen möchte.«

S.B.: »So ist es. Aber die einzige Qualifikation, die dafür wesentlich ist, ist das Verlangen nach Gott. Das ist die einzige Qualifikation.«

J.G.B.: »Sie meinen, wenn dieses Verlangen vorhanden ist, wird auch die Bereitschaft da sein, Disziplin zu akzeptieren?«

S.B.: »Ja.«

J.G.B.: »Aber nehmen wir einmal an, jemand besitzt das Verlangen nach Gott, hat jedoch viele schlechte Gewohnheiten herangebildet, sodass sein Verstand immer gestört wird. Kann er dann aus seinem Verlangen heraus bereits beginnen, diesem Weg zu folgen, oder sollte er erst Disziplin üben?«

S.B: »Gleichzeitig. Wer qualifiziert ist, kann mit dem Lebensminimum leben; aber ein solcher Mensch sollte einige unterhaltsame Dinge hinzufügen und diese dann langsam reduzieren. Einige Extras zum Vergnügen. Jene, die nicht qualifiziert sind, haben viele schlechte Gewohnheiten im Leben. Sie haben auch eine Vergnügungssucht. Für diese Leute gelten diese drei Pflichten und zusätzlich einige Wahlpflichten für ihr Vergnügen. Dann müssen diese

Wahlpflichten langsam verschwinden und nur die drei Hauptpflichten dürfen bleiben.«

J.G.B.: »Das habe ich nicht verstanden. Sagten Sie ›Wahlpflichten‹?«

S.B.: »Ja. Jemand ist jetzt nicht zufrieden mit diesen drei Pflichten und will zusätzliche Vergnügen. Solange jenes starke Verlangen nach zusätzlichem Vergnügen bleibt, nach etwas Besonderem, kann er eine Wahlpflicht wählen.« Der Shivapuri Baba wies auf das Tonbandgerät, mit dem ich unser Gespräch aufzeichnete und sagte: »Dies ist eine Wahlpflicht.«

Er erklärte weiter, dass es zusätzlich zu den drei obligatorischen Pflichten und den vier Mildtätigkeiten noch Aktivitäten gebe, die nicht schädlich seien und daher nicht unter *vikarma* fielen. Man kann eine solche Tätigkeit durchführen, wenn sie einen interessiert. Wenn man dies tut, muss man sie so gut und sorgsam durchführen wie die obligatorischen Pflichten. Sie wird zu einem Teil unseres äußeren Lebens und ist »ohne Entledigung oder Unterlassung« durchzuführen.

Dennoch sind diese Wahlpflichten als Zugeständnis an die Schwäche unseres Verstandes zu betrachten. Sie sind nicht notwendig für unser Leben, und indem wir mehr an Gott hängen und weniger am Leben, werden wir diese Wahlpflichten reduzieren und am Ende ganz fallen lassen.

J.G.B.: »Wenn jemand ein großer Musikliebhaber ist und nicht die Kraft besitzt, sich von seiner Liebe zur Musik zu befreien, dann kann er also die Musik in besonderer Weise studieren, nur um sein Verlangen zu befriedigen, bis er bereit ist, es fallen zu lassen?«

S.B.: »Ja, man kann es einige Zeit praktizieren. Wenn dann das Verlangen nach Gott wächst, kann man die Sache fallen lassen.«

In späteren Briefen, die er Manandhar diktierte, erweiterte er das Prinzip der Wahlpflichten. Dieses Prinzip erlaubt einen geordneten Übergang von den gewohnten Lebensbedingungen zu jenen, die gegeben sein werden, wenn die Gottesliebe über alle anderen Lebensinteressen dominiert.

Die Lehre des Shivapuri Baba ist von großer Bedeutung für unsere Zeit, obgleich sie für die meisten Menschen eine psychologische Revolution bedeuten würde, die sie sich kaum ausmalen können. Wir unternehmen alle Arten von Tätigkeiten in dem Glauben, dass sie profitabel, interessant und sogar objektiv gut seien für die Menschheit oder zumindest für unser näheres Umfeld. Wir widmen uns solcher Arbeit voll und ganz und glauben, sie sei wirklich von Bedeutung und »Gott wohlgefällig«. Wir können jedoch unmöglich wissen, ob dies wahr ist oder nicht, es sei denn die Religion, zu der wir uns bekennen, schreibt diese Handlungen vor. Was die Religion aber vorschreibt, erweist sich bei näherer Prüfung als das, was die drei Disziplinen beinhalten. Es wird uns vorgeschrieben, unsere Pflicht zu erfüllen, moralisch zu handeln, die vier Mildtätigkeiten zu üben und, darüber hinaus und vor allem, Gott zu lieben und zu verehren. Alle Religionen stimmen in diesen Disziplinen überein. Sie haben dem Menschen wenig anderes vorzuschreiben oder von ihm zu fordern.

Wenn wir nun innehalten und uns fragen, unter welche Kategorie unsere meistgeliebten Tätigkeiten fallen, werden wir uns eingestehen müssen, dass nicht sehr viele unter die Rubrik »obligatorische Pflichten« fallen. Selten genug können wir sie als »Wahlpflichten« bezeichnen. Nur allzu häufig lassen wir uns in irgendwelche Tätigkeiten hineinziehen und nennen diese anschließend »Pflichten«, weil wir entweder zu stolz oder zu ängstlich sind, uns einzugestehen, dass wir nicht wissen, warum wir uns überhaupt mit ihnen beschäftigen. Es wäre heilsam, uns immer, wenn wir vorhaben, eine neue Tätigkeit zu beginnen, die Frage zu stellen, ob es eine obligatorische Pflicht der drei genannten Arten ist, oder ob es eine Wahlpflicht ist, die wir durchführen, weil wir es wünschen, oder ob sie unter die Rubrik nutzloser (*akarma*) oder sogar schädlicher (*vikarma*) Tätigkeiten fällt. Wenn wir sagen können, dass wir etwas tun, weil wir es tun möchten und es uns ausgesucht haben, dann sind wir uns selbst gegenüber ehrlich und machen uns oder anderen nicht vor, es geschehe um der Menschheit oder der Liebe zu Gott willen. Dies wird uns helfen, unseren Wahlpflichten den richtigen Stellenwert einzuräumen und vor allem nicht zu Sklaven unseres eigenen Tatendrangs zu werden. Wenn wir uns dieser Disziplin unterwerfen können, werden wir dem Erfordernis des Karma-Yoga [des selbstlosen Dienens] nahekommen, zu handeln, ohne an die Früchte zu denken (Vergleiche: Bhagavad Gita 6.1: *anasritah karma-phalam karyam karma karoti,* »wer unbekümmert um die Frucht des Werks das Werk vollbringt«).

Dieser Hinweis auf die Bhagavad Gita erinnert mich daran, den Rat des Shivapuri Baba mit demjenigen zu vergleichen, den Krishna Arjuna erteilte und der die Lehre vom Karma-Yoga im dritten Gesang der Bhagavad Gita umreißt. Krishna weist darin auf die offensichtliche Tatsache hin, dass wir nicht leben können, ohne zu handeln (BG 3.5). Auch führt Nichthandeln nicht zur Vollkommenheit (3.4), weil alles, was existiert, es der Welt schuldig ist, bei ihrer Aufrechterhaltung mitzuhelfen (3.16). So ist die Handlung sowohl unvermeidlich als auch obligatorisch.

Oft wird der Fehler gemacht, dass man Gleichgültigkeit gegenüber den Früchten mit Gleichgültigkeit gegenüber der Handlung als solcher verwechselt. Der Shivapuri Baba sah die Gefahren dieses Irrtums, der zu einer Art Quietismus führen kann, bei dem das Leben selbst als eine Bürde betrachtet wird, derer man sich entledigen müsse. In der Bhagavad Gita findet sich keine Rechtfertigung für diese Betrachtungsweise, und der Shivapuri Baba stellt ausdrücklich klar, dass alle Elemente des Rechten Lebens gültig und notwendig seien. Der einfache Genuss körperlicher Freuden ist eine Form von Gotteserkenntnis und hört erst dann auf, dies zu sein, wenn wir am Genuss festhalten oder ihn so sehr begehren, dass wir vergessen, dass er nicht ohne die moralischen und spirituellen Disziplinen bewahrt werden kann. Im zehnten Gesang zeigt uns die Bhagavad Gita, wie wir in allen Dingen Gott sehen sollen: »In den Lebenskräften bin Ich das Leben, in der materiellen Welt bin Ich Reichtum, in Feuer, Erde, Himmel, Sonne, Mond und Planeten bin Ich die wesenhafte Energie und unter den Bergen bin Ich Meru, die Weltachse.«

Diese Einstellung ist ernst zu nehmen und nicht bloß als eine vorübergehende Phase zu betrachten, die man hinter sich zurücklassen wird. Diese Einstellung schließt alle legitimen Tätigkeiten des Menschen ein, die über die Grenzen der obligatorischen Pflichten hinausgehen. Das Leben kann und soll in all seinen Schattierungen voll gelebt werden; aber bei diesem vollen Leben dürfen wir nie unser Ziel aus den Augen verlieren, welches Gott ist. Dafür müssen wir lernen, Gott in jeder Tätigkeit zu suchen. Gott ist in der Disziplin der Pflicht, die zu Selbsterkenntnis führt. Gott ist in der moralischen Disziplin, die zur Seelenerkenntnis führt, und Gott ist in der spirituellen Disziplin, die zu Gott selbst führt. Jenseits von all diesem ist Befreiung, *moksha,* aber dies bedeutet nicht, dass das Leben nicht mehr gelebt wird, bis der erwählte Augenblick der Befreiung gekommen ist. Alle Pflichten und Tätigkeiten des Lebens sind auszuführen unter der einen wesentlichen Bedingung, dass wir sie nie für das letzte Ziel halten dürfen. Wenn wir uns mit ihnen identifizieren, verlieren wir unseren

Daseinszweck aus den Augen, welcher darin besteht, zur Gotteserkenntnis zu gelangen, oder, wenn wir es lieber so sagen, zur objektiven Wahrheit. Wenn wir dann etwas tun, werden wir immer noch Handlungen ausführen, vielleicht sogar unermüdlicher als zuvor, aber wir werden dies tun, weil es objektiv notwendig geworden sein wird für die Erhaltung der Weltordnung. Wenn wir nicht so töricht sind anzunehmen, dass wir die objektive Wahrheit erlangt haben, werden wir uns damit zufriedengeben, unsere Tätigkeiten ›zum Guten der Menschheit‹ als »Wahlpflichten« zu beschreiben. Diese werden als Brücke dienen, über die wir von der Unwissenheit zur Weisheit gelangen können. Das heißt nicht, dass wir dem Leben entsagen, sondern dass wir es klug leben, das heißt entsprechend dem dreifachen Prinzip des ganzheitlichen Lebens. Wie der Shivapuri Baba sagt, ist dieses ganzheitliche Leben sowohl aller Religion vorausgehend als auch aller Religion gemein sowie auch jeder befriedigenden Darstellung des Grundes für unser Dasein auf der Erde.

Mit John G. Bennett an Ostern 1962

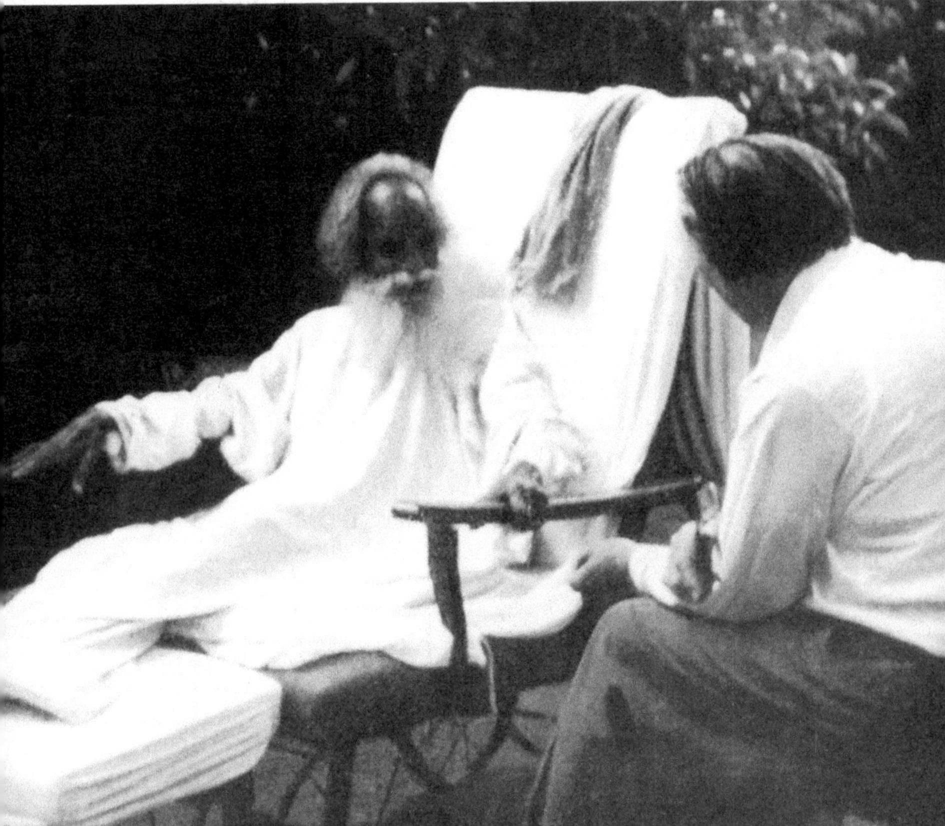

Allzu leicht jedoch neigen wir zu der Ansicht, dass wir den Weg zur Vollkommenheit bereits eingeschlagen haben, während wir tatsächlich noch nicht einmal begonnen haben zu erkennen, was er uns kosten wird.

Ich schließe dieses Buch ab mit einer Wiedergabe unseres letzten Gesprächs mit dem Shivapuri Baba, bevor wir seiner irdischen Verkörperung auf immer Lebewohl sagten. Die Unterhaltung ergab sich aus der Verwunderung der mich begleitenden Damen über das seltsame Verhalten, das man oft bei Menschen beobachtet, die behaupten, ihre einzige Sehnsucht sei das spirituelle Leben.

M.H.: »So viele Leute sagen – ich habe das oft gehört –, dass sie Gott wollen, doch in Wirklichkeit haben sie keine Vorstellung davon, dass Gott viel weiter weg ist, als wir denken. Wir haben darüber ja bereits gesprochen. Es ist eine Art ›spiritueller Unreife‹.«

S.B.: »Sie kennen nicht das Ausmaß des Problems.«

J.G.B.: »Das ist es.«

M.H.: »Und es ist sehr schwierig, weil die Leute sagen: ›Alles, was ich will, ist Gott‹, aber erkennen, dass sie sich in einer Art Traum befinden.«

S.B.: »Wenn man sie aufforderte, dieser Disziplin zu folgen...«

M.H.: »... würden sie es nicht tun.«

S.B.: »Wenn sie nicht Disziplin annehmen, sollten sie zurückgewiesen werden. Sie sind nicht dafür bestimmt. Wenn jemand wirklich Gott will, wird er diese Disziplin bereitwillig annehmen. Wenn jemand diese Disziplin nicht will, ist er nur oberflächlich interessiert.«

J.G.B.: »Aufgrund verschiedener spiritueller Übungen machen die Leute sehr wohl Erfahrungen und sie haben auch das Gefühl, vom Druck der niederen Kräfte befreit zu werden. Zum Beispiel empfinden sie weniger Ärger und fühlen sich weniger zu Geld und zu Vergnügungen hingezogen. So sagen sie: ›Ich bin Gott nähergekommen‹, aber vielleicht ist es nur etwas, was in ihrem Wesen geschieht. Es ist noch nicht wirklich spirituell.«

S.B.: »Wenn sie aber solche Tugenden besitzen, sind sie in einem gewissen Sinn Gott dennoch näher.«

J.G.B.: »Nur besteht immer die Gefahr für uns, dass wir fälschlich annehmen, dem Ziel näher zu sein, als es tatsächlich der Fall ist.«

S.B.: »So ist es. So ist es.«

J.G.B.: »Wahrscheinlich ist es so, dass derjenige, der Gott wirklich nahe kommt, tatsächlich an einen Punkt gelangt, wo er keine Hoffnung mehr hat und meint: ›Ich werde Gott nie finden, aber wenn ich sterbe, werde ich meine Suche fortsetzen‹. Dann ist es möglich, wie in Ihrer Geschichte.* Wenn dieser Junge Dhruva geglaubt hätte, dass er es in drei Leben vielleicht schaffen würde, hätte er Angst vor dem Löwen gehabt; aber da er viele Tausend Leben zu leben hatte, hatte er keine Angst vor dem Löwen.«

S.B.: »Der König Yudhishthira sagte zu Krishna, dass er Gott wolle. Darauf erwiderte Krishna: ›Jenem, der Mich will, werde ich in dieser Welt alle Arten von Problemen bescheren. Wenn ihn diese Schwierigkeiten nicht stören, werde Ich ihm alle Arten von weltlichen Freuden geben. Wenn er diese Freuden ignoriert, dann allein wird er Mich haben.‹ So erging es Yudhishthira. Sie sehen, welchen Problemen er ausgesetzt war. Er wurde aus seinem Königreich vertrieben, er musste sogar seine Frau verlieren, verschiedene Probleme traten auf, aber er ließ sich nie durch sie stören. Dann wurde er zum Herrscher der Welt gemacht, jede mögliche Freude und Zerstreuung wurde ihm zuteil, aber er akzeptierte dies alles nicht. Dann erst konnte er zu Gott gelangen.«

M.H.: »Auch Hiob, unser Patriarch in der Bibel, machte all diese furchtbaren Leiden und destruktiven Erfahrungen durch, und doch, so sagte er, hatte er stets Glauben an Gott.«

S.B.: »So ist es. Alles richtet sich gegen uns, bis wir Gott erfahren.«

J.G.B.: »Einige Menschen, die jahrelang tiefe Meditation praktiziert haben, sagen, dass sie an einen Punkt gelangen, an dem sie in die Dunkelheit eintauchen. Das Bewusstsein wird klar, aber aller Formen entleert. In diesem Zustand empfinden sie nicht nur Wonne und Frieden, sondern auch die Gewissheit, Gott sei irgendwo gegenwärtig. Sie wollen wissen, ob dies die rechte Richtung ist.«

S.B.: »Das Finale ist die Gotteserkenntnis. Auf dem Weg mag es geschehen, dass man solche Dinge sieht. Es können Halluzinationen sein oder vielleicht eine Wahrheit der Lehre ihres Gurus; aber es ist noch nicht das Finale.«

J.G.B.: »Diese Erfahrung von Wonne und Frieden und Sicherheit ist nicht das letzte Ziel?«

S.B.: »Nein.«

* Vergleiche Seite 83.

J.G.B.: »Gibt es noch irgendetwas zu sagen?«

S.B.: »Summe und Substanz meiner Lehre sind diese: Lebe das minimal mögliche Leben und unterwirf deinen Körper und deinen Verstand einer strikten Disziplin. Noch einmal: In derselben Weise, wie sich ein hungriger Mensch nach Fleisch sehnt und ein Mensch in großer Kälte nach Wärme, so sehne dich nach Gott, meditiere ständig über Ihn. Dies sind Summe und Substanz meiner Lehre. Sie ist für Sie, sie ist für Sie alle, sie ist für die ganze Welt. Durch sie schaute ich die Wahrheit, und ich bin glücklich. Ja.«

Der Shivapuri Baba 1963,
am Tag vor seinem Tod

Bildnachweis

Buchcover: Thakur Lal Manandhar. Seite 2 (Frontispiz): John Smith / Fotolia. Seite 15: Thakur Lal Manandhar. Seite 16: Thakur Lal Manandhar. Seite 42: Thakur Lal Manandhar. Seite 68: Thakur Lal Manandhar. Seite 94: Thakur Lal Manandhar. Seite 133: Reverend Sugata. Seite 134: Giridhar Lal Manandhar. Seite 165: Giridhar Lal Manandhar. Seite 166: The Estate of J. G. Bennett and Elizabeth Bennett. Seite 189: Giridhar Lal Manandhar. Seite 190: Giridhar Lal Manandhar. Seite 205: Marjorie von Harter. Seite 209: Elizabeth Hawley. Seite 227 (Frontispiz): Gustave Droé: »Paradiso Canto 31« aus Dante Alighieris *Göttlicher Komödie.*

Glossar und Register

Einige Sanskrit-Wörter werden in Hindi-Aussprache oder -Schreibweise wiedergegeben. Der Buchstabe *j* wird ausgesprochen wie das Deutsche *dsch.*

E

F

W

Bibliografie von John G. Bennett

Deutsche Übersetzungen

Subud, Remagen 1958
Gurdjieff – Der Aufbau einer neuen Welt, Freiburg 1976
Ein neues Bild Gottes, Südergellersen 1980
Gurdjieff entschlüsselt, Frankfurt am Main 1981
Energien, Salzhausen 1982
Eine lange Pilgerreise, Südergellersen 1985

Im Chalice Verlag erschienen bzw. zu beziehen:

Die Meister der Weisheit, Südergellersen 1993
Der grüne Drache, Südergellersen 1993
Risiko und Freiheit, Zürich 2004
Eine spirituelle Psychologie, Zürich 2007
Die inneren Welten des Menschen, Zürich 2009
Das Durchqueren des Großen Wassers – Die Geschichte einer Suche. Autobiografie, Xanten 2011
Sex und spirituelle Transformation, Xanten 2012
Transformation – Die Kunst, sich zu wandeln, Xanten 2013
Monsieur Gurdjieff und seine Idioten – Paris 1949, Xanten 2016
Die sieben Linien der spirituellen Arbeit, Xanten 2016

Eine Auswahl der nicht ins Deutsche übersetzten Werke

The Dramatic Universe, vier Bände, Charles Town 1987
The Way to be Free, New York 1980
Enneagram Studies, York Beach 1983
Elementary Systematics, Santa Fe 1993
Making a Soul, Santa Fe 1995
Creative Thinking, Santa Fe 1998
Journeys to Islamic Countries, Santa Fe 2000
Sunday Talks at Coombe Springs, Santa Fe 2004

WEITERE TITEL IM CHALICE VERLAG

Dieses Buch handelt von dem Prozess, durch den ein Mensch die Grenzen seiner eigenen Natur überschreiten und ein ›neuer Mensch‹ werden kann. Es ist für jene geschrieben, die die Möglichkeiten der spirituellen Transformation erkunden wollen und die bereits die eine oder andere Methode ausprobiert haben, aber unbefriedigt geblieben sind. Bücher mit mehr oder weniger sinnvollen Vorschlägen, wie wir diese oder jene Seite unseres Charakters verbessern können, gibt es zuhauf, aber das ist bei Weitem nicht dasselbe wie Transformation, die sich auf den ganzen Menschen bezieht. Auf Basis seiner breiten Erfahrung aus der eigenen, lebenslangen Suche gibt der Autor praktische Ratschläge und hilfreiche Orientierung für eine fruchtbare »Arbeit an sich selbst«. Lebendig und verständlich geschrieben, beschränkt dieses Buch theorielastige Erörterungen auf das Notwendigste und vermittelt dafür viele konkrete Übungsvorschläge und anschauliche Beispiele, die sich in unserem Alltag umsetzen und überprüfen lassen.

»Es scheint geradezu das Ziel unserer Gesellschaft zu sein, die Menschen der Verantwortung für ihr Leben und Handeln zu entheben. Der Weg der Transformation muss das genaue Gegenteil sein. Wohin er uns sonst auch führen mag, er muss uns zu freien, verantwortlichen Individuen machen, die fähig sind, ihr Leben im Einklang mit dem größten objektiven Wohl zu gestalten.«

ISBN 978-3-905272-10-9
184 Seiten

Die fesselnd geschriebene und reich illustrierte Lebensgeschichte des kompromisslosen Sinnsuchers, inspirierenden Denkers und kreativen Wissenschaftlers John G. Bennett zeichnet ein spannendes Historienbild der spirituellen Strömungen des zwanzigsten Jahrhunderts. Nach einem prägenden Nahtoderlebnis im Ersten Weltkrieg lernt »JGB« bereits als junger Leiter des britischen Geheimdienstes in Istanbul, am Brennpunkt zwischen Ost und West, den Sufismus kennen und seine späteren Lehrer P.D. und Madame Ouspensky sowie den rätselhaft genialen G.I. Gurdjieff. Auch während seiner weiteren beruflichen Karriere – als Rechtsvertreter der osmanischen Sultanserben, als Mathematiker an der einheitlichen Feldtheorie, als Forscher in der Kohleindustrie und als innovativer Bildungsreformer – sucht Bennett unerschrocken weiter und fragt intelligent und respektvoll, mit universaler Bildung und gesundem Menschenverstand nach der gemeinsamen innersten Wahrheit aller Religionen. Seine jahrzehntelange Lehrtätigkeit und seine bahnbrechenden Schriften beeinflussen Tausende sinnsuchender Menschen und machen östliche Meister wie Pak Subuh, Shivapuri Baba, Idries Shah und Hasan Shushud im Westen bekannt. Schließlich findet Bennett, am Ende seines hier mit beeindruckender Ehrlichkeit bilanzierten Lebens, den Weg zur absoluten Befreiung.

ISBN 978-3-942914-02-4
525 Seiten

Sex ist eine der machtvollsten Kräfte in unserem Leben, und doch vermögen nur die wenigsten Menschen, ihn ganzheitlich zu betrachten. Weit über Fortpflanzung und Vergnügen hinaus kommt ihm besondere Bedeutung für die spirituelle Transformation des Menschen zu. Suchenden, denen sich zu diesem Thema schwierige Fragen stellen, bietet dieses Buch neue Denkanstöße und überraschende Blickwinkel auf eines der größten Wunder und tiefsten Rätsel der Schöpfung. In den hier zusammengestellten Auszügen aus seinen Vorträgen behandelt der Naturwissenschaftler, Philosoph und spirituelle Lehrer Bennett Themen wie den Ursprung der Sexualität, ihr Verhältnis zur Liebe, die Bedeutung des Geschlechtsakts, die komplementären Rollen von Mann, Frau und Kind, Ehe und Partnerschaft, Fortpflanzung, Elternschaft, Kreativität, »negativen Sex« sowie psychologische und gesellschaftliche Aspekte.

»Die innere Spaltung des Menschen ist die Trennung seiner geistigen und materiellen Hälften. Sie führt zur Unzufriedenheit und Suche, die seine Transformation erst ermöglichen. Die wirkliche Freude am Sex liegt weder in gedanklicher Stimulation noch in emotionaler Erregung, sondern in verbesserter Klarheit, Kraft und Stärke der Erfahrung auf allen Ebenen. Im Geschlechtsakt können wir wahrhaft wir selbst sein, und dies sollte uns in Sachen Sex sehr feinfühlig machen.«

ISBN 978-3-942914-06-2
120 Seiten

Erfrischend anders als die bekannten theoretischen Darstellungen von Gurdjieffs Lehren des Vierten Weges vermittelt dieses Meisterwerk eines introspektiven Erfahrungsberichts außergewöhnlich konkrete, authentische Einblicke in die praktischen Aspekte der Arbeit entlang des Pfades der Selbsterkenntnis. Jeanne de Salzmann (1889–1990), die wohl engste Schülerin des großen Lehrers, studierte dessen Ideen drei Jahrzehnte lang unmittelbar an seiner Seite. Als sie, genau so wie er es ihr kurz vor seinem Tod ›aufgetragen‹ hatte, erst mit 101 Jahren starb, blickte sie zurück auf eine mehr als siebzigjährige Praxis dessen, was »die spirituelle Arbeit« oder »das Werk« genannt wird. Dieses eindrückliche, aus ihren persönlichen Aufzeichnungen zusammengestellte Buch hält die inneren Erfahrungen bei der Umsetzung von Gurdjieffs Ideen und der Praktizierung seiner Übungen fest und analysiert minuziös das erlebte Zusammenspiel von Körper, Verstand und Gefühl in dem harten Kampf um Selbsterinnerung, Aufmerksamkeit und Bewusstsein. Mit akribischer Genauigkeit und in einer erfrischend eigenen Sprache beschreibt sie ebenso selbstkritisch wie lehrreich ihre Schwierigkeiten und ihre Fortschritte bei dem Versuch, durch das Sterbenlassen des »gewöhnlichen Ichs« oder des Egos an die Schwelle zur wahren Realität zu gelangen und am eigenen Leib zu erfahren, dass das Leben nur dann wirklich ist, wenn ICH BIN.

ISBN 978-3-942914-17-8
344 Seiten

Diese Tagebücher aus dem Jahr 1949 zeichnen ein plastisches Bild der letzten Monate im Leben des rätselhaft-genialen spirituellen Lehrers Gurdjieff in Paris anhand der Beobachtungen und persönlichen Eindrücke zweier mit Entschlossenheit nach Selbsterkenntnis Suchender. Während John G. Bennett vorwiegend seine bohrenden Fragen und inneren Kämpfe bei der Umsetzung von Gurdjieffs Lehren schildert, beschreibt Elizabeth einfühlsam und humorvoll die Ereignisse und Personen in der illustren Gruppe von Schülern aus aller Welt, die sich an der Rue des Colonels Renard Nr. 6 um ihren Meister scharten. Für diejenigen, die wach genug waren, bot jeder Augenblick in seiner Gegenwart eine Möglichkeit zu lernen – zum Beispiel beim Ritual der Trinksprüche während der Mahlzeiten, mit dem Gurdjieff seine »Wissenschaft der Idiotie« zu veranschaulichen pflegte: eine schonungslose Bestandsaufnahme des »schlafenden Menschen« und der zahlreichen Unwägbarkeiten bei seinem Streben nach Selbstbefreiung.

Der zweite Teil dieses mit seltenem Fotomaterial reich illustrierten Doppelbandes bilden die Memoiren von Elizabeth Bennett. Darin beschreibt sie spannend und selbstkritisch ihre Jugend, den Beginn ihrer inneren Suche, ihr Zusammentreffen mit John G. und ihren gemeinsamen Lebensweg, den die beiden kompromisslos in den Dienst am »großen Werk« stellten und auf dem sie für Tausende spirituell Suchender zu wichtigen Wegweisern wurden.

ISBN 978-3-942914-14-7
348 Seiten

Ein Schatz tiefer Einsichten aus spiritueller Perspektive in das große Mysterium des Atems. Inspirierende Vorträge, praktische Übungsanleitungen und eine Auswahl poetischer Texte aus unterschiedlichsten Traditionen laden uns ein, den Atem als Wunder auf vielen Ebenen zu erforschen.

Was ist dieser Atem? Welche Bedeutung liegt in diesem Leben spendenden Geheimnis? Wie wichtig ist das bewusste Atmen für echte spirituelle Transformation? Was sagt uns die Tatsache, dass unser Leben all seine Möglichkeiten zwischen einem Einatmen und einem Ausatmen entfaltet? Wie hängt das alles mit dem Rhythmus des Universums und der Zeit zusammen? Welche Rolle spielt der Atem im »Werden des Seins« aus dem immerwährenden »Schoß des Augenblicks«? Wie können wir Nahrung einatmen und sie ins alchimistische Exilier destillieren, das wir für die nachhaltige Verwandlung unseres Lebens brauchen? Wie können wir ausatmen, um die Atmosphäre in einem Raum oder in einer Situation zu verändern, in Verantwortung für unsere Mitmenschen und für die »kommende Welt«? Was könnte es bedeuten, dass Jesus »auf dem Wasser wandelte« und dass »Atem und Geist eins sind«? Welches ist die esoterische Beziehung zwischen Maria, Jesus, dem Geist Gottes, *Ruh Allāh,* und Christus?

Vor dem Hintergrund seines lebenslangen Studiums der inneren Essenz der Sufi-Lehren liefert uns der Autor Gedankenanstöße und praktische Tipps zur Atemarbeit in unserem Alltag.

ISBN 978-3-942914-09-3
172 Seiten

Der erste Teil der autobiografischen Trilogie von Reshad Feild: ein echter Klassiker der modernen spirituellen Literatur und eines der großen Selbstzeugnisse mystischer Sinnsuche, das in den vergangenen vierzig Jahren weltweit Hunderttausende von Lesern beeindruckt hat.

In dieser packend erzählten Geschichte begleiten wir einen jungen Engländer auf seiner abenteuerlichen Suche nach der wirklichen Bedeutung des Lebens und den allerletzten Wahrheiten. Unter der Führung des geheimnisvollen Antiquitätenhändlers Hamid, der sich im Laufe dieses ›metaphysischen Roadmovies‹ als ein strenger spiritueller Lehrer entpuppt, entwickelt sich Reshads Interesse an den Derwischen des Nahen Ostens zu einer äußeren wie inneren Entdeckungsreise zu heiligen Stätten, weisen Menschen und tiefen Einsichten in die Wirklichkeit der Welt. Unter härtesten Prüfungen, die sein westliches Denken erschüttern, wird er in die inneren Lehren des Sufismus eingeführt und mit den Geheimnissen des Atems, der spirituellen Bedeutung der Jungfrau Maria und den gemeinsamen Wurzeln der jüdischen, christlichen und islamischen Traditionen vertraut gemacht. Schritt für Schritt beginnt er, die Heiligkeit allen Lebens zu verstehen, und erfährt die Liebe als die Erste Ursache der Schöpfung, bevor ihm schließlich die Erkenntnis der Einheit des Seins gewährt wird.

»Eine eloquente Orchestrierung, die von sehr hoher Kreativität zeugt« (*The Times*). »Wenn Sie sich für die Weisheit dieses Buches öffnen, wird es Ihr Leben verändern« (Ellen Burstyn).

ISBN 978-3-942914-11-6
216 Seiten

Eine ebenso spannende wie humorvolle, tiefgründige wie lehrreiche Liebes- und Abenteuergeschichte über Verlust und Neubeginn, über den Auszug aus der eigenen kleinen Welt und das Erwachen im großen Unbekannten. Es treten auf: Daud, ein erfolgreicher Kaufmann von der Mittelmeerinsel Aruad; Takla, eine junge Köchin im berühmten Nonnenkloster von Saidnaya; und Shams, ein alter Ziegenbock aus den Hügeln über Damaskus. Diese drei Unerschrockenen begleitet die *Damaszener Trommel* durch die syrische Landschaft des neunzehnten Jahrhunderts, mit ihrem vielgesichtigen Kaleidoskop von Völkern, Kulturen und Religionen aus der Levante, auf ihrer abenteuerlichen Reise durch Zeit und Raum und darüber hinaus. Eine zauberhafte Erzählung über Liebe und Selbsterkenntnis, Mut und Vertrauen, Schicksal und Bestimmung, Hingabe und Freiheit. In dieser modernen Tausendundeine-Nacht-Geschichte voller Überraschungen erleben wir die Abgründe des allzu Menschlichen und höchste Menschlichkeit, Niedertracht und Großmut, kriminelle Machenschaften und spirituelle Höhenflüge und begegnen Bösewichten und Helden, Narren und Weisen – und jeder Menge Ziegen. Christopher Ryan studierte Persisch und Osmanisch und schrieb als profunder Kenner der Menschen und Traditionen im Nahen Osten viele Jahre für englische Zeitschriften. In der *Damaszener Trommel* zieht er uns augenzwinkernd in den Bann einer höheren Wirklichkeit, die er im Stil des Magischen Realismus lebendig werden lässt.

ISBN 978-3-942914-21-5
300 Seiten

Guter Geschmack will gelernt sein: *Le bon-goût s'apprend.* Das gilt insbesondere für das spirituelle Schmecken der Einheit des Seins. In dieser einzigartigen Anthologie beschreiben liebestrunkene Sufis, wahrheitshungrige Gnostiker, erkenntnisdurstige Geisterseher und verschmitzt-weise Skandalgurus, hingebungsvolle Brotbäcker, humorbegnadete Geschichtenerzähler, ägäisverzauberte Lebensreisende und extremfastende Meisterspione Möglichkeiten und Wege, das Feine vom Groben zu unterscheiden, das Obere mit dem Unteren zu verbinden und so die scheinbare Trennlinie zwischen dem Körperlichen und dem Spirituellen zu überwinden. Wenn wir die ›Küchenarbeit an uns selbst‹ in der richtigen, nämlich dienenden Haltung angehen, kultivieren wir in uns diesen guten, feinen Geschmack für die Nähe Gottes. Bewusstes Kochen und Gekochtwerden lässt uns die Heiligkeit in der Transformation von Äußerem und Innerem entdecken.

Neben Ausgesuchtem von Jalaluddin Rumi, Bahauddin Walad, Hafis, Khalil Gibran, Bülent Rauf, Reshad Feild, Muzaffer Ozak, G.I. Gurdjieff, P.D. Ouspensky, Idries Shah, Osho, Scotus Eriugena, Emanuel Swedenborg oder Henry Miller finden sich hier zum ersten Mal auf Deutsch vorliegende Trouvaillen von Annemarie Schimmel, Muhyiddin Ibn Arabi, John G. Bennett, Christopher Bamford und Paul Dukes.

ISBN 978-3-942914-20-8
324 Seiten

»Komm, komm, wer immer du bist...« Das Lebenswerk von Dschalāl ad-Dīn Rūmı (1207–1273), des wohl bekanntesten Vertreters des Sufismus und, neben Hafis, bedeutendsten Dichters persischer Sprache, ist eine Verstand und Herz ergreifende Einladung, die vielfarbige Schönheit und spirituelle Tiefe der islamischen Mystik kennenzulernen. Ob in seinem berühmten Lehrgedicht *Masnawī,* in seinen philosophisch-theosophischen Prosaschriften oder in der auf ihn zurückgehenden Drehtanz-Zeremonie der Mevlevi-Derwische – Rūmīs unerschöpfliche Kreativität ist ein permanentes Umkreisen des Geheimnisses von Gott, dem Geliebten und der Liebe. Wie nachhaltig sein Wirken konfessionelle Schranken und kulturelle Epochen überwand, demonstrieren die Tausenden von Trauernden aus allen Religionsgemeinschaften, die bei der Beisetzung im türkischen Konya an seinem Sarg vorüberzogen, wie auch die Tatsache, dass er noch heute als einer der meistgelesenen Poeten in den Vereinigten Staaten gilt. In dieser exzellenten Biografie zeichnet die renommierte Sufismus-Kennerin ein überzeugendes Bild von Leben und Werk des großen Mystikers und seiner historischen, politischen, kulturellen und theologischen Hintergründe. Sie lässt uns eintauchen in seine Liebes- und Glaubenseinsichten, die sie mit einer exquisiten Auswahl seiner wundervollen Texte illustriert. Entzückt lauschen wir Rūmīs Sehnsuchtsmelodien nach der Einheit und lassen uns in den Bann seiner Gottesfreude ziehen.

ISBN 978-3-942914-19-2
228 Seiten

Ein mutiger Glaube erfordert einen großen Gott. In welche beschränkten Vorstellungen und Konzepte haben Sie das Göttliche eingesperrt? Falls Ihre Beziehung zu Gott distanziert oder beiläufig und Ihre Erfahrung des Göttlichen im Leben lau oder berechenbar geworden sind, lädt Paul Coutinho Sie ein, daran zu glauben, dass Gott größer ist – viel, viel größer! Jenseits von theologischem Dogmatismus und konfessioneller Schrebergärtnerei ist dieses Buch eine grandiose Aufforderung, in unserem Glauben tiefer zu leben und stärker zu wachsen, indem wir einen Gott umarmen, Dessen Liebe wahrhaftig keine Schranken kennt. Der aus Indien stammende und in den USA lehrende Priester, Psychologe und Theologe begeistert mit seinen Schriften und Vorträgen, die sich – mit einem östlichen Blick auf unsere westliche Spiritualität – der unermüdlichen Suche des Herzens nach dem Göttlichen widmen und unserem Verlangen, das Leben in seiner ganzen Fülle zu erfahren. *Wie groß ist dein Gott?* ist ein wunderbarer Wegweiser aus engen Bachläufen hinaus in den Fluss des Lebens und ins offene Meer des Göttlichen. Der Autor ermutigt uns mit aus dem Leben gegriffenen Geschichten, einer guten Prise Humor und wertvollen Inspirationen für unseren persönlichen Alltag, Herz und Verstand zu gebrauchen, sodass wir die unermessliche Weite Gottes erfahren können. Wir beginnen zu erkennen, dass eine immer tiefere Beziehung mit dem Göttlichen der wahre Zweck jeglicher Religion ist.

ISBN 978-3-942914-24-6
172 Seiten